D1754507

Gerhard Eisfeld
Helmut Lenders

Gerhard Eisfeld

Helmut Lenders

Politik für die Zukunft –
Eigenständig in der Gemeinschaft

Mit einem Vorwort von
Franz Müntefering

und einer Vorbemerkung
von Karin Kortmann

2009

BOUVIER

ISBN 978-3-416-03268-1

©Bouvier Verlag, Bonn 2009
Alle Rechte vorbehalten. Ohne ausdrückliche Genehmigung des Verlags ist es auch nicht gestattet, das Werk oder Teile daraus fotomechanisch nachzudrucken oder auf Datenträger aufzuzeichnen.
Gedruckt auf säurefreiem Papier.

Inhalt

Franz Müntefering: Helmut Lenders   11

Karin Kortmann: Zur Biographie von Helmut Lenders   13

Zu diesem Buch   15

Einführung   19

Teil I

Start ins Leben
Jugend in Wuppertal, Soldatenzeit
Weiterbildung und Aufstieg im DGB,
Einstieg in die Politik
(1922 – 1965)

Erstes Kapitel
Eine schwere Jugend: Krankheit, wirtschaftliche Not,
Nationalsozialismus (1922 – 1941)
1. Kindheit und Jugend in Wuppertal   26
2. Verstrickungen als Jugendlicher in der NS-Zeit   30
3. Die schwierige wirtschaftliche Lage der
   mittelständischen Familie Peter Lenders   33
4. Messdiener während der Schulzeit   35

Zweites Kapitel
Durch die Hölle des Zweiten Weltkrieges
1. Soldat von 1941 bis 1945   38
2. Versprengter   40
3. Kapitulation, Gefangenschaft und Flucht   43

Drittes Kapitel
Einstieg in die Gesellschaftspolitik
(1950 – 1965)
Prägung durch den „Bund" von A. Jacobs (1950),
Bildungssekretär im Deutschen Gewerkschaftsbund
DGB (1951) und Eintritt in die Gesamtdeutsche
Volkspartei GVP (1953)

1. Auf der Suche nach einer Lehrstelle und einer
   Beschäftigung   51
2. Lenders entscheidet sich für den demokratischen
   Sozialismus des „Bundes" von Dr. Arthur Jacobs   53
3. „Bildungshunger": Förderung durch die
   Gewerkschaften und Aufstieg in den Gewerkschaften   57
4. Mitglied der Gesamtdeutschen Volkspartei (GVP)
   von 1953 bis 1955   64

Teil II

Helmut Lenders als Politiker
   in der Zeit der Großen Koalition (1966 – 1969)
   und der Sozialliberalen Koalition (1969 – 1982):
   Bundestagsabgeordneter (1965 – 1980),
   Friedenspolitiker, Vorsitzender des SPD Unterbezirks – Düsseldorf, Wirtschaftspolitiker, Parlamentarischer Geschäftsführer der SPD – Bundestagsfraktion

Viertes Kapitel
Der kalte Krieg und die engagierte Auseinandersetzung
mit dem Kommunismus
1. Der „ Kalte Krieg"   73
2. Helmut Lenders setzt sich für einen „demokratischen
   Sozialismus" und den Aufbau einer repräsentativen
   Demokratie nach der Nazi-Diktatur ein.   74
3. Die Richtlinien für Ostkontakte der SPD
   vom 18.3.1967   76
4. Gründliches Selbststudium des praktischen
   und theoretischen Kommunismus   77
5. Ablehnung einer „Aktionseinheit der Arbeiterklasse" –
   nicht aber von gut vorbereitete Gesprächen
   mit Kommunisten   79

Fünftes Kapitel
Friedenspolitik nach außen und innen:
   Helmut Lenders unterstützt die Vorbereitung der Ostpolitik
   von Willy Brandt und Egon Bahr vor allem in Polen;
   Kampf gegen Rassentrennung (Apartheid)
   und Kritik an den Notstandsgesetzen

1.	Wandel durch Annäherung	83
2.	Brücken nach Polen bauen	87
3.	Brandt und Lenders engagieren sich für die Freilassung von Nelson Mandela	92
4.	Initiative gegen die Notstandsgesetze	94

Sechstes Kapitel
Vorsitzender des SPD – Unterbezirks Düsseldorf 1971 – 1983:
Die Arbeit an der Basis

1.	Dr. Josef Neuberger, Lenders Vorgänger als Parteivorsitzender	99
2.	Das Godesberger Programm: Von der Arbeitnehmer– zur Volkspartei	102
3.	Lenders integriert die Jungsozialisten	103
4.	Erheblicher Nachholbedarf in der Frauenpolitik	105
5.	Marie-Luise Smeets setzt sich durch	107
6.	Gibt es in Zukunft noch eine Vollbeschäftigung?	109
7.	Energiepolitik: Haben die Atomkraftwerke noch eine Zukunft?	111
8.	Kampf gegen den Rechtsextremismus	113
9.	Die Kunst des Kompromisses: Gibt es ein imperatives Mandat?	116

Siebtes Kapitel
Der konstruktive Kritiker (1969 – 1984)

1.	Kritik an der Autowerbung	121
2.	Wie sicher ist das Atomkraftwerk Mülheim-Kärlich bei Koblenz?	124
3.	Kritiker und Vermittler bei der Debatte um Ladenschlusszeiten	127
4.	Der NATO-Doppelbeschluss und Karl-Heinz Hansen	129

Achtes Kapitel
Die SPD auf dem Wege von der Planwirtschaft zur
   sozialen und ökologischen Marktwirtschaft mit
   genügend Gestaltungsmöglichkeiten für den Staat(1945 –
   1989)
1. Sozialdemokratische Wirtschaftspolitiker 1945 – 1974:
   Von Viktor Agartz (1897 – 1964) und Erik Nölting

(1892- 1953) zu Heinrich Deist (1902 – 1964), Helmut
Lenders (1922 – 2002), Karl Schiller (1911 – 1994)
und Helmut Schmidt (geb.1918) 138
2. Lenders macht Vorschläge zur Stärkung der
marktwirtschaftlichen Ordnung von Ludwig Erhard,
die „auf halbem Weg" 1957 stehen geblieben war:
Die Novellierung des Kartellgesetzes 149
3. Lenders kämpft um die Realisierung des Rechts
auf Arbeit 152
4. Lenders warnt in den siebziger Jahren mit
Michael Müller, Paul J. Crutzen und Umweltverbänden
vor Klimaveränderungen und forderte eine ökologische
Marktwirtschaft 155
5. Die weltweite Energiekrise 1973/74 und die
Konsequenzen für die Zukunft 157
6. Vollbeschäftigung und Automation 160
7. 1970 Kandidat für das Amt des Parlamentarischen
Staatssekretärs im Bundeswirtschaftsministerium
als Vertreter von Bundesminister Prof.Dr. Schiller 161
8. Frank Bertsch (geb.1937): Wirtschaftspolitischer
Berater von Helmut Lenders, der SPD – Bundestagsfraktion und später der Bundesregierung 164

Neuntes Kapitel
Parlamentarischer Geschäftsführer der SPD Bundestags-
fraktion(1972 – 1976)
1. Von den jungen Reformern in der Fraktion ins Amt
gedrängt 170
2. Unterschiedliche Einflussmöglichkeiten und
„Machtverhältnisse" unter den Parlamentarischen
Geschäftsführern 177
3. Integration der jungen Generation: Treffen mit
Schülerredakteuren aus der gesamten Bundesrepublik 188

Teil III

Lenders steigt seit 1965 auf
in der Arbeitsgemeinschaft der Verbraucherverbände (A g V)
zum Präsidenten (1984 – 1994)

Zehntes Kapitel
Vordenker und Pionier der Verbraucherpolitik:

I
Lenders „Verbraucherschutz – Philosophie":
1. Verbraucherschutzpolitik war für Lenders am besten in einer sozialen und ökologischen Marktwirtschaft zu verwirklichen 206
2. Ziele des Verbraucherschutzes 207
3. Verbraucherpolitik und Strukturwandel 208
4. Neue Felder „sinnstiftender aktiver Tätigkeiten außerhalb des Marktgeschehens" 210
5. Verbraucherschutz ist eine öffentliche Aufgabe 210
6. Brückenbauer 211

II
Die Entwicklung des Verbraucherschutzes in der Bundesrepublik, der DDR (1990), im wiedervereinigten Deutschland und in Europa
1. Gründung der Verbraucherschutzverbände nach 1945 212
2. Sozialdemokraten setzen sich bereits in der ersten Legislaturperiode des Deutschen Bundestages für den Verbraucherschutz ein 216
3. Die Gründung der Stiftung Warentest 1964 und die Zusammenarbeit von Irmgard von Meibom (CDU) und Helmut Lenders (SPD) 217
4. Helmut Lenders, einer der Begründer der Verbraucherpolitik: Das Textilkennzeichnungsgesetz vom 15.1.1969 220
5. Der Verbraucherschutz 1990 in Deutschland, vor der Wiedervereinigung 224
6. Verbraucherschutz in Europa 225

Teil IV

Lenders Kraftquellen

Elftes Kapitel
Kreative Freizeitbeschäftigung und die Familie
1. Die Belastungen eines engagierten demokratischen
   Politikers 232
2. Kreative Freizeitbeschäftigungen:
   Künstlerische Tätigkeiten von Inge und Helmut
   Lenders 238
3. Die Familie Gao-Lenders 245

Zusammenfassung
Politik für die Zukunft 251

Anhang

Abbildungsnachweis 262
Abkürzungen 264
Quellenverzeichnis 268
Literaturverzeichnis 271
Personenregister (bei Drucklegung)
Angaben zum Autor 286

Franz Müntefering

Helmut Lenders

Ich freue mich, dass mit diesem Buch an Helmut Lenders erinnert wird. Er war ein geradliniger, aufrechter Mitstreiter. Er prägte lange Zeit die Wirtschafts- und Verbraucherschutzpolitikpolitik der SPD-Bundestagsfraktion und der Partei.

Helmut Lenders, Jahrgang 1922, war zu Beginn des Zweiten Weltkriegs siebzehn Jahre alt. Von 1941 bis 1945 war er Soldat. Eine Erfahrung , die ihn zeitlebens zum entschiedenen Kriegsgegner machte.

Seit dem Ende des Krieges war er fest entschlossen bei der tiefgreifenden demokratischen Erneuerung, die nun folgen musste, mitzumachen. Deswegen übernahm er Verantwortung für die Zukunft - er ging in die Politik. Den Anspruch aller Menschen auf Freiheit, Gerechtigkeit und Selbstbestimmung in der konkreten Gesellschaft durchzusetzen, war das Ziel der Sozialdemokratie auch während der Zeit dieses Neuanfangs. Als nüchterner Pragmatiker wusste Lenders, dass dieses Ziel nur durch Reformen und durch die Gewinnung von Mehrheiten erreicht werden konnte.

Er schloss sich zunächst der Gruppe um Helene Wessel und Johannes Rau in der Gesamtdeutschen Volkspartei an. Sie forderten damals die konsequente Neutralität Deutschlands unter Verzicht auf jegliche Wiederaufrüstung.

1955 trat er in die SPD ein. Von 1965 bis 1980 gehörte er dem Deutschen Bundestag an. Seine Interessengebiete waren die Wirtschaftspolitik und sehr bald auch Fragen des Verbraucherschutzes. Helmut Lenders war kein Ideologe und immer bereit, dazu zu lernen. Er hatte sich im Eigenstudium große wirtschaftliche Fachkompetenz erworben. Sein Sachverstand wurde von Helmut Schmidt ebenso geschätzt wie von Herbert Wehner.

Die SPD war in den siebziger Jahren die treibende Kraft für mehr Verbraucherschutz. Helmut Lenders hatte wesentlichen Anteil an einer Reihe zentraler Gesetze zum Schutz der Verbraucher. Als Präsident der Arbeitsgemeinschaft der Verbraucherverbände war er Vordenker und Antreiber gleicherweise.1983 veranstaltete er das Symposion „Qualitatives Wachstum - qualitativer Konsum", auf dem es um die Frage eines sozial und ökologisch verantwortungsvollen Konsumverhaltens ging.

Sein gesamtes politisches Leben lang hat Helmut Lenders in der SPD für eine friedliche Zusammenarbeit der Völker gekämpft. Ebenso wie für Freiheit und Gerechtigkeit im eigenen Land.

Helmut Lenders war ein bescheidener, unprätentiöser Mensch- und er war ein engagierter und kampfbereiter Mensch. Als Politiker war sein Ehrgeiz auf die Sache bezogen. Er wollte Viele zu gemeinsamem Tun zusammenbringen, damit es in der Sache voran ging.

Ich denke voller Respekt und mit großer Sympathie an ihn.

Gerhard Eisfeld danke ich für seine verdienstvolle Arbeit, seinem Buch wünsche ich viele interessierte Leserinnen und Leser.

Karin Kortmann

Zur Biographie von Helmut Lenders

Obwohl Helmut Lenders in Wuppertal geboren wurde, so ist doch Düsseldorf der Schauplatz seines gesellschaftlichen Engagements nach dem Ende des zweiten Weltkrieges gewesen. Durch seine diversen Tätigkeiten als Gewerkschaftsführer beim DGB und als Vorsitzender der Düsseldorfer SPD hat er das politische Leben in der Stadt stark mitgeprägt. Helmut Lenders war von 1965 bis 1980 Mitglied des Deutschen Bundestages. Viermal in Folge hat er den Wahlkreis Düsseldorf II gewinnen können.

Helmut Lenders hat eine äußerst beeindruckende und nicht hoch genug einzuschätzende Rolle sowohl in der Düsseldorfer Politik als auch auf Bundesebene gespielt. Hervorzuheben ist hierbei sein stetiges Engagement für einen konstruktiven Dialog auch mit politischen Gegnern, der oft den Weg für überraschende und wegweisende Entscheidungen geebnet hat. Diese Art des respektvollen Miteinander-Verhandelns wurde ihm dadurch ermöglicht, dass er sich nicht von ideologischen Weltanschauungen leiten ließ, sondern stets pragmatisch auf mögliche Kompromisse hinarbeitete, ohne dabei aber jemals seine sozialdemokratische Gesinnung zu vernachlässigen. Helmut Lenders war kein Mann der großen Töne, lieber arbeitete er im Hintergrund und stellte dabei immer das Gemeinwohl über seine eigenen Interessen.

Dieser ruhigen und vermittelnden Art ist es auch zu verdanken, dass unter dem Vorsitz von Helmut Lenders in der Düsseldorfer SPD der 70er Jahre eine Stärkung der innerparteilichen Demokratie stattfand, gekennzeichnet durch die Verlagerung von Initiativrechten und Verantwortung an die Basis der Partei. Außerdem schaffte er es, die Jungsozialisten in die Partei zu integrieren, indem er sich ernsthaft und aufrichtig mit ihren Positionen und Forderungen auseinandersetzte.

In seiner Zeit als aktiver Politiker beschäftigte Helmut Lenders sich naturgemäß mit einer Vielzahl von verschiedenen Themengebieten. Er war allerdings einer der ersten, die auf die Notwendigkeit einer klimaorientierten und ökologischen Marktwirtschaft hinweisen. Vor dem heutigen Hintergrund des sich schon verändernden Klimas und den zum Teil beängstigenden Prognosen für die Zukunft sehen wir, wie recht er mit dieser Forderung hatte und wie wichtig es ist, frühzeitig auf solche Entwicklungen hinzuweisen.

Ein weiterer auch für mich persönlich sehr wichtiger Aspekt seiner Arbeit in Düsseldorf betrifft das Maß, in dem Lenders Frauen in die Politik integrierte und ihnen den Aufstieg innerhalb der Partei ermöglichte. So förderte er stets die Entwicklungen der späteren Oberbürgermeisterin der Stadt Düsseldorf Marie-Luise Smeets und trägt einen nicht unwesentlichen Anteil an ihrer politischen Karriere.

Als seine „Enkelin" habe ich als heutige Bundestagsabgeordnete in seinem ehemaligen Wahlkreis viele Menschen kennen gelernt, die immer noch in großer Anerkennung von ihm berichten können.

Helmut Lenders war also ein echter Vollblutpolitiker, der sich mit voller Kraft engagierte und dessen Hauptaugenmerk immer auf dem Gemeinwohl lag. Er ist dadurch ein Vorbild für jeden aufstrebenden Politiker und für uns in der Düsseldorfer SPD. Die Stadt Düsseldorf kann sich glücklich schätzen, ihm für den größten Teil seines Lebens Heimat gewesen zu sein.

Viel Spaß bei der interessanten Lektüre, mit freundlichen Grüßen

ZU DIESEM BUCH

„*Habe nicht die Absicht, mich in die Geschichte hineinzudrängen. Aber zu einem Splitter des Geschehens wurde ich doch, aus dem Steinbruch meines Daseins heraus gebrochen – bruchstückweise aufgeschrieben.*"
Helmut Lenders 2001 [1]

Helmut Lenders war ein liberaler Sozialdemokrat, der politische Entscheidungen immer mit einem Blick in die Z u k u n f t traf und sich Sorgen darum machte, welch´ eine Welt er unseren Nachkommen hinterlassen wird. Daher ist die Erinnerung an ihn immer noch aktuell und lesenwert. Viele Probleme, die Helmut Lenders angesprochen und für die er teilweise mögliche Lösungsmöglichkeiten vorschlug, sind immer noch wegweisend.

Helmut Lenders hat die o. g. Notiz am Ende seines Lebens hinterlassen. Wie alle bewusst lebenden Menschen hat er im hohen Alter darüber nachgedacht, „was" von ihm bleibt, wenn er von der Bühne des Lebens abtreten muss. Diese Notiz – auf einem kleinen Zettel – fand sich in seinen Aufzeichnungen über sein Leben, die er „F ü r L i n d a" (chinesische Enkelin, geb. am 18.9.1995) nannte und die Inge Lenders aufbewahrt hat. Da Helmut Lenders die Aufzeichnungen nicht mehr zum Abschluss bringen konnte, da ihn in den letzten Monaten vor seinem Tode die Kräfte zum Schreiben verließen, hat Inge Lenders die Aufzeichnungen redaktionell bearbeitet und in einer Broschüre „H e l m u t e r i n n e r t s i c h f ü r L i n d a" zusammengefasst. [2]

Er erzählt seiner Enkelin Linda in erster Linie, wie er seine Kindheit, Jugend und seine Zeit als Soldat (siehe Kapitel 1 und 2) erlebt hat, wie er und Inge Lindas Vater Letian Gao in China kennen gelernt und als Sohn adoptiert haben (Kapitel 11). In diesem Kapitel über Lenders' „Kraftquellen" wird auch geschildert, in welcher Weise Inge und Helmut Lenders künstlerisch tätig waren. [3] Seine politische Haltung hat er in seinen Aufzeichnungen nur noch kurz andeuten können. [4]

Außerdem hinterließ er einen Nachlass im Archiv der Friedrich-Ebert-Stiftung in Bonn, der vor allem Auskunft gibt über seine Tätigkeit als Politiker. [5]

Bruchstückweise hat er in seinen Erinnerungen „Für Linda" sein Mitgestalten am Aufbau der Bundesrepublik dargestellt – er schildert seinen Anteil (Splitter). Die Biographie ist in IV Teile chronologisch eingeteilt:

Teil I schildert Lenders' Jugend, Soldatenzeit und Ausbildung (Kap. 1 – 3).

Im Teil II wird Lenders als handelnder Politiker in seinen Ämtern als Abgeordneter, SPD-Vorsitzender in Düsseldorf und als Parlamentarischer Geschäftsführer mit seinen politischen Überlegungen und Handlungen dargestellt.

Teil III schildert seinen Aufstieg zum Präsidenten der Verbraucherverbände in Deutschland (Kap. 10).

Teil IV schließt ab mit dem „Hobbykünstler" und Gründer der Familie Gao-Lenders (Kap. 11).

Vor allem im Teil II geben die Kapitel 4 bis 10 immer historische Rückblicke auf die Zeit, in der Helmut Lenders noch nicht aktiv in der Politik mitgewirkt hat und andere Politiker die Politik bestimmten. So kann der Leser erkennen, in wieweit Lenders später an der Weiterentwicklung der Politik der Bundesrepublik mitgewirkt hat und sie z. B. – wie die Verbraucherpolitik – auch kreativ mitgestaltet hat.

Die vier Teile der Biographie werden umrahmt von einem Vorwort, einer Einführung zu den Mitwirkenden an demokratischen Prozessen und eine Zusammenfassung, welche auf die in die Zukunft weisende Politik von Lenders noch einmal aufmerksam machen soll.

Als ich am Tage von Helmut Lenders Beerdigung am 28.1.2002 in Düsseldorf spontan den Entschluss fasste, zu prüfen, ob es möglich ist, eine wissenschaftliche Biographie über ihn zu schreiben, wusste ich weder etwas über die Existenz eines Nachlasses (inzwischen 24 Boxen) im Archiv der Friedrich-Ebert-Stiftung , noch über seine Aufzeichnungen „Für Linda." Ich habe auch mit Helmut Lenders, den ich seit über dreißig Jahre kannte, nie darüber gesprochen, eines Tages über ihn eine Biographie zu schreiben.

2004, als ich die Quellenlage bereits etwas gesichtet hatte, erkrankte ich und musste daher eine einjährige Pause hinsichtlich meiner Forschungsarbeiten einlegen. So konnte ich auch nicht mehr ein Gespräch mit unserem Bundespräsidenten Johannes Rau (1931 – 2006) zu Ende führen, der mich persönlich telephonisch am 23.8.2002 nach Berlin eingeladen hatte. Johannes Rau hat mir aber noch eine „Rede" anlässlich des 60. Geburtstages von Helmut Lenders" geschickt, die er – als Ministerpräsident von NRW – auf der Geburtstagsparty von Helmut Lenders am 30.8.1982 hielt. Ich werde diese Rede dem Archiv der Friedrich– Ebert – Stiftung in Bonn übergeben. [6]

Johannes Rau kannte Helmut Lenders schon aus Wuppertal, wo beide geboren sind. Vor über 50 Jahren waren sie sich erstmals begegnet.

2007 führte ich noch Gespräche mit Frau Anne-Lore Köhne von der Verbraucherzentrale des Bundesverbandes e.V. (vzbv) in Berlin und mit der ehemaligen Oberbürgermeisterin von Düsseldorf, Marlies Smeets, die zur Ehrenoberbürgermeisterin gewählt wurde. Frau Köhne und Frau Smeets arbeiteten einige Jahre mit Helmut Lenders zusammen.

Die „Bundesbeauftragte für die Unterlagen des Staatssicherheitsdienstes der ehemaligen DDR" – Frau Marianne Birthler in Zusammenarbeit mit Frau Ilona Weise – stellten mir entsprechend dem „Stasi-Unterlagen-Gesetz" (StUG) vom 20.12.1991 – siehe u. a. den 1. und 3. Abschnitt – Quellen zur Verfügung. Als Historiker habe ich sie hinsichtlich einer möglichen Beeinflussung demokratischer Institutionen in der Bundesrepublik ausgewertet.

Ihnen allen danke ich für die konstruktive und freundliche Unterstützung.

Mein besonderer Dank geht an Inge Lenders, die mir schriftlich Quellen und Bücher aus Helmut Lenders kleiner Bibliothek zugänglich machte.

Meine Frau ermöglichte es mir, trotz meiner Krankheit diese Biographie zu schreiben.

Frau Marlene Diewald erstellte ein erstes Rohmanuskript,

als ich dazu noch nicht wieder in der Lage war. Ihre Hilfe – auch bei der Endfassung – war vorbildlich.
Beiden danke ich herzlich!
Wissenschaftlichen Rat und Unterstützung bekam ich von Prof. Dr. Michael Schneider, Wolfgang Stärcke und Frau Petra Giertz vom Archiv der Friedrich-Ebert-Stiftung in Bonn. Dr. Hans-Holger Paul hatte Helmut Lenders angeregt, für seinen Nachlass Unterlagen dem Archiv zur Verfügung zu stellen. Ohne ihre Hilfe wäre es nicht möglich gewesen, eine wissenschaftliche Darstellung zu schreiben.

Anmerkungen:

Vorwort
[1] Helmut Lenders: Für Linda, Düsseldorf ca. 2001, Manuskript o.D.
[2] Siehe Kapitel 12
[3] Inge Lenders (Hrsg.): Helmut erinnert sich für Linda, Düsseldorf 2004
[4] Siehe vor allem die Kapitel 4 – 10
[5] Siehe vor allem die Kapitel 4 – 10
[6] Telefon – Gespräch mit Bundespräsident Rau (1931 – 2006) im Jahre 2003. Ministerpräsident Rau hielt am 13.8.1982 zu Lenders 60. Geburtstag eine kurze Rede.
[7] Brief von Helmut Lenders an Dr. Hans-Holger Paul v. 5.9.1997, NL Box 1

EINFÜHRUNG

Geschichtsschreibung über einen demokratischen Staat sollte demokratische Entscheidungsprozesse aufzeigen.

Geschichtsschreibung sollte so objektiv wie möglich sein. Es muss versucht werden, die Realität unter Berücksichtigung unterschiedlicher Faktoren und Personen einzufangen. Geschichtsschreibung – vor allem in der Demokratie – kann daher nicht nur eine Geschichte z.b. der Präsidenten und Bundeskanzler sein, sondern möglichst vieler Mitwirkenden. Es müssen auch die Entwicklungen gezeigt werden, wie es zu den Entscheidungen der Mächtigen im Staat kam und wer daran mitwirkte. Dazu gehören in der Demokratie u. a. die Medien, Bürgerbewegungen, Parteien, Vereine, Gewerkschaften, die Wirtschaft, einzelne Wissenschaftler, Kommunal-, Landes- und Bundespolitiker und Personen, welche die Regierenden beraten, auch wissenschaftliche Hilfseinrichtungen für Abgeordnete z. B. des Deutschen Bundestages[1] und Redenschreiber wie z.b. Klaus Harpprecht, der für Willy Brandt im Kanzleramt arbeitete.

Es mussten nach 1945 schwerwiegende Entscheidungen getroffen werden: Z. B: sollten die Westdeutschen die Planwirtschaft oder die soziale Marktwirtschaft einführen; dem Westen oder Osten anschließen; einen zweiten deutschen Staat – die Deutsche Demokratische Republik (DDR) – neben der Bundesrepublik Deutschland anerkennen; eine Wiedervereinigung beider deutschen Staaten entsprechend der Präambel des Grundgesetzes herbeiführen, den Umweltschutz verstärkt fördern, alternative Energiequellen erschließen und mehr Demokratie wagen? Alle diese Fragen und viele andere mussten von Politikern, Experten und Bürgerinnen und Bürger gründlich geprüft werden, bevor sie von den Regierenden – vor allem nach Wahlen – entschieden werden konnten. Regierungschefs und führende Staatsmänner in der Demokratie müssen die demokratischen Verfahren beachten und benötigen die Unterstützung des Volkes, um ihre Ziele zu erreichen.

Geschichtsschreiber sollten diesen Entscheidungsprozess versuchen darzustellen. Wir brauchen eine „demokratische Geschichtsschreibung", das heißt, eine Geschichtsschreibung, die nicht nur Ergebnisse von Entscheidungen zusammenfasst und den Entscheidungsprozess nur einigen wenigen Menschen zuschreibt, sondern welche eine sinnvolle Breite des Entstehungsprozesses von Entscheidungen darstellt. Karl Dietrich Bracher, Wolfgang Jäger und Werner Link haben versucht, die Geschichte der Bundesrepublik so darzustellen. Prof. Karl–Dietrich Bracher hat zusammen mit Theodor Eschenburg (+), Eberhard Jäckel und Joachim Fest (+) eine sechsbändige „Geschichte der Bundesrepublik" herausgegeben.

Bracher hat „auf hervorragende Weise zur geistigen Verankerung der Bundesrepublik in die Wertegemeinschaft des Westens beigetragen."[2)]

Um eine möglichst objektive Geschichte der Bundesrepublik schreiben zu können, benötigen wir aber immer noch viele einzelne Studien über diejenigen, die im demokratischen Prozess mitwirkten und wichtige Entscheidungen mit vorbereitet haben. Dazu gehören auch Biographien von Politikern.

Helmut Lenders gehörte in den sechziger und siebziger Jahren des 20. Jahrhunderts zu den führenden Parlamentariern im Deutschen Bundestag und war ein wichtiger Berater von Staatsmännern wie Willy Brandt und Helmut Schmidt. Er setzte starke politische Akzente, vor allem als Pionier der Verbraucherschutzpolitik und als Wirtschaftspolitiker. Als SPD-Vorsitzender in Düsseldorf und als Parlamentarischer Geschäftsführer pflegte er eine demokratische Streitkultur. Er sah die Schwierigkeiten, genügend Arbeitsplätze zu schaffen, die Umwelt vor einer Klimakatastrophe zu schützen, für genügend Energie zu sorgen und den Frieden in Europa zu stabilisieren.

Trotz dieses Engagements für unseren demokratischen Staat und seine Bürgerinnen und Bürger stand er außerhalb von Düsseldorf selten im Rampenlicht der Medien.

Auch in einer Biographie über einen Parlamentarischen Geschäftsführer der Bundestagsfraktion der SPD sollte dargestellt werden, wer ihn im demokratischen Prozess unterstützt, beraten oder eher behindert hat, um diese schwierigen Aufgaben für seine Wähler in Düsseldorf, für die Bundesrepublik, die Bundeskanzler Willy Brandt und Helmut Schmidt sowie für seinen Fraktionsvorsitzenden Herbert Wehner erledigen zu können.

Beispiele, wie die Rolle eines „Beraters" und einer Frau eines Politikers gewürdigt werden können, zeigen die „Erinnerungen" von Willy Brandt, das Vorwort von „Loki-Hannelore Schmidt erzählt aus ihrem Leben" und ein Zeitungsartikel über Beate Baumann in der „Süddeutschen Zeitung", über die Beraterin von Bundeskanzlerin Angela Merkel![3)]

Brandt hat seinen engsten Mitarbeiter gebührend gewürdigt und deutlich gemacht, welchen Einfluss Berater auf die Politik haben können:

„E g o n B a h r war nicht der einzige, aber der konzeptionell fähigste meiner Mitarbeiter in Berlin und im Übergang von Berlin nach Bonn", wo Brandt 1966 Außenminister und Vizekanzler der Grossen Koalition von SPD und CDU/CSU wurde. Der Moskauer Vertrag vom Juni 1970 und die anschließenden Verträge mit der DDR wurden im Wesentlichen von ihm ausgehandelt…" „Wann und wo gesamteuropäische Zusammenarbeit vorkommt und gesamteuropäische Sicherheit gestaltet wird ist sein gedanklicher Beitrag unverkennbar. Vieles von dem, was ich ab 1960 und über 1980 hinaus geleistet und versucht habe, wäre ohne solche Zusammenarbeit nicht möglich gewesen. Es ist selten, dass Freundschaft die Belastungen des politischen Geschäfts über so viele Jahre hinweg überdauert."[4)]

H a n n e l o r e S c h m i d t , geb. 3.3.1919, weist im o. g. Buch auf die Rolle einer Frau eines Politikers hin. Als Frau des Bundeskanzlers Helmut Schmidt musste sie „ausländische Gäste in Deutschland empfangen, Besuchergruppen führen, Botschafterfrauen einladen.".. „mit unterschiedlichen Journalisten reden" und ihren Mann betreuen. „Diese Seite des Bonner Lebens interessierte die Medien leider kaum…." "Dabei wäre für das Verständnis der Arbeit einer Regierung doch ganz nützlich, wenn die Bürger auch einmal von diesem Dienst erfahren, den die Angehörigen der Politiker zu leisten haben." Der Journalist Hans Ulrich Kempski behauptete, „die allerbesten Ratschläge für Helmut Schmidt kamen von seiner Frau Hannelore."[5)]

Auch eine Büroleiterin kann einen Einfluss auf die Politik bekommen, wenn sie wie B e a t e B a u m a n n im Vorzimmer einer Bundeskanzlerin sitzt. Darauf hat am 11.6.2007 Christoph Schwennicke in einem interessanten Artikel in der „Süddeutschen Zeitung" hingewiesen: Baumann ersetzt – „gespiegelt am Schröder-Imperium Sigrid Krampitz (im Kanzler-Büro) und ein Stück weit Frank-Walter Steinmeier (Kanzleramtsminister)" – zwei Berater.

Auf den „Dienst", den Inge Lenders als Frau des langjährigen Bundestagsabgeordneten, Geschäftsführers der SPD- Bundesfraktion, Vorsitzenden der SPD und des DGB in Düsseldorf und Präsidenten der Verbraucherschutzverbände geleistet hat, kann in der folgenden Darstellung nicht umfassend hingewiesen werden. Soweit hierzu „Quellen" vorliegen, z.B. Hinweise von ihrem Mann Helmut, werden sie voll berücksichtigt. Ohne ihre Hilfe hätte Helmut Lenders das große Arbeitspensum nicht bewältigen können. Manchmal bestand die Unterstützung auch in intensiven, kritischen Gesprächen über politische Vorgänge.

Die Biographie soll ein kleiner Beitrag zur Geschichte der Bundesrepublik sein. Die Bundesrepublik Deutschland ist trotz aller Mängel ein Staat mit einer der weltweit besten Verfassung. Helmut Lenders hat zum Aufbau dieses Staates nach 1945 einen Beitrag geleistet. Seine Verdienste am Aufbau der Bundesrepublik und am Aufspüren von Zukunftsproblemen sind – mit Thomas Mann gesprochen – „buchenswert." Sie sollen für seine Enkelin Linda, für Inge Lenders und die ganze Familie, Freunde, Bekannte, politisch interessierte Bürgerinnen und Bürger, Historiker und vor allem für die nachwachsenden Generationen aufgeschrieben werden. Das Leben von Helmut Lenders ist ein Beispiel dafür, wie aus einer schwierigen persönlichen Ausgangslage nach dem 2. Weltkrieg ein positiver Beitrag zum Aufbau und zur Lösung von Problemen unseres demokratischen Staates geleistet werden konnte. Bundespräsident Johannes Rau war daher verwundert, dass Helmut Lenders „nichts werden wollte", wie er mir am Telefon sagte. Damit wollte Johannes Rau ausdrücken, dass sich Lenders nicht ins Rampenlicht drängte.

Helmut Lenders war engagiert, Probleme zu lösen, um die

Gesellschaft der Bundesrepublik friedlich, sozial und gerecht zu gestalten, in fairen demokratischen Auseinandersetzungen, wenn möglich als „Brückenbauer", der stets freundlich mit allen Menschen kommunizierte und seine Entscheidungen zukunftsorientiert traf.

Anmerkungen
Einführung: Geschichtsschreibung über einen demokratischen Staat sollte demokratische Entscheidungsprozesse aufzeigen.

[1] Thomas Keller / Herbert Raupach: Informationslücken des Parlaments?, Bonn 1970
[2] Karl Dietrich Bracher/ Wolfgang Jäger/ Werner Link:
Republik im Wandel 1969 – 1874 Die Ära Brandt, Stuttgart/ Mannheim 1986 und Joachim Fest, Bürgerlichkeit als Lebensform, Seite 243, 2007
[3] Willy Brandt: Erinnerungen, S.73/74, Berlin 1989;
H. Schmidt: Loki – Hannelore Schmidt erzählt aus ihrem Leben, S.7/8. Fischer Tb, 2005;Süddeutsche Zeitung v. 11.6. 2007: Christoph Schwennicke über „Beate Baumann"
[4] Willy Brandt: Erinnerungen, S.73/74, Berlin 1989
[5] H. Schmidt: Loki ……erzählt aus ihrem Leben, S. 7 /8, Frankfurt a.M.2005 und Helene Walterskirchen: An der Seite der Macht, Seite 163 ff Loki Schmidt, Wien 2002

Abb. 2: Wahlkampf W. Brandt mit H. Lenders in Düsseldorf 1965
Robert Graf von Norman, Bildjournalist Düsseldorf

Teil I

Start ins Leben
(1922 – 1965)

Jugend in Wuppertal, Soldatenzeit,
Weiterbildung und Aufstieg im DGB,
Einstieg in die Politik

Erstes Kapitel

Eine schwere Jugend: Krankheit, wirtschaftliche Not und Nationalsozialismus

„Die Eigenart der Bewohner Barmens verbindet in sich die rheinische Beweglichkeit und westfälische Zähigkeit."
Dr. Hartmann 1926 [1a)]

„Helmut Lenders Jugendjahre waren geprägt durch die Weltwirtschaftskrise und den Nationalsozialismus."
Marlies Smeets, Ehrenoberbürgermeisterin der Landeshauptstadt Düsseldorf [1b)]

...*"ich bin letztlich mehr Wuppertaler als Düsseldorfer, obwohl wir Düsseldorf als Alterssitz gewählt haben, nachdem uns zehn Jahre Hückeswagen die Vorzüge der Großstädte vor Augen führten"!*
Helmut Lenders, 1997 [1c)]

1. Kindheit und Jugend in Wuppertal

„Barmen im schönen Wuppertal mit seinen rund 190.000 Einwohnern ist eine Stadt, in der der Rhythmus der Arbeit in ganz besonderer Weise schwingt.... Das gilt in erster Linie von dem alteingesessenen Textilgewerbe, das in zahlreichen kleineren und größeren Betrieben Bänder, Kordel und Spitzen herstellt und als Barmer Artikel in alle Welt versendet." [1d)]

Dort wurde Helmut Lenders am 13.8.1922 geboren. 1929 ist Barmen mit Elberfeld und anderen Gemeinden zur Stadt Barmen – Elberfeld zusammengelegt worden und hieß ab 1930 Wuppertal.

Ebenfalls aus Wuppertal stammte Johannes Rau, sein langjähriger Freund und Mitstreiter in der Gesamtdeutschen Volkspartei (GVP) und SPD, der neun Jahre jünger war.

In die Wiege wurde Helmut Lenders sein späterer Aufstieg in

hohe Ämter in den Gewerkschaften, in der Düsseldorfer SPD, als Parlamentarischer Geschäftsführer der SPD- Bundestagsfraktion und als Präsident der Arbeitsgemeinschaft der Verbraucherverbände (AgV) nicht gelegt. Die Lebensbedingungen in seiner Kindheit gestalteten sich ungünstig. Er war krank und konnte nur eine verkürzte Ausbildung an der Volksschule machen, die er aber gut bewältigte. Mit Hilfe vor allem seiner Mutter war er bestrebt, so viel wie möglich zu lernen. Wenn er sich aber qualifiziert hatte, musste er immer gefragt werden, ob er nicht eine seiner Qualifikation entsprechende Stelle einnehmen wolle.

Verglichen mit Johannes Rau, der Ende des Jahrhunderts Bundespräsident wurde, Prof. Dr. Karl Schiller, der in der Großen Koalition (1966) und zu Beginn der siebziger Jahre als Bundeswirtschaftsminister Erfolg hatte, den Bundeskanzlern Willy Brandt und Helmut Schmidt, mit denen Lenders später zusammengearbeitet hat, machte er keine außergewöhnliche Karriere. Schmidt und Schiller brachten u. a. mit einem Studium der Volkswirtschaft an der Universität günstigere Voraussetzungen für ihren Aufstieg mit. Rau war noch zu Beginn des 2.Weltkrieges jung und brauchte daher nicht mehr Soldat zu werden.

Lenders' Laufbahn führte ihn nicht in eines der Spitzenämter des Staates, sondern auf einen Platz, der in einer Demokratie entscheidend dazu beitragen kann, dass der Staat möglichst reibungslos funktioniert und die führenden Repräsentanten des Staates ihre Vorstellungen auch verwirklichen können.

Als langjähriger Vorsitzender des Unterbezirks Düsseldorf der SPD war er regional eine führende Persönlichkeit – und als Präsident der „Arbeitsgemeinschaft der Verbraucherverbände" (AgV) auch auf nationaler Ebene. Er war also nicht nur ein Berater und Vollstrecker der Politik der Mächtigen, sondern auch ein Gestalter.

Seine Bildung wurde maßgeblich von seiner Mutter beeinflusst, die starke „kulturelle Bedürfnisse" hatte. Sie versuchte, ihm und seiner jüngeren Schwester „Bildung beizubringen" und „ihre Interessen an Fremdsprachen zu wecken." [2]

Sein Vater – als Geschäftsmann Blumenhändler in Wuppertal – hatte wenig Zeit.

Abb. 3: Ehepaar Lenders mit Johannes Rau 1982
Privatphoto: Inge Lenders

Mit 8 Jahren erlangte Helmut Lenders – auch unter Berücksichtigung seines „schlechten körperlichen Zustandes" – die Schulreife. [3)]

Zunächst besuchte er die Katholische Volksschule am Steinweg in Barmen und anschließend die Volksschule in Unterbarmen. Sein Tagesablauf als Schüler war anstrengend. Vormittags ging er zur Schule, dann aß er zu Mittag und brachte anschließend seinem Vater Mittagessen in einem „Henkelmann", der ungefähr 4 Kilometer entfernt in seinem Blumengeschäft arbeitete. Dort erwartete ihn sein Vater, weil er als „Laufjunge" für das Blumengeschäft mithalf. Er musste bestellte „Sträuße und Gestecke zu Geburtstagen und Hochzeiten oder bevorstehenden Feiertagen" herumbringen. Nicht selten waren auch Beerdigungskränze dabei. Das war – bei allen Mühen – für den 13jährigen Schüler – ein „einträgliches Trinkgeldgeschäft." Hinzu kam noch das „gesparte Fahrgeld", das er von den Kunden bekam. Er ging lieber zu Fuß [4] Für das ersparte Geld konnte er sich – mit Unterstützung seiner Eltern – als 14jähriger ein Fahrrad kaufen. Nachmittags machte er dann ab ungefähr 16.00 Uhr seine Schularbeiten. Weil er ein sehr guter Schüler war, wurde er vom 6. gleich in das 8.Schuljahr versetzt und 1937, mit 15 Jahren, mit einem Volksschulabschluss entlassen

Schon 1936 hatte er begonnen, eine Lehrstelle in Wuppertal zu suchen – im „deutschen Manchester" mit starker Textilindustrie, Eisen-, Metall-, Chemie- und Elektroindustrie. Zunächst verliefen seine Bewerbungen ohne Erfolg. Eine Stelle bei einem Versicherungsmakler lehnten er und seine Mutter ab. Er hätte dort die Öfen des Büros und der Wohnung des Maklers ab 7 Uhr morgens heizen und auch für die Sauberkeit der Wohnung und des Treppenhauses sorgen müssen.

In einer Knopfgroßhandlung scheiterte die Einstellung an seiner Körpergröße. Er kam nicht von der obersten Stufe einer Leiter an Kartons heran. Dadurch disqualifizierte er sich in den Augen des Besitzers. Auch in einer Kohlengroßhandlung scheiterte die Einstellung an Arbeitsbedingungen. Er bekam zunächst eine Hilfsarbeiterstelle bei einem Polsterer, der durchgesessene Autositze aufpolsterte. Helmut Lenders musste auf Abruf arbeiten und bekam als Lohn 5 Reichsmark pro Woche.

Durch diese Tätigkeit lernte er den Großhändler Happich kennen, der in seinem Handelshaus Ersatzteile für die Innenausstattung von Autos vertrieb. Dort bewarb er sich und wurde geprüft: Ihm wurden Fragen aus dem Bereich der Schulbildung und zu den Handelsartikeln gestellt, die bei Happich lagerten. Helmut Lenders wurde schließlich 1938 als „einziger Volksschüler" unter 12 Mittelschülern und Abiturienten bei Happich eingestellt. [5] Dort hatte er gelernt, z. B. das „richtige Maß zu finden zwischen Lieferfähigkeit und Lagerungskosten." [6]

Eine genaue Termindisposition spielte im Betrieb eine entscheidende Rolle. Lenders „faszinierte" eine Arbeit, bei der es auf Pünktlichkeit und Zuverlässigkeit ankam.Er arbeitete hauptsächlich in der technischen Abteilung, in der Gruppe für Gummiprofile, Dichtungen und Klebstoffe. Auf Wunsch konnte er sich auch in einer Übungsfirma im Betrieb über die Entwicklung der Automobilwirtschaft informieren. Sie gewann damals ständig an Bedeutung. Er besuchte Automobilfabriken und Unternehmen, die Materialien und Einzelteile des Sortiments seiner Firma herstellten. [7]

Zur guten Atmosphäre im Betrieb trug bei, dass dort – in nationalsozialistischer Zeit – nicht die Uniform der Hitlerjugend getragen wurde. Sein Chef, Dr. Otto Happich, rettete sogar einmal einen Sozialdemokraten vor einer Verhaftung durch die Nazis.

Happich selbst „schützte" sich vor den Nazis, in dem er gelegentlich das NSDAP-Parteiabzeichen trug, z.B. wenn auf einer Messe Hitler den Stand seiner Firma besichtigte.

Ein einschneidendes Erlebnis war für Helmut Lenders ein U n f a l l beim Betriebssport bei Happich. Er fiel von einer Sprossenwand in der Sporthalle im „freien Fall" auf den Boden. Lenders war „anfänglich an der Grenze zum Tode"[8] und musste für 3 Monate ins Krankenhaus. Er verlor eine Niere. Mit dem rechten Arm konnte er zunächst nicht mehr schreiben. Er bekam zeitweilig eine „Berufsunfähigkeitsrente." Sein „Lebenswille" wurde stark gefordert. Er meisterte die schwierige Situation und begann, intensiver zu „leben." Da der 2. Weltkrieg bereits begonnen hatte, sorgten seine Ausbilder dafür, dass er seine Lehre beenden konnte. 1941 bestand er dann „mit einer guten Note" seine kaufmännische Abschlussprüfung. [9]

2. Verstrickungen als Jugendlicher in der nationalsozialistischen Zeit

Der Vater von Helmut Lenders schloss sich in den dreißiger Jahren einer Nachrichteneinheit an, einem SA – Club. Dort spielte er nach einem eigenen Notensystem Klavier, Skat und experimentierte mit den dortigen Kommunikationsgeräten. Nach dem Besuch einer Nachrichtenschule in Berlin kam er als Funker zurück und brauchte zum Morsen einen Partner. Sein Sohn Helmut war dazu bereit. Zu den Heimabenden des nationalsozialistischem „Jungvolks" lockte ihn ein Junge aus der Nachbarschaft. Er zeigte ihm u. a. ein „Jungvolkabzeichen", das Helmut – beeinflusst von seiner Umwelt – „imponierte." Wenn er dort hin ging, musste er eine alte Eisenbahnerhose seines Opas, ein Braunhemd mit schwarzem Halstuch und Lederknoten anziehen. Das Hemd mit dem Zubehör hatte er sich im Bekleidungshaus Weiss gekauft, dessen Inhaber einer von den Juden war, dessen Haus in der Reichskristallnacht in Wuppertal angezündet wurde. Helmut Lenders erklärte man nicht die Ursachen des Brandes. Er hatte später sogar den Eindruck, dass sein Vater mit seiner „SA-Nachrichteneinheit irgendwie beteiligt war." [10]

Die Heimabende „ertrug" Helmut Lenders noch. Er hörte von geschichtlichen Ereignissen wie z.B. dem Bauernkrieg, und man sang viel, vor allem das Liedgut der Bündischen Jugend. Sie führten aber auch Geländespiele auf den Höhen um Wuppertal durch und sie marschierten durch die Stadt. Im Gelände wurde gerobbt, gelaufen und marschiert. Helmut Lenders – mit seiner schlechten Konstitution – reichte es, er war „bald fix und fertig" von dieser vormilitärischen Erziehung.

Die „Führer des Jungvolks" haben – nach Meinung von Lenders – die „Jugendlichen nicht unbedingt indoktriniert, wenn dann jedenfalls mehr sanft und indirekt." [11]

Die Hitlerjugend in Mittelbarmen, zu der Helmut anschließend gehörte, hat auf ihn keinen großen Eindruck gemacht. Seine Rotte machte vormilitärische Ausbildung: So z.B. in der Nachrichtenübermittlung im Gelände. Hier war Helmut Lenders durch seinen Vater gut eingeführt worden. Er wurde daher – „aus dem Stand heraus" – zum Oberrotenführer mit zwei Litzen (Streifen auf den Schulterklappen)[12] ernannt. Durch den Umzug von Mittelbarmen nach Unterbarmen endete bald sein Gastspiel bei der Hitlerjugend.

Im Sommer 1941 wurde Lenders gemustert und kurz danach

zu einem Luftnachrichten-Regiment eingezogen. Wegen seines schlechten Gesundheitszustandes war Lenders „nur bedingt kriegsverwendungsfähig." Er kam – als Soldat im Luftnachrichtenwesen – zur Ausbildung an die Schreibmaschine. [13] Er konnte mit ihr schließlich" professionell" umgehen.

In seiner Jugend geriet Helmut Lenders – auch im häuslichen Milieu – mit dem „Antisemitismus" in Kontakt. Familie Lenders zog eines Tages in die Wohnung von Oma Hedermann am Alten Markt 5 in der Stadtmitte von Barmen. Das Haus gehörte dem Tierarzt Dr. Rosendahl, einem Juden, der Vorsitzender des Tierschutzbundes war. Der Umgang miteinander war recht „freundlich." Wenn der Tierschutzbund eine Feier hatte, war Helmuts Vater „selbstverständlich " mit einigen Glossen auf der Bühne dabei. [14]

Nur das „sonntägliche Frühstück" der Familie Rosendahl, die einen Stock tiefer unter der Familie Lenders „auf dem Balkon" „Wohlhabenheit" ausströmte, lag Lenders Vater „irgendwie quer." [15]

Hierzu schreibt Lenders in seinen Erinnerungen „Für Linda":

„Erlebt habe ich wie Vater an einem Sonntagmorgen unseren Kater „Bubi", der die Angewohnheit hatte, vom Vorfenster aus schräg durch die Luft in das offene Fenster unseres Zimmers zu springen, bei einem solchen Sprung genau da am Schwanze festhielt, wie er über den Frühstückbalkon von Rosendahls schwebte. Er plumpste mitten auf den Frühstückstisch, hinterließ ein Chaos und verschwand in Rosendahls Wohnung unter einem Schrank und war nicht mehr gesehen."

War das schon Antisemitismus oder nur Neid?", fragte sich Helmut Lenders. [16]

In dieser Zeit fiel ihm der große Unterschied zwischen den in der nationalsozialistischen Zeitung „Stürmer" dargestellten Juden und den Juden im Hause auf. Die Familie Rosendahl sah man „gerne" an.

In Wuppertal schlug der Nationalsozialismus ab 1933 voll zu. Es gab zunächst einen Boykott jüdischer Geschäfte durch die NSDAP. 4600 politischen Gegner der Nationalsozialisten wurden in eines der ersten Konzentrationslager (KZ) in Deutschland verschleppt. Die Nazis schickten 1933 Kommunisten in das am Stadtrand von Wuppertal gelegene KZ Kemna. 1935 folgten weitere Massenverhaftungen von Nazi – Gegnern. 1938 gingen in der „Reichskristallnacht" die beiden Synagogen in Elberfeld und Barmen in Flammen auf, Friedhöfe wurden geschändet und es kam zu Ausschreitungen gegen jüdische Mitbürger.1941 begannen Massendeportationen von über 1 000 jüdischen Bürgern in die von der deutschen Wehrmacht besetzten Länder. [17]

3. Die schwierige wirtschaftliche Lage der mittelständischen Familie von Peter Lenders

Helmut Lenders' Vater, Peter Lenders, hatte sich nach der Rückkehr aus dem 1. Weltkrieg 1920 „mit dem familiären Erbe" als Kaufmann selbständig gemacht. Ein Blumengeschäft mit kleinem Treibhaus übernahm er per Pacht und Kauf. Es lag in der Kölnstraße in Elberfeld, in der Nähe des Hauptbahnhofs und der Elberfelder Stadthalle. In der Stadthalle mit kleinen Räumen für Familienfeiern gab es Bedarf für Blumenschmuck.

Peter Lenders, der Gärtner und Blumenbinder gelernt hatte, sammelte als Geselle in renommierten Blumengeschäften in den Großstädten des Rhein-Ruhrgebietes Erfahrungen.

So waren die Aussichten für „ertragsreiche Umsätze" zunächst gut. Er musste eine vierköpfige Familie ernähren. 1921 heiratete er die kaufmännische Angestellte Gertrud Becker. Sie hatten zwei Kinder, Helmut (geb.1922) und Gisela (geb.1927).

Der Hausbesitzer kündigte 1924/25 – nach der großen Inflation von 1923 und bei steigender Arbeitslosigkeit – den Laden und das Treibhaus und kaufte die „mobilen Bestände" großzügig mit Inflationsgeld von Peter Lenders zurück. Peter Lenders musste sich eine neue Geldquelle besorgen: Er fing einen Hausiererhandel mit Weißwaren an, der aber keinen Erfolg hatte, „weil die Zahlungsmoral der Kunden miserabel war." [18]

Erst 1927 riskierte Peter Lenders die Neueröffnung eines Blumengeschäfts in Barmen in der Reichsstrasse, wo sie auch hinzogen. Helmut Lenders erinnerte sich, dass die Jahre 1928 bis 1931 die „wirtschaftlich und familiär besten" waren, die er „erlebt" hatte.

Während der Weltwirtschaftskrise 1931 – bei einer Arbeitslosigkeit von über 5 Millionen Menschen in Deutschland – scheiterte sein Vater erneut mit seinem Blumengeschäft. Auch eine weitere Filiale in der Höhnerstraße, welche die Mutter betreute, konnte die wirtschaftliche Abwärtsentwicklung der Familie nicht verhindern. Die Mutter, die vor ihrer Heirat Chefsekretärin und Fremdsprachenkorrespondentin für Englisch und Französisch in einer Barmer Knopffabrik gewesen war, war auch nicht gerade begeistert über den Blumenhandel.

Wer hatte schon Geld für Blumen zu Beginn der dreißiger Jahre? Kränze für Beerdigungen wurden zwar nach wie vor gekauft, aber da gab es immer mehr Konkurrenz.

1932 wurde der Vater schließlich arbeitslos. Die Miete konnte nicht mehr bezahlt werden. Familie Lenders bekam kein Arbeitslosengeld, weil Peter Lenders selbständiger Kaufmann gewesen war. Für vier Personen erhielt die Familie pro Woche 12 Reichsmark und dazu Gutscheine für Margarine, Kartoffeln und Kohlen. Mietzuschüsse gab es nicht. So zogen sie zu Oma Hedermann, die ihnen in ihrer Wohnung ein Zimmer abtrat [19)].

Es war ein Wohnschlafraum für die ganze Familie Lenders, wo Helmut auch seine Schularbeiten machen musste. In einem langen, großen Flur spielten an den Wochenenden, wenn die anderen Mieter nicht da waren, Helmut mit seinem Vater Fußball oder mit Mutter und Vater „Blinde Kuh."

Die räumliche Enge empfand Helmut Lenders als bedrückend. Er schilderte sie ausführlich in seinen Erinnerungen „Für Linda."

Die wirtschaftliche Lage der Familie war miserabel: Die Mutter brauchte pro Tag mindestens 5 Reichsmark für Essen, Wohnen, Miete und Gebühren. 5 Reichsmark für den Einkauf frischer Waren, damit Gewinn gemacht werden konnte. Überschüsse wurden benötigt für einmalige Ausgaben, z.B. Schuhsohlen. Wenn die Mutter nicht genügend Geld bekam, ging sie zum Pfandhaus. Die Fotoausrüstung des Vaters ist mehrfach dort gelandet. Mitte der dreißiger Jahre ist sie im Pfandhaus geblieben.

4. Messdiener während der Schulzeit

Helmut Lenders war als Schüler ein fleißiger und pünktlicher Besucher der katholischen Kirche St. Antonius in Barmen.

1943 legten schwere Bombenangriffe Barmen und Ronsdorf in Schutt und Asche, es gab über 3500 Tote. Erst 1971 konnte das Richtfest der neuen St. Antonius Kirche in Barmen gefeiert werden. [20]

Er ging zur katholischen Volksschule am Steinweg in Elberfeld. Viermal in der Woche besuchte er die St. Antonius Kirche: Dienstags und freitags war morgens vor dem Unterricht Schulgottesdienst. Das war „von der Schule aus Pflicht." Am Sonntag ging er zur Messe und am Nachmittag um 15.00 Uhr zur Andacht [21].

Zusätzlich besuchte er noch den Unterricht für die Vorbereitung auf die Erstkommunion.

Sein Religionslehrer, Kaplan Savels, wählte ihn als Messdiener aus und betreute ihn. „Beliebt" waren bei den Schulkindern „Beerdigungen und Trauergottesdienste", weil man dann „ zusammen mit dem Kaplan mit einer Taxe fuhr ." In der damaligen Zeit war das Autofahren noch eine große Attraktion! [22]

Helmut Lenders hat christlich gelebt. Vor allem im Geiste der katholischen Soziallehre, mit der er sich intensiv im Laufe seines Lebens beschäftigte, machte er eine Politik, die christliche Werte umsetzte.

1951 nahm er als Bildungssekretär des DGB- Landesbezirks Düsseldorf an einem „mehrere Wochen andauerndem Seminar über die katholische Soziallehre im Spiegel gegensätzlicher Theorien und Gesellschaftsbilder im Dominikaner – Kloster „Walberberg" bei Bonn teil, „das die Auseinandersetzung mit dem Marxismus auf hohem Niveau einschloss" [23]

Als Helmut Lenders 2002 starb, war kein Geistlicher auf der Beerdigungsfeier anwesend. Jenny Schmidt, eine gute Bekannte aus Wuppertal, sprach ein Gebet. Er war nicht mehr Mitglied der Kirche. Von einem Freund der Familie wurde eine kurze Würdigung vorgetragen. Björn Engholm schrieb 1992 als Bundesvorsitzender der SPD an den ehemaligen SPD – Bundestagsabgeordneten Helmut Lenders als Vorsitzenden der Verbraucherverbände (AgV) zum 70. Geburtstag: „Du magst die großen Worte und Gesten nicht, denn Du hast im Krieg bitter erfahren müssen, was hinter ihnen steckte. Deine Arbeitsmethode, das ‚hartnäckige Bohren dicker Bretter' ohne Spekulation auf Prestigegewinn und öffentlichen Applaus bleibt für mich und meine Freunde beispielhaft."

Zum Tode von Lenders schrieb Engholm: Er war so „menschlich, so unmittelbar, so verlässlich, wie kaum einer sonst. Darnach suche ich heute oft – und oft vergeblich." [24]

Lenders war nach 1945 aus der Katholischen Kirche ausgetreten. Er war von der Kirche als Institution enttäuscht, weil sie nicht energischer den Nationalsozialismus bekämpft hatte.

Konrad Adenauer, frommer Katholik und ab 1949 Bundeskanzler der Bundesrepublik Deutschland, schrieb am 23.2.1945: " Nach meiner Meinung trägt das deutsche Volk und tragen auch die B i s c h ö f e und der K l e r u s eine große Schuld an den Vorgängen in den Konzentrationslagern.... Es hat sich fast widerstandslos, ja zum Teil mit Begeisterung auf all den Gebieten gleichschalten lassen. Darin liegt seine Schuld. Im übrigen hat man aber auch gewusst, dass die persönliche Freiheit und alle Rechtsgrundsätze mit Füßen getreten wurden." [25]

Anmerkungen

Erstes Kapitel:
[1a] Köhler: Barmen 1926, Vorwort S. 4
[1b] Marlies Smeets am 28.1. 2002 bei der Beerdigung von H. Lenders
[1c] Brief von H. Lenders an einen Freund 1997, Privatbesitz Inge Lenders
[1d] Köhler: Barmen, Vorwort, S. 4
[2] Helmut Lenders: Für Linda, Düsseldorf ca 2001/2002, S. 1 -2, Manuskript im Privatbesitz von Inge Lenders
[3] ebd., S.4
[4] ebd. S. 8
[5] ebd. S.10
[6] ebd. S. 11
[7] ebd. S.12
[8] ebd. S. 13
[9] ebd. S.13
[10] ebd. S. 5

[11] ebd. S.6
[12] Litzen: Streifen auf den Schulterklappen
[13] H. Lenders. Für Linda, S. 14
[14] ebd. S.3
[15] ebd. S. 7
[16] ebd. S.3
[17] K.Schnörig: Geschichte der Stadt Wupertal, S. 69 – 71 u. Kleine,R.: Johanes Rau, S.14
[18] H.Lenders: Für Linda, S. 1
[19] ebd. S.2
[20] Schnörig, K.:Geschichte der Stadt Wuppertal, S 71 u. 77
[21] H. Lenders ; Für Linda, S. 5
[22] ebd. S. 5
[23] ebd. S. 60
[24] Engholms Brief im Privatbesitz von Inge Lenders
[25] Adenauer Briefe 1951 – 1953, Rhöndorfer Ausgabe, Berlin 1987 und G. Hofmann: Abschiede, Anfänge – Die Bundesrepublik, München 2004, S.62

Zweites Kapitel
Durch die Hölle des Zweiten Weltkrieges

„Zum Krieg waren wir zu jung,
zur regelrechten NS-Ausbildung zu alt."
Rudolf Augstein, Jahrgang 1923 [1 a)]

„Durch den Angriffskrieg Hitlers starben 13,6 Millionen
Soldaten in der UdSSR und 4,7 Millionen deutsche Sol
daten, selbst die Amerikaner verloren damals 229.000
Mann."
Peter Glotz, Bundesgeschäftsführer der SPD bis 1987;
2003 [1 b)]"

„Jedenfalls weiß der Soldat im Kampfraum Schörner,
dass er vorne sterben kann und hinten sterben muss."
Joseph Goebbels zu Hitler im März 1945 [1 c)]

1. Soldat von 1941 – 1945

Helmut Lenders, geb. 1922, wurde im Sommer 1941 als 19jähriger gemustert und wegen seines Gesundheitszustandes als „bedingt kriegsverwendungsfähig" eingestuft. Er kam zur Ausbildung als Soldat zum Luftnachrichtenwesen, wo gut ausgebildete Jugendliche gebraucht wurden. [2)]

Die Vermutung von Rudolf Augstein, dem späteren Herausgeber der Wochenzeitschrift „Der Spiegel", der 1 Jahr jünger als Lenders war und 1941in sein Tagebuch schrieb, der Jahrgang 1923 sei ein „günstiger Jahrgang", denn „zum Krieg waren wir zu jung, zur regelrechten NS-Ausbildung (Erziehung) zu alt", irrte sich hinsichtlich des Kriegseinsatzes der 1922/1923 geborenen Deutschen. Beide wurden noch im Sommer 1941 an die Ostfront zum Feldzug gegen Russland eingezogen. Zur „regelrechten NS-Ausbildung (Erziehung)" reichte es bei beiden nicht mehr. Sie waren alt genug, um ein distanziertes bis kritisches Verhalten zum Nationalsozialismus entwickeln zu können.

Die alliierten Luftangriffe auf die Industriezentren nahmen 1941 zu. Da die gegnerischen Flugzeuge so hoch flogen, konnten sie fast nie mit einer Flag erreicht werden. Daher wurde eine Flugabwehr mit Jagdflugzeugen organisiert. Um die angreifenden Flugzeuge zu erfassen, wurden Radargeräte eingesetzt. Hierfür benötigte die Wehrmacht Spezialisten, die u. a. mit Morsegeräten, Fernschreibern und Feldtelefonen umgehen konnten. Helmut Lenders wurde in seiner vormilitärischen Zeit in diese Techniken bereits eingewiesen und konnte daher hier eingesetzt werden.

Im Sommer 1941 fuhr Lenders vom Wichlinghauser Bahnhof über den Teutoburger Wald, und Stade – wo ein Flughafen vor Angriffen geschützt werden musste – nach Bussum (Holland) bei Amersfort. Dort erhielt er einen Teil seiner Grundausbildung am Gewehr und lernte das Robben im sandigen Gelände.Er wurde am Fernschreiber praktisch und theoretisch weitergebildet. [3]

Die Niederlande hatten am 15.Mai 1940 kapituliert. Helmut Lenders diente daher die Rekrutenzeit außerhalb des Kampfgebietes ab. In der niederländischen Bevölkerung herrschte aber verständlicher Weise eine feindliche Stimmung, „da und dort gab es auch bewaffneten Widerstand" [4]

Nach einem Erholungsurlaub kam er nach Schleswig / Jagel. Dort pendelte er als Kompanieschreiber zwischen Schleswig und St. Peter-Ording hin und her. Er schrieb Marschbefehle, Reichsbahnfahrausweise und nahm Regimentsbefehle und „geheime Sachen" entgegen. [5]

Anschließend wurde er zur Nachtjagd-Radar-Stellung Plattberg bei Kattowitz (Polen) versetzt, wo die Abwehrstellung funktionsfähig gemacht wurde.

Als der Rückzug aus Plattberg angetreten werden musste, machten Offiziere den Soldaten Mut mit der „kommenden Wunderwaffe V 2" und „mit einem doch – noch Endsieg", den Adolf Hitler versprochen hatte. [6]

Lenders verdrängte den Ernst der Lage, so dass er noch Weihnachten 1944 „mit billigen Späßen 100 Menschen in Stimmung bringen konnte." Er verlor trotz persönlichem Stress und ständiger Gefahr seinen Humor nicht. Es gab Weihnachten eine „stille Feier", bei der Lenders kleine Geschenke verteilte. Sylvester beteiligte er sich maßgeblich an der Gestaltung einer weiteren Feier, bei der „überwiegend Selbstgedichtetes" vorgetragen wurde. [7)]

Beim anschließenden Kostümfest verkleidete sich Lenders als „Zigeunerbaron." An den Feiertagen lief er auch gerne in Zivil herum, was nicht beanstandet wurde.

Lenders hatte die Verantwortung für die Versorgung der Truppe. Das war eine Aufgabe, die er bravourös löste. Daher wollte der Regimentskommandeur ihn zum Unteroffizier befördern.

Hierzu Lenders: „Ich wollte nicht, weil alles, was davon erzählt wurde, mir als unnütze körperliche Anstrengung erschien" Sein Chef „respektierte" das! [8)].

2. Versprengter

Im Januar 1945 wurde die Nachtjagd-Radar-Stellung in Plattberg vor den vorrückenden Russen geräumt. Über Olmütz ging der Kompanie-Tross mit Geräten und Versorgungsmaterial auf Pferdefuhrwerken der Bauern nach Troppau. Im hohen Schnee landeten manche Fuhrwerke im Straßengraben. [9)]

Von Troppau ging die Flucht weiter über Neiße und Oppeln in Richtung Breslau. Täglich wurden „50 km – Märsche "durch das Oberschlesische Bergland gemacht. Die Rote Armee kesselte die deutschen Truppen ein. Jetzt musste „Aufklärungsarbeit" geleistet werden. Lenders war dazu bereit. Dabei verlor er seine Einheit. Er suchte mit seinen Begleitern in einem Hohlweg Deckung vor den Russen und schlief dort vor Erschöpfung ein. Nachts wachte er auf und war nun ein „V er s p r e n g t e r."

Mit vier anderen Versprengten musste er zwei lebensgefährliche Situationen überstehen: Als sie durch Ackerfurchen krochen, erhellten russische Raketen die Nacht und mit Kalaschnikows wurde über die Furchen geschossen. Die Versprengten retteten sich in das Gehölz eines Feldweges, buddelten sich ge-

Abb. 4: H. Lenders im 6. Kriegsjahr 1944
Privatphoto: Inge Lenders

genseitig mit den Händen ein und deckten sich mit Laub zu: „Wir hatten keinen Kontakt untereinander und ein einziger

Russe, der ins Gehölz zum Pinkeln gegangen wäre –na ja – wir wären geliefert gewesen" 10)

Da sich die Versprengten später gegenüber deutschen Soldaten nicht durch eine Parole zu erkennen geben konnten, schossen „deutsche Späher" auf sie. Von dieser Gruppe von fünf Soldaten wurden zwei sofort getötet und einer leicht verletzt. Lenders und ein Kamerad überlebten unversehrt den Beschuss durch deutsche Soldaten.

Generalfeldmarschall Ferdinand Schörner (1892-1973), seit dem 16.1.1945 Oberbefehlshaber der Heeresgruppe-Mitte, hatte trotz der Übermacht der Russen die Parole ausgegeben, es gehe nur nach vorne! Wer weglief sollte erschossen werden. Durch harte Maßnahmen wollte er die wankenden Fronten im Osten halten. Hitler ernannte ihn am 30.4.1945 testamentarisch zum Oberbefehlshaber des Heeres.

Günter Grass, der auch den Rückzug an dieser Front miterlebte, schrieb in seinem stark autobiographisch gefärbten Werk „Beim Häuten der Zwiebel": „Im Wirrwarr des Rückzugs suchte ich Anschluss an versprengte Haufen, die gleichfalls Reste ihrer Truppeneinheit suchten.Immer wieder warnten Chausseebäume erhängter Landser vor der Gefahr, in die jeder geriet, der nicht nachweislich einer Kompanie angehörte oder mit gestempelten Marschbefehl auf dem Weg zu dieser oder jener Truppe war." 11)

„Laut Schörner–Befehl fahndeten Feldgendarmen – die Kettenhunde – nach Soldaten, die gleich welchen Dienstranges, wenn ohne Marschbefehl, zu fassen und als Drückeberger, Feiglinge, Fahnenflüchtige vor mobile Feldgerichte zu stellen waren. Daraufhin wurden sie ohne Umstand und weit sichtbar erhängt. Eine Redensart galt als Warnruf: ‚Heldenklau geht um!' Schörner und sein Befehl waren mehr als noch der Feind zu fürchten." 12)

3. Kapitulation, Gefangenschaft und Flucht

Am 30.4.1945 erreichte Helmut Lenders die Nachricht, Hitler sei im heldenhaften K a m p f um Berlin gefallen. Eine Nachricht, die nicht stimmte. Lenders und seine Kameraden kommentierten sie mit den Worten: „Der soll sich zum Teufel scheren!!" [13)]

Am 8.5.1945 erfährt Lenders beim Rückzug im Adlergebirge von der Kapitulation Deutschlands. An diesem Tage verschwanden plötzlich die Offiziere der Schörner-Armee. Nun gab es keinen geordneten Rückzug mehr, auf den zunächst geachtet worden war. [14)]

In Reichenberg wurde Lenders überrascht. Als er mit Kameraden in die Stadt kam, war die Stadt mit roten und tschechischen Fahnen geflaggt, in den Fenster standen Bilder von Benesch und Stalin. Sie wurden gefangen genommen und hinter Reichenau zusammen mit Pferden von der tschechischen Feuerwehr in eine umzäunte Graskoppel gesperrt. Von dort ging es in einem Fußmarsch mit vielen Gefangenen auf einer Landstraße durch eine Tiefebene. Bewaffnete Tschechen begleiteten sie.

Durch einen raffinierten Trick konnte Lenders mit einigen Kameraden ins Riesengebirge fliehen. Von dort gingen sie zu Fuß – geleitet von einem Kompass – bis an die Elbe. Dort feierten die Russen bei Hohenelbe das Ende des Krieges. Lenders erprobte, ob es möglich sei, die Elbe watend mit dem Gepäck auf dem Kopf zu durchqueren. Das war wegen der starken Strömung unmöglich. Außerdem war das Wasser von der Schneekoppe sehr kalt.

Ausgehungert und müde mussten sie umkehren und fanden schließlich eine Unterkunft bei Deutschen in einem Gehöft im Sudetenland. Dort erhielten sie Zivilkleidung und wurden ernährt. Die Sudetendeutschen mussten selbst fliehen, sie hatten schriftlich eine Ausweisung erhalten. [15)]

Mit einem Kameraden setzte Lenders die Flucht fort. Beinah wären sie von einem russischen Soldaten mit einer Kalaschnikow entdeckt worden. Sie wurden schließlich von Tschechen wieder gefangen genommen. Die tschechische Bürgerwehr verprügelte sie mit Stockschlägen. [16]

Anschließend sperrte man sie in einem Weinkeller eines Dorfhotels ein. Später brachte man sie auf einem russischen LKW nach Hirschberg. Dort wurde ihnen gedroht, derjenige der nach 24 Stunden noch in Zivil angetroffen werde, solle als Partisan erschossen werden. Lenders hatte das Glück, dass er sich für seine Brotration eine „alte Jungvolkhose" und eine „Panzerfahrerjacke" besorgen konnte.

Nach einer Woche ging es unter großen Strapazen zu Fuß weiter nach Lauban: Die Füße schmerzten, der Durst war groß und Nachtruhe gab es selten. Dort wurden sie als Schwerstarbeiter eingesetzt. Sie mussten die Eisenbahnstrecke im Raum Lauban/ Liegnitz abbauen und für den Transport in die Sowjetunion verladen. Auf Züge verpackt wurde auch Beutegut jeglicher Art wie z.B. Nähmaschinen, Radios und Verpflegungslager aus dem niedersächsischen Raum sowie mittelschwere Waffen. [17]

Am 26.5.1945 wurden sie in einer unbeschädigten Kaserne in Lauban eingesperrt. Dort erhielten sechs Gefangene je ein Brot, einen Löffel unraffinierten Zucker und mit einem Bezugsschein einen Schöpflöffel mit warmer Fischmehlsuppe. Wenn man trickreich vorging, konnte man eine zweite Portion Suppe ergattern. Um seine Ernährung zu verbessern, tauschte Lenders seine Armbanduhr bei Russen gegen drei Büchsen Wurst, Fleisch und 3 Brote ein.

In Lauban erhielt Lenders von den Russen eine „antifaschistische Unterweisung" und Englischunterricht. Wolfgang Leonhardt, der nach 1945 mit der Gruppe Ulbricht von Moskau nach Ostberlin kam, um vor seiner anschließenden Übersiedlung nach Westdeutschland einige Zeit in der russischen Zone zu helfen, aus der sowjetischen Besatzungszone den Staat DDR aufzubauen, hat später Lenders das Vorgehen der Sowjets erklärt: „Die Sowjets glaubten – in ihrer ideologischen Verblendung – sie könnten auf diese Weise ein Potential von Sympathisanten für ihre spätere Friedensarbeit heranziehen. [18]

Lenders wurde es zu „langweilig" in der Kaserne, als er von

anderen Gefangenen hörte, „wie man draußen besser leben und organisieren konnte." [19]

So ließ er sich mit einem Kameraden aus Hamburg für ein Arbeitskommando in Reisicht aufstellen. Dort wurden Bestände des Heeresnachschubes zusammengetragen und in die Sowjetunion verladen.

Lenders musste mit einer Gruppe von 60 Gefangenen einen beschwerlichen Marsch nach Reisicht zurücklegen. Sie erhielten dort im Tanzsaal eines Gartenrestaurants für drei Monate ein Quartier. Geschlafen wurde auf Strohsäcken. Es gab eine kümmerliche Verpflegung. Waschen konnten sie sich in einem Bach. Mindestens jede zweite Woche mussten sie in die Sauna, da die russischen Soldaten Angst vor ansteckenden Krankheiten hatten. Für Lenders war das eine „Arbeitsgefangenschaft", wo er mit einer gewissen Freude organisieren konnte.

Die Gefangenen transportierten mit einer Lorenbahn vom Lager zum Bahnhof Getreide, Büchsenfleisch, Konfitüre, Zukker, Schmierkäse und andere Nahrungsmittel. Dabei gelang es ihnen, z.B. für eine Abendmahlzeit Nahrungsmittel zu ergattern. Wasser zum Kochen entnahmen sie dem Bach auf ihrem Grundstück. Dazu machten sie ein Feuer, was ihnen ausdrücklich verboten war. Immer wenn die Wachmannschaften sich darüber ärgerten, stießen sie die Kochtöpfe in den Bach hinein. Davon ließen sich die Gefangenen aber nicht entmutigen.

Im Laufe der Zeit verschaffte sich Lenders weitere Erleichterungen. Er bekam den Auftrag, drei russische Offiziere zusammen mit einem polnischen Dienstmädchen zu betreuen. So konnte er sich als „Bademeister" betätigen. Aus dem Brunnen zog er Wasser, das er im Waschkessel erwärmte, damit die Offiziere baden konnten. In der Küche ergatterte er u. a. Fleisch und Butter. [20]

Beim Organisieren von Zucker wurden die Gefangenen erwischt. Beim Verladen von 1,5 Zentner schweren Zuckersäcken in Eisenbahnwaggons bis zur Erschöpfung nutzten sie die persönlichen Differenzen zwischen der russischen Besatzung und den Wachsoldaten des Lebensmittellagers aus. Die Besatzungssoldaten lebten wie die Maden im Speck, während die Wachsoldaten darben mussten.[21)] Dabei wurden sie aber vom Lagerkommandanten erwischt. Sie wurden mehrfach verhört, geschlagen und mit „weichen Offizierstiefeln" getreten, „was nicht sonderlich weh tat." [22)]

Bei einer Untersuchungshaft im Pferdestall hat keiner den anderen verraten. Lenders und ein Oberschlesier erhielten als Strafe „Dunkelhaft" im Bierkeller der Gaststätte, in der sie untergebracht waren. Im nassen Keller hatten sie jeweils eine Dekke erhalten. Einmal am Tag wurde eine Suppe ausgeschenkt.

Mit den beiden Gefangenen wurde noch ein weiterer Soldat aus Hamburg eingesperrt, den Lenders gut kannte. Er erzählte in der „Dunkelhaft" spannende Geschichten aus seinem Leben. Auch andere Soldaten bewältigten durch Erzählen diese Art der Haft. Als sie plötzlich nach einer Woche – ohne frische Wäsche und Hygiene – frei gelassen wurden, hatten sie Krätze und Flöhe. [23)]

Anschließend half Lenders beim Abbau einer Kartoffelflocken-Fabrik. Er fand ein Messer, das er für die „kleinen Versorgungsdiebstähle" aus dem Lebensmittellager, zum Öffnen von Pappkartons und Wurstbüchsen benötigte. Das ursprünglich stumpfe Messer hatte er vorher geschliffen. Zusätzlich besorgte er sich Suppe: Er deklarierte einen Suppeneimer, der einem Marmeladeneimer ähnlich sah, als Marmeladeneimer mit schlecht gewordener Marmelade, den er nicht zur Abfallkippe brachte. So konnte er sich wochenlang mit heißer Brühe zusätzlich ernähren. [24)]

Auf dem Güterbahnhof in Reisicht verluden sie Beutegut: u. a. „Radiogeräte, Nähmaschinen, Uniformen, zivile Mäntel, Fliegerstiefel mit Pelzschäften und Pferdesättel." Bei dieser Gelegenheit erhielten sie weitere Chancen, ihre Lage zu verbessern. So schnitten sie z.B. von den Sätteln Leder ab, um damit die Schuhe zu besohlen oder das Leder gegen Esswaren einzutauschen.

In der Nähe von Reisicht – wo Waffen und Geschütze verladen wurden – säuberte, reparierte und lackierte auch Lenders mit Kameraden u. a. Telefone und Werkzeuge. Diese leichte Arbeit haben sie genossen.

Lenders wurde von den russischen Wachsoldaten besonders gelobt, weil er ein Fahrrad bunt anmalte. [25]

In Reisicht lernte Lenders widersprüchliche russische Verhaltensweisen kennen. Einerseits waren die Wachsoldaten „unbeherrscht, unberechenbar bis grausam", andererseits „menschlich, freundlich, hilfsbereit und zuverlässig" [26]

Ende September 1945 war für Lenders die Schwerstarbeit zu Ende. Er brauchte keine Eisenbahnschienen mehr abbauen, Zentnersäcke mit Zucker und Getreide schleppen oder Maschinen aus Fabriken verladen.

Erschöpft ging es von Reisicht über Bunzlau nach Lauban zurück. Die Wachsoldaten waren aufmerksam aber nicht „schießwütig." Er verlor einmal in einem Kartoffelfeld den goldenen Ring seiner Großmutter, den er in einem Taschentuch versteckt hatte. Als er später daran wieder vorbei kam, sprang er allein in das Feld, wo er ihn wiederfand. [27]

Lenders dachte wiederholt in dieser insgesamt schwierigen Zeit über seine Flucht nach. Einige seiner Kameraden waren bereits „durchgedreht" und hatten ihrem „Leben ein Ende" gemacht. In dieser Situation entwickelte der 23-jährige Helmut Lenders eine Art Lebensphilosophie: „Die russische Gefangenschaft wird vielleicht noch zehn Jahre dauern. Da musst Du dafür sorgen, dass Du immer was zu tun oder zu organisieren hast – auch um anderen Gefangenen helfen zu können. Dann bist du etwa 35 Jahre, wenn Du entlassen wirst und ins Zivilleben zurückkehren kannst. Dann brauchst Du vielleicht bis zum 40. Lebensjahr Zeit, um körperlich und beruflich gefestigt zu sein." Bis zum 65. Lebensjahr wirst du wohl noch leben und „für die 25 Jahre normalen Lebens lohnt es sich durchzuhalten und das Beste daraus zu machen und sich nicht ständig mit Klagen und immer wieder zerplatzenden Hoffnungen selbst kaputt zu machen." [28]

Helmut Lenders starb am 20.1.2002 in Düsseldorf im Alter von 79 Jahren!

Chancen zur Flucht zu nutzen – auch mit Risiko – schloss Lenders nicht aus: „Dabei verlasse ich mich aber auf mich und laufe nicht hinter Seifenblasen her, die andere in die Luft blasen, weil sie sich nicht abfinden können."

Von Lauban wurde Lenders nach Neuhammer in Niederschlesien verlegt. Dort war ein von Polen verwalteter großer Truppenübungsplatz mit Schlafbaracken. Bei der Aufnahme in das Lager fanden die Ärzte auf Lenders Rücken die große Narbe von seiner Nierenoperation aus dem Jahre 1939. Daraufhin wurde er als Bürokraft eingestellt, nicht als Bergarbeiter oder Landwirtschaftsarbeiter. [29]

Die weitere Entwicklung dort schürte aber seine Fluchtgedanken. Die Baracken waren voller Wanzen, es gab nicht genügend Verpflegung und keine Hygiene.

Als die Polen Lenders persönliche Daten erfassten, wurde es ihm „mulmig." Lenders sah sich schon in Warschau Trümmer räumen. [30]

So floh er spontan mit einem schussverletzten Soldaten aus Berlin. Die Flucht gelang, weil sie überraschend geschah und nicht sofort bemerkt wurde. Lenders floh über Sagan, wo er eine Angina bekam, mit einem Arzt, der das Lager mit einer Begleitperson verlassen durfte, weil er der Frau des Lagerkommandanten geholfen hatte, eine starke Erkältung zu besiegen. [31]

Der Arzt wollte auch in Richtung Wuppertal. Sie flohen auf einem LKW. Anschließend fuhren sie mit der Eisenbahn nach Dresden und Plauen. Dann drängelten sie sich in einen Zug, der in Richtung Zonengrenze fuhr. Da die Grenze von den Russen stark bewacht wurde, war das äußerst gefährlich. Es wurde mit Todesstrafe gedroht. Lenders nahm das nicht zu ernst. Er hatte sich schon mehrfach nicht beeindrucken lassen von derartigen Drohungen und es war immer für ihn günstig ausgegangen. Vor Hof (Bayern) sprangen sie ab vom Zug. Auf dem Bahnhof wurden sie gut von der Bahnhofsmission und dem DRK versorgt.

Im Waggon eines Kohlezugs fuhren sie weiter ins Ruhrgebiet. Lenders überlebte diesen zugigen Transport, weil er auf dem Waggon eine windgeschützte Ecke fand und ihm der mit ihm fliehende Arzt half. Mit hohem Fieber fuhr er weiter in seine Heimatstadt Wuppertal-Oberbarmen und ging in die Wichlinghauserstrasse 69, wo seine Eltern wohnten. Das Haus hatte die schweren Bombenangriffe auf Wuppertal überstanden.

Seine Mutter begrüßte ihn. Ein zufällig anwesender Arzt

brachte ihn sofort ins Krankenhaus, dass er am 14.12.1945 wieder verlassen konnte, um zu Hause Weihnachten zu feiern.

Jetzt holte er sich Entlassungspapiere, die er brauchte, um Lebensmittelkarten zu erhalten. Da er von den Russen, Polen und Tschechen, vor denen er ja geflohen war, keine erhalten konnte, holte er sie sich bei den Engländern. Das Ruhrgebiet gehörte zur sog. Britischen Zone. [32]

Seine Mutter eröffnete ihm nun Wege zur Weiterbildung. Er sollte nicht vom Vater das Blumengeschäft übernehmen. Am 9.1.1946 begann er Englisch zu lernen. Seine Mutter hatte in der Mittelschule Kenntnisse im Englischen und in Französisch erworben. [33]

Vom 30.1. bis 2.3.1946 machte Lenders eine Reise nach Hamburg und Kiel. Dort besuchte er die Angehörigen dreier Kameraden aus der Wehrmacht. Bevor er seine Kameraden in den Wirren der Kapitulation verloren hatte, versprach er ihnen, ihre Eltern über ihr Schicksal zu unterrichten, sofern er dazu in der Lage sei. Die Eltern eines Hamburger Kameraden wussten schon, dass ihr Sohn noch lebte. Den Angehörigen seines Kameraden in Kiel konnte er nur berichten, dass er verschollen sei. Sein Kamerad war besonders gefährdet, weil er zur Waffen-SS gehörte und mit seiner Blutgruppentätowierung leicht als SS-Mann zu erkennen war. Er hatte sich im Adler-Gebirge von seinen Kameraden stillschweigend abgesetzt, um sie nicht als SS-Mann zu gefährden. Die SS war eine Schutzstaffel der Nationalsozialistischen Partei Deutschlands (NSDAP), die unmittelbar Hitler unterstellt war. Sie setzte sich aus bewährten Parteigenossen der NSDAP zusammen, die Adolf Hitler zu besonderer Treue verpflichtet waren.

Anmerkungen

Zweites Kapitel
[1a] Peter Merseburger: Rudolf Augstein, Biographie, München 2007, S. 45
[1b] Peter Glotz, Die Vertreibung – Böhmen als Lehrstück, München 2003, S.190
[2] Helmut Lenders: Für Linda, S.14
[3] ebd. S. 16
[4] ebd. S. 16
[5] ebd. S. 17
[6] ebd. S. 19
[7] ebd. S. 20
[8] ebd. S. 20
[9] ebd. S. 21
[10] ebd. S. 22
[11] Günter Grass: Beim Häuten der Zwiebel, Göttingen 2006. S. 128
[12] ebd. S. 129 Schörner gilt heute als „der brutalste von Hitlers Feldmarschällen." Hierzu Hannes Heer, Klaus Naumann (Hrsg.): Vernichtungskrieg – Verbrechen der Wehrmacht 1941 bis 1944, Hamburg 1955, S.172
[13] H. Lenders: Für Linda, S.23
[14] ebd. S. 24
[15] ebd. S, 26
[16] ebd. S. 27
[17] ebd. S. 29
[18] ebd. S. 30
[19] ebd. S. 31
[20] ebd. S. 32
[21] ebd. S. 35
[22] ebd. S. 34
[23] ebd. S. 35
[24] ebd. S. 36
[25] ebd. S. 38
[26] ebd. S. 39
[27] ebd. S. 40
[28] ebd. S. 41
[29] ebd. S. 41
[30] ebd. S. 42
[31] ebd. S. 42
[32] ebd. S. 44
[33] ebd. S. 45

Drittes Kapitel
Einstieg in die Gesellschaftspolitik

Prägung durch den „Bund" (1950) von
Dr. Artur Jacobs, Bildungssekretär im Deutschen Gewerkschaftsbund / DGB (1951) und
Eintritt in die Gesamtdeutsche Volkspartei /GVP (1953)

„Der deutsche Staat hatte aufgehört zu bestehen. Die Verwaltungen, die Verkehrsverbindungen und das Versorgungswesen waren in Stücke geschlagen.
Die Naziführer hinterließen Trümmerhaufen, ein bankrottes Wirtschaftsleben, entwurzelte und apathische Menschen. Der Zusammenbruch war wirklich ‚einmalig,, ohne Gegenstück in der modernen Geschichte."
Willy Brandt, 1946   [1]

„Jeder Mensch hat Anspruch
auf eine Lebenshaltung, die seine und seiner
Familie Gesundheit und Wohlbefinden
einschließlich Nahrung, Kleidung, Wohnung,
ärztlicher Betreuung und der notwendigen
Leistungen der sozialen Fürsorge gewährleistet..."
(Allgemeine Erklärung der Menschenrechte, Art.25)

„ Ohne Frieden hat keine Nation mehr Zukunft.
Die Nationen sollten die Chance eines europäischen
Friedens nutzen"
Egon Bahr, 1988   [2]

1. Auf der Suche nach einer Lehrstelle und einer Beschäftigung nach 1945

Nach den Strapazen des Krieges suchte Lenders zunächst mehrere Ärzte auf. Zahnbehandlungen waren z. B. weder an der Front noch in der Gefangenschaft möglich gewesen. Da seine Zähne überkront werden mussten, benötigte er Gold. Seine Großmutter hatte ihm 1941 einen goldenen Ring geschenkt, den er im Kriege bei sich trug, in der Gefangenschaft versteckte, einmal verlor, dann wieder fand und den er nach dem Krieg in Zahngold umschmelzen konnte.

Im Frühjahr 1946 reiste Lenders nach Braunschweig und Hannover, um seinen letzten Kompanie-Chef bei der Luftwaffe und seinen Oberfeldwebel für den „Inneren Dienst" zu besuchen. Der „Spieß" hatte Lenders Eltern ständig über seinen Aufenthaltsort unterrichtet. Für diese wichtigen Informationen – praktisch immer ein Lebenszeichen – wollte sich Helmut Lenders nach dem Kriege bedanken. Sein ehemaliger Vorgesetzter und Kamerad lebte auf einem Bauernhof. Er schenkte ihm Nahrungsmittel für seine Eltern, die dringend benötigt wurden [3]

Im Juni 1946 war Lenders wieder arbeitsfähig. Das Arbeitsamt vermittelte ihn als Buchhalter zur kassenärztlichen Abrechnungsstelle der Zahnärztekammer des Bergischen Landes. Es gab dort damals keine einzige Rechenmaschine, alle Berechnungen erfolgten per Hand mit „sog. Strichlisten." Seit 1945 war vieles nicht richtig verbucht worden, so dass Lenders rückwirkend neue Aufstellungen machen musste. Für diese Sisyphos-Arbeit verlangte Lenders als leitender Buchhalter eine entsprechende Bezahlung. Das wurde abgelehnt, worauf er sich eine neue Stelle suchte. [4]

Er fand schließlich wieder eine neue Beschäftigung bei der ihm schon bekannten Firma Happich, einem Großhandel für Artikel der Fahrzeuginnenausstattung. Ihm wurde die Abteilung Fahrzeugtextilien angeboten.

Er besuchte daher noch einen Jahreskurs an der Textilschule in Barmen für Textilkaufleute, die er mit einem guten Abschluss verließ. Auch wegen seiner früheren Erfahrungen in der technischen Abteilung der Firma sollte er nun die Leitung des Direktgeschäfts „just in time" übernehmen. Herr Happich gab ihm – wegen „angeblich" „früherer gegebener Zusagen" an einen anderen Bürger – die Stelle nicht. [5]

So war Lenders gezwungen, sich eine neue Beschäftigung als

Einkäufer für ein ähnliches Sortiment der Fahrzeuginnenausstattung zu suchen.

Er fand sie in D ü s s e l d o r f ! Am 1.1.1949 nahm er seine Arbeit auf. Helmut Lenders wurde Mitglied der Gewerkschaft für Handel, Banken und Versicherungen (HBV) und verließ die Deutsche Angestellten Gewerkschaft (DAG), die ihm zu standespolitisch war. Die HBV vertrat das Prinzip: "ein Betriebsrat, eine Gewerkschaft, Angestellte und Arbeiter solidarisch." [6]

Seine Schwester Gisela half Helmut Lenders, in die Zivilgesellschaft zurückzufinden. Gisela Lenders war – zusammen mit Inge Schmiedt, seiner späteren Frau – Schülerin in der Fachschule für Kindergärtnerinnen in der Kohlstraße in Elberfeld. Später leiteten beide zusammen einen städtischen Kindergarten.

Dort holte sich Helmut Lenders, der noch gezeichnet war von den Strapazen des Krieges und der Gefangenschaft, täglich die Reste der Quäkerspeise. Auf diese weise traf er Inge Schmiedt. [7]

Mit Hilfe einer weiteren Bekannten von der Zahnärztekammer konnte er für seine Eltern Kohlen organisieren. Heizungsmaterial war knapp nach 1945.

Der Vater dieser Bekannten war Lokomotivführer bei der Reichsbahn. Er fuhr mit dem Güterzug regelmäßig Kohlen vom Düsseldorfer Hafen nach Hagen. Auf einer steilen Strecke zwischen Gerresheim und Vohwinkel, wo der Zug nur im Schneckentempo fahren konnte, warf der Lokführer Kohlebrocken von der Lokomotive. Familienmitglieder und Freunde sammelten die Kohle auf und fuhren sie auf Bollerwagen nach Hause. Das nannten die Rheinländer damals „fringsen", weil der Kölner Kardinal Frings diese Art von „Straftaten" zur Linderung der Not von Familien „moralisch freigestellt" hatte. [8]

2. Lenders entscheidet sich für den demokratischen Sozialismus des „Bundes" von Dr. Artur Jacobs

Durch eine Lehrerin am Kindergärtnerinnen-Seminar seiner Schwester lernte Lenders eine links-sozialistische Gruppe kennen, die sich „Der Bund – Gemeinschaft für sozialistisches Leben" nannte. Sie wurde geleitet von dem Gymnasiallehrer Dr. Artur Jacobs, der während der „Weimarer Republik" (1919 – 1933) in der Volkshochschule in Essen tätig war.

Der Nationalsozialismus und die „rassistische, menschenverachtende und kriegslüsternde Diktatur Hitlers" [9] drängte 1933 den Bund mit seinen jüdischen Mitgliedern in den Widerstand. Dore Jacobs, die Frau von Dr. Artur Jacobs, musste als Jüdin während der Nazizeit von den Mitgliedern des Bundes verborgen gehalten werden. Ihr Sohn Gottfried, versteckte sich in Holland vor den Nazis.

Gottfried Jacobs heiratete später Gisela Lenders. Der Schwager von Inge Lenders war Journalist bei der „Jüdischen Allgemeinen." Dort lernte Paul Spiegel, der spätere Vorsitzende des Zentralrats der Juden in Deutschland, journalistisch zu arbeiten. [10]

Gottfried Jacobs starb an den „Nachwirkungen der Nazizeit und seiner Emigration." [11]

Gisela Lenders und Inge Schmiedt gingen mit Helmut Lenders zu den Veranstaltungen des Bundes. Dr. Artur Jacobs hielt u. a. einen Vortrag über das Thema „Unsere politische Verantwortung in einer zerrissenen und zwiespältigen Welt." Es waren Gedanken zur „Zeitenwende" nach 1945. Sie wurden 1951 vom Bund als Broschüre herausgegeben. Lenders besaß ein Exemplar dieser Veröffentlichung. [12]

Es gefiel ihm, wie vom Bund zeitgeschichtliche Erfahrungen aufgearbeitet und Perspektiven eines demokratischen Staates diskutiert wurden. Er drängte sich danach, seine Zukunft in der Gesellschaft mit zu gestalten. Die Lebensphilosophie von Dr. Jacobs gab ihm und seiner Lebensgefährtin Richtung und Halt. Jacobs bot eine pragmatische politische Philosophie für Deutschland und die Welt an.

Nach dem Zusammenbruch der nationalsozialistischen Diktatur rangen der Westen unter Führung der kapitalistischen Vereinigten Staaten von Amerika und der Osten unter der Führung der kommunistischen Sowjetunion um die Vorherrschaft in der Welt.

Gegen Hitler hatten sie noch zusammengearbeitet und gesiegt. Jacobs war der Meinung, dass ein „ breiter Strom verwandten Denkens und Fühlens durch die Menschen aller Lager" gehe. Diesen „Strom" machte er bewusst und öffentlich sichtbar und bemühte sich darum, dass sich die Menschen diesem „Strom" anschlossen. Sein Ziel war es, zu erreichen, dass der Einzelne – auch in Zeiten der Zerrissenheit, Düsternis, des Zwiespalts und der Weltbedrohung – zu einem sinnvollen und erfüllten Leben kommt. [13]

Der Krieg war für Jacobs auf Grund seiner Erfahrungen im 2. Weltkrieg keine Lösungsmöglichkeit. Er war für ihn historisch überholt. Die Menschen sehnten sich nach soviel Leid nach Frieden.

Helmut Lenders konnte sich diesen Grundsätzen aufgrund seiner eigenen Erfahrungen voll anschließen. Es war sein wichtigstes Ziel, den Frieden zu erhalten und eine Konfrontation zwischen dem Westen und dem Osten zu vermeiden.

Lenders' politischer Weg zur Erreichung dieses Zieles ging über die Mitgliedschaft in der Gesamtdeutschen Volkspartei (GVP). 1956 schließt er sich aber – nach dem schlechten Abschneiden der GVP bei den Bundestagswahlen – der Sozialdemokratischen Partei Deutschlands (SPD) an. Er glaubte, dass die SPD als große Partei den Frieden in der Mitte Europas eher erreichen könnte. Jacobs lehnte das sowjetische diktatorische System mit seiner „Menschenverachtung", seinem „Terror" und seiner „Gewaltvergötterung" entschieden ab.[14]

Aber er nahm auch gegen die „kapitalistischen Kräfte des Westens" Stellung, die sich dem „s o z i a l e n Fortschritt in den Weg stellen und in keiner Weise im Stande sind, die sozialen Spannungen zu lösen, unter denen die Welt heute leidet." [15]

Die Kritik am Westen und die Ablehnung des diktatorischen kommunistischen Systems bedeutete für Jacobs aber keine Flucht in die Neutralität. Er entschied sich für einen demokratischen Sozialismus, der die aus seiner Sicht im Osten stärker realisierte soziale Gerechtigkeit mit der im Westen verwirklichten politischen Freiheit verknüpfte, an deren praktischer Verwirklichung noch „vieles fehlte." Um die „Mitbestimmung des Arbeiters im Betrieb" wurde noch „leidenschaftlich gerungen." [16]

Helmut Lenders entschied sich klar für diesen demokratischen Sozialismus, der für ihn nur durch „westliche Lebensart" zu erreichen war, „weil dort die Freiheit noch ein Wertfaktor und Bestandteil des öffentlichen Lebens ist", und man wusste, „dass politische Freiheit keinen Bestand haben kann, ja in ihr Gegenteil umschlägt, wenn ihr nicht die ökonomische Freiheit zur Seite tritt." [17]

Auch in der Frage der Aufrüstung stand Deutschland in diesen Jahren zwischen Ost und West, zwischen einem möglichen Krieg oder vielleicht einem erzwungenen totalitären Staat. [18] „Weigern wir uns, aufzurüsten", so Jacobs, ..."so ziehen sich vielleicht die USA von Europa zurück und überlassen uns unserem Schicksal, das kein anderes sein könnte, als zum Experimentierfeld der totalitären Politik zu werden." [19]

Was sollte getan werden? Jacobs: „Im Grunde gehört das Durchkämpfen dieses Zwiespalts zum Wesen der Geschichte, ja zum Wesen des Menschen und damit zum Leben überhaupt." [20]

Helmut Lenders hat weitgehend – nach reiflicher Überlegung – die Position von Jacobs übernommen. Mit der frühen Wiederaufrüstung hatte er aber 1950 in Deutschland einen neuen Militarismus und durch die einseitige militärische Westintegration der Bundesrepublik eine Erschwerung der Wiedervereinigung Deutschlands befürchtet.

Der „Bund" war einer der wichtigsten „Mentoren" von Lenders „politischer Entwicklung." [21]

Lenders hatte „verinnerlicht": „ Man muss sich um eine l ä n g e r f r i s t i g gesehene programmatische Orientierung als Maßstab für die zeitnahe und praktische Arbeit bemühen und Glaubwürdigkeit gewinnen dadurch, dass das persönliche Verhalten in der Sache und den Menschen gegenüber die theoretischen und programmatischen Ansprüche widerspiegelt." [22]

Inge und Helmut Lenders sind an vielen Wochenenden jahrelang nach Essen in die „Bundesschule für Körperbildung" von Dore und Artur Jacobs gefahren. Sie haben durch den Bund viele jüdische Schicksale kennengelernt. Sie konnten daher „antijüdischen Geschichtsfälschungen" entgegentreten. Andererseits haben sie sich nicht gescheut, mit aus Israel zurückgekehrten jüdischen Mitbürgerinnen und Mitbürgern die Innenpolitik Israels – bezogen auf das Verhältnis zur arabischen Bevölkerung – kritisch zu diskutieren.

In Wuppertal bildete sich – in „Anlehnung an den Bund" – ein kleiner Kreis junger Menschen, der sich regelmäßig in den Wohnungen der Mitglieder traf. [23] Nach der Beendigung der regelmäßigen Gruppenarbeiten blieben die freundschaftlichen Beziehungen einiger Gruppenmitglieder bis in die letzten Lebensjahre von Helmut Lenders erhalten. So z. B. zu Jenny und Kurt Schmidt aus Wuppertal.

Lenders hatte auch einen guten Kontakt zum Zentralrat der Juden in Deutschland, besonders zu Paul Spiegel, dem Präsidenten des Zentralrats. Paul Spiegel schrieb am 29.1.2002 einen Kondolenzbrief an Inge Lenders.

3. „Bildungshunger": Förderung durch die Gewerkschaften und Aufstieg in den Gewerkschaften

Helmut Lenders nutzte seit 1946 alle Möglichkeiten, um sich weiterzubilden. An der Verwaltungs- und Wirtschaftsakademie beschäftigte er sich mit dem BGB, dem HGB, mit der Volks- und Betriebswirtschaftslehre, der Bilanzbuchhaltung und dem Vertragswesen. An der Volkshochschule studierte er Wirtschaftspolitik, historische und gesellschaftspolitische Themen und lernte Stenographie und Schreibmaschine. [24]

Ernst Jungbluth, der zur Wuppertaler Gruppe des Bundes gehörte, weckte mit politischen Seminaren das politische Interesse von Lenders. In dieser Zeit hatte er auch die ersten Kontakte mit politischen Parteien. In der Firma Happich wurde er nach der Bildung eines Betriebsrates mit Unterstützung der HBV zum Betriebsobmann gewählt. Am 1.12.1947 war er Mitglied der HBV geworden, die dem neuen engagierten Mitglied einen dreiwöchigen Lehrgang in der Gewerkschaftsschule in Hattingen anbot. Seine Freundin Inge Schmied, die er am 12.8.1949 heiratete, riet ihm, am Lehrgang teilzunehmen, obwohl er dafür seinen Jahresurlaub nehmen musste. Seine Abschlussarbeit für diesen Lehrgang wurde mit sehr gut beurteilt.

Daraufhin wurde ihm später vom DGB ein neunmonatiger Lehrgang an der Sozialakademie in Dortmund vorgeschlagen. Die Sozialakademie war 1948 vor allem als Kaderschmiede für Gewerkschaftsfunktionäre gegründet worden, an der auch Alfred Herrhausen (1930 – 1989) lehrte, der später Prokurist bei den Vereinigten Elektrizitätswerken Westfalen AG war. [25]

Sein Arbeitgeber aber ließ Helmut Lenders nicht teilnehmen. So akzeptierte er am 1.8.1951 die Kündigung, da er unbedingt sich weiterbilden wollte. Das war hart, denn nicht nur Helmut Lenders hatte seine Beschäftigung verloren, sondern auch Inge Lenders suchte eine Stelle. Sie erhielt im Juni 1953 eine Beschäftigung in der Jugendabteilung des DGB-Ortsausschusses Wuppertal. Vorher hatte sie ehrenamtlich mit den „Neigungsgruppen " der DGB-Jugend Laienspiele, Kabarett und Kunsthandwerk eingeübt. [26]

Nach dem Besuch der Sozialakademie und der Weishaupt KG musste sich Helmut Lenders wieder eine Stelle suchen. Trotz sehr guter Zeugnisse fand er keine neue Beschäftigung im Betrieb. Das mag mit seiner Tätigkeit als Betriebsrat und seiner Weiterbildung in Gewerkschaftsschulen im Zusammenhang gestanden haben.

Schließlich erhielt er ein Angebot vom DGB-Landesbezirk in D ü s s e l d o r f. Er konnte ab Herbst 1951 als Sekretär in der Bildungsabteilung des DGB in Nordrhein-Westfalen arbeiten, was ihm Freude machte. Das war praktisch – ohne dass dies Lenders zu diesem Zeitpunkt klar war – der Einstieg in gewerkschaftspolitische und gesellschaftspolitische Tätigkeiten. Das führte schließlich zu einer parlamentarischen Tätigkeit. Er wurde Berufspolitiker. [27]

Zunächst beschickte Lenders beim Landesbezirk des DGB die Bundesschule des DGB. Später, als Bildungssekretär beim DGB– Orts- Ausschuss Düsseldorf, ist Lenders so richtig heimisch geworden.

Er bot den Mitgliedern, Funktionären, Personalräten und Obleuten in den Betrieben Abendlehrgänge und Einzelveranstaltungen zum Arbeitsrecht, zum Sozialrecht, zur Sozial- und Wirtschaftspolitik und zur Betriebswirtschafts- und Arbeitslehre an. Er hielt auch selbst Vorträge.

An der DGB-Bundesschule in Hattingen machte er vorher einen Lehrgang für Redetechnik, Sprecherziehung und Versammlungsrecht. So lernte er frei Reden vor Menschen im Saal oder auf einer Freiluftveranstaltung, mit und ohne Mikrophon. [28]

Ende der fünfziger Jahre wurde Helmut Lenders nach D o r t- m u n d versetzt. Er unterstützte dort den DGB-Ortsausschussvorsitzenden und Landtagsabgeordneten Jupp Smektala, der sich als Landtagsabgeordneter oft in Düsseldorf aufhielt. [29]

In Dortmund lernte er das „Milieu des Ruhrgebietes" kennen, das war vor allem die Schwerindustrie und das Leben der Menschen in den Wohnsiedlungen um die Zechen herum. Das Ruhrgebiet stand im Mittelpunkt eines ökonomischen Neuanfangs. Lenders erkannte früh „die strukturellen Einbrüche bei Kohle und Stahl"! Die Gewerkschaften mussten entsprechend neu organisiert werden. [30]

Seine Frau, die sich auch beruflich fortbilden wollte, besuchte 1957/58 die Sozialakademie in Dortmund, wo sie im Internat wohnen konnte. Helmut Lenders schlief zunächst provisorisch im Büro. Er suchte sich ein möbliertes Zimmer. Das war im zerstörten Dortmund nicht einfach. Außerdem machte er die Erfahrung, dass er als Gewerkschaftssekretär kaum eine Chance hatte, eine Unterkunft zu bekommen. Erst als er mit einem Dienstwagen des DGB –einen Mercedes Diesel– bei einer Vermieterin vorfuhr, war diese wohl so beeindruckt, dass sie ihm ein Zimmer vermietete. So konnte das Ehepaar Lenders zusammen in Dortmund leben.

1958 kam es aber zu einer vierteljährigen Trennung. Der DGB und die Amerikaner hatten Inge Lenders für ein arbeitswissenschaftliches Studium an der Columbia Universität in New York ausgesucht. Es wurden dringend gut ausgebildete Demokraten für den Wiederaufbau der Bundesrepublik benötigt.

Inge Lenders hatte durch einen mehrmonatigen Aufenthalt in einer englischen Familie die notwendigen Sprachkenntnisse hierfür erworben. Helmut Lenders organisierte in Dortmund die gewerkschaftliche Aus- und Weiterbildung und betreute das Berufsbildungswerk des DGB, wo Menschen mit Behinderungen befähigt wurden, sich wieder in das Berufsleben zu integrieren.

Helmut Lenders wurde Ende 1959 zum geschäftsführenden Vorsitzenden des DGB in Düsseldorf gewählt. 10 Jahre hat er dieses Amt ausgeübt, ab 1965 neben seiner Tätigkeit als Bundestagsabgeordneter der SPD. Seine Hauptaufgabe als Vorsitzender war es, 16 Einzel-Gewerkschaften zu einer wirkungsvollen Einheit zwecks Vertretung gemeinsamer wirtschaftlicher, sozialer und politischer Interessen zusammenzubringen. Zwischen den einzelnen Gewerkschaften im DGB gab es unterschiedliche Standpunkte, die von Bedeutung waren. Die Gewerkschaften wirkten bei allen sozialen und politischen Auseinandersetzungen mit: Z.B. bei der Abwehr einer „reaktionären Sozialpolitik", beim Kampf gegen die Gefahren der Notstandsgesetze und bei der Abwehr des Rechtsradikalismus der Nationaldemokratischen Partei Deutschlands (NPD).

1967/68 – beim Kampf gegen die Notstandsgesetze – organisierte Helmut Lenders Veranstaltungen und Aktionen. Er leitete z.B. ein Forumsgespräch "Notstandsgesetze – Zivilverteidigung." Er hielt Reden zum Stand der Beratungen der Notstandsgesetze im Parlament und über die „Kosten des Zivilschutzgesetzes."

Im September 1966 wurde vom DGB ein Arbeitskreis gegen die Notstandsgesetze eingesetzt. Der Arbeitskreis hatte 31 Mitglieder, Vertreter aller angeschlossenen Gewerkschaften und Mitglieder des Kreisjugendausschusses.

Helmut Lenders organisierte auch eine Veranstaltung mit Prof. Eugen Kogon, dem bekannten Historiker der nationalsozialistischen Zeit. Der DGB war besorgt wegen der mangelnden Information der Staatsbürger durch das Parlament. [31]

Eugen Kogon vertrat die Meinung, die Bundesrepublik sei national und international ausreichend gesichert. Die Voraussetzungen für Notstandsgesetze seien daher nicht vorhanden. Er kritisierte das „Kalte-Kriegsdenken" und einen primitiven Antikommunismus. Keine der Siegermächte wollte einen kollektiven Selbstmord.

Er lehnte das Verhalten von der Regierung und den Parteien gegenüber den Gegnern der Notstandsgesetze ab. Sie wurden als leichtfertig, verantwortungslos und pro kommunistisch bezeichnet. Als vorsorgliche Maßnahme forderte Prof. Kogon u. a. die

Einrichtung eines „ständigen Wachsamkeitsausschusses" aus Gewerkschaftlern, Politikern und Wissenschaftlern.

Helmut Lenders kümmerte sich aber auch um die internationale Gewerkschaftsarbeit. So leitete er u. a. 1965 eine 16-köpfige Delegation des DGB nach England zu einem Gespräch mit Gewerkschaftlern in der Nähe von Birmingham [32], wo Industrieanlagen besichtigt und soziale Fragen diskutiert wurden. 1964 hatten Gewerkschaftler aus England während einer „Britischen Woche" Düsseldorf besucht.

Lenders empfing in der Heimvolksschule der Friedrich-Ebert-Stiftung in Bergneustadt Gewerkschaftler aus Tanganjika. Er sprach mit ihnen über die Organisation der Industriegewerkschaften in der Bundesrepublik.

Neben der internationalen Arbeit ging es ihm vor allem um die Lohn- und Preispolitik. Sind Lohnfragen Machtfragen? Sollte die Industriegewerkschaft Metall zur Durchsetzung ihrer Lohnforderungen streiken? Die IG – Metall vertrat die Meinung, Lohnstop ist sozialer Abstieg, bedeutet schwindende Kaufkraft. [33]

Im Juni 1963 diskutierte er mit einem Vertreter des Arbeitgeberverbandes „Eisen- und Stahlindustrie" über das Streikrecht und die Aussperrung.

1964 konnte Lenders auf einer Tagung mit Offizieren der Bundeswehr in Remscheid mit dazu beitragen, dass etliche Vorurteile der Offiziere gegenüber den Gewerkschaften abgebaut wurden, wie ihm brieflich vom DGB in Remscheid im Juli 1964 bescheinigt wurde.

1965 wurde Lenders von der Delegiertenversammlung des DGB einstimmig für den Vorsitz wiedergewählt.

Intensiv beschäftigte er sich mit der Mitbestimmung für Arbeitnehmer. In Bergheim sagte er am 6.12.1965: „Nach 1948 waren 80% des Vermögens in den Händen von nur 20% der Bevölkerung gebildet worden." Das hielt er nicht für gesund. Wenn Vermögenswerte, die von den arbeitenden Menschen geschaffen werden, laufend in die Hand weniger Großgrundbesitzer übergehen. Schon bei der Währungsreform 1948 hatten die Sachwertbesitzer wesentlich besser abgeschnitten als diejenigen, deren Sparkonten abgewertet worden waren.

Lenders erinnerte auch an die großen steuerlichen Vorteile, die der Staat den Unternehmen für Investitionen geboten habe. „Wer hat, dem wird gegeben", sagte Lenders, denn sparen könnten nur diejenigen mit einem entsprechenden Gewinn- und Zinsüberschuss. Die kleinen Einkommen müssten dagegen vollständig für den Verbrauch verwendet werden. Die Arbeitnehmer könnten nur Vermögen durch zusätzliche Einkommen und durch Umschichtung des gesamten Vermögens bilden. [34]

Welche Bedeutung für den DGB-Vorsitzenden Lenders die Sozialpolitik hatte, zeigte 1963 seine Teilnahme an einem Rundgespräch der Arbeitsgemeinschaft für evangelische Arbeitnehmer im Männerwerk der ev. Kirche über das Thema: „Sind wir wirklich eine Wohlstandsgesellschaft? „Die Arbeitslosenquote war von 1950 bis 1959 von 11% auf 2,6% gesunken. In dieser Zeit mussten viele Neubauwohnungen gebaut werden, da 10 Millionen Vertriebene und Flüchtlinge nach 1945 Wohnraum benötigten, die vor allem in der amerikanischen und englischen Zone untergebracht wurden, da die Franzosen ihre „Zone dichtmachten." [35]

Nach der starken Zerstörung deutscher Städte, war die Industrieproduktion praktisch zusammengebrochen, "1946 hatte sie in der amerikanischen Zone gerade noch 10% des Niveaus von 1936." [36]

Auch die Straßen, Bahnlinien und Kraftwerke waren zerstört oder der Demontage zum Opfer gefallen. Deutschland – ja fast ganz Europa war wirtschaftlich krank. Europa brauchte Hilfe aus Amerika, das dazu im beginnenden „Kalten Krieg " mit der Sowjetunion bereit war.

Da auch die Landwirtschaft weitgehend brach lag, haben die Vereinigten Staaten von Amerika zunächst Lebensmittel gestiftet. Die CARE-Pakete aus den USA erfreuten sich großer Beliebtheit in Deutschland. Das wichtigste Programm war der sog. M a r s h a l l - p l a n, der ebenfalls Lebensmittel aber auch Rohstoffe und Kredite vergab. Bis Ende 1952 stellten die USA etwa 12,5 Milliarden Dollar zur Verfügung. [37]

Die Bundesrepublik bekam ca. „3 Milliarden Dollar." Ein Geschenk war das nicht: Am 30.6.1971 überwies Bonn die letzte Tilgungsrate in Höhe von 345 Millionen D-Mark an die Vereinigten Staaten. [38]

Am 24.6.1948 folgte die Blockade sämtlicher Land- und Wasserwege nach Berlin durch die Sowjetunion. Über eine Luftbrücke wurden 2 Millionen Menschen von den Amerikanern versorgt," alle 30 Sekunden „landete ein ‚Rosinenbomber' in Berlin." [39]

Am 20./21.6. 1948 hatten die Westmächte über Nacht eine Währungsreform durchgeführt, die zusammen mit der Einführung der „sozialen Marktwirtschaft" Westdeutschland wirtschaftlich voranbrachte. 1950 konnte die Lebensmittelrationierung (Lebensmittelkarte) abgeschafft werden. Das Bruttosozialprodukt verdoppelte sich in den fünfziger Jahren.

Am 23.5.1948 wurde im Grundgesetz festgesetzt, dass die Bundesrepublik Deutschland ein s o z i a l e r Rechtsstaat ist.

Obgleich der Wiederaufbau nach dem 2.Welkriege gut vorankam, weil u. a. die Menschen engagiert arbeiteten bei nur wenig Urlaub und langen Anfahrten zur Arbeitsstelle, beurteilte Lenders die Entwicklung der gesamten Gesellschaft wie folgt:

Wohlstand in einer Gesellschaft bedeutete, dass auch die Grundbedürfnisse der Gesellschaft abgedeckt würden. Hier liege noch manches im Argen, „wenn man an die Versorgung der Alten und Kranken denke." [40]

In einem Rundgespräch mit evangelischen Arbeitnehmern konnte man sicht auf eine Definition für eine Wohlstandsgesellschaft nicht einigen. Es wurde u. a. betont, Wohlstand könne keine Nächstenliebe ersetzen, um die es schließlich in unserer Gesellschaft auch gehe.

Lenders stellte im November 1969 sein Amt als Vorsitzender des DGB in Düsseldorf zur Verfügung, um seinen Verpflichtungen als Bundestagsabgeordneter noch intensiver als bisher nachkommen zu können. Seinen Verzicht begründete er wie folgt: „In ständiger Überziehung der physischen Kraft sei es nur eine begrenzte Zeit möglich, beide Aufgaben (als Bundestagsabgeordneter und als DGB-Vorsitzender) zu erfüllen. "Er wollte aber dem DGB nicht nur ideell verbunden bleiben.

Auf eigene Kosten richtete sich der beurlaubte Gewerkschaftssekretär ein Büro in der Friedrich-Ebert-Strasse in Düsseldorf ein. Die Wochenzeitung „Die Zeit" bestätigte Lenders, dass er ohne Fortzahlung des Gehalts vom DGB beurlaubt war. [41]

Sein Nachfolger als Vorsitzender des DGB wurde der bisherige Geschäftsführer des DGB und Düsseldorfer Ratsherr Helmut Salewski.

4. Mitglied der Gesamtdeutschen Volkspartei (GVP) von 1953 bis 1955

Das große politische Interesse führte Helmut und Inge Lenders zunächst in die Gesamtdeutsche Volkspartei Gustav Heinemanns (1899 – 1976). Sie wurde am 29./30 November 1952 gegründet. Zu den Gründungsmitgliedern gehörten neben Heinemann vor allem der Wuppertaler Wirtschaftsberater Adolf Scheu, Johannes Rau (1931 – 2006), der später Ministerpräsident in NRW und Bundespräsident wurde, Helene Wessel, Vorsitzende der Deutschen Zentrumspartei, die Juristen Diether Posser, der spätere Justizminister in NRW und Dr. Jürgen Schmude, der spätere Bildungs- und Justizminister in Bonn, und Erhard Eppler (1926 geb.), der von 1968 bis 1974 Bundesminister für wirtschaftliche Zusammenarbeit war.

Dr. Schmude und Diether Posser arbeiteten in Essen in der Anwaltskanzlei von Heinemann zusammen. Zu den Gründern gehörte auch Wilhelm Godde, Chef vom Dienst der „Gesamtdeutschen Rundschau." [42]

Die „Notgemeinschaft für den Frieden Europas" von Heinemann und Scheu hat weitgehend das Programm für die GVP geliefert. [43]

Johannes Rau übernahm den Ortsverband der GVP in Wuppertal. Er hielt auf Werbe-Veranstaltungen in Wuppertal die Einführungsrede, in der er die Besucher auf die Programmatik der GVP einstimmte und den Hauptredner ankündigte. Helmut und Inge Lenders besuchten eine Kundgebung der GVP mit Gustav Heinemann zum Thema „Militärische Wiederaufrüstung der Bundesrepublik." Sie waren Gegner der Wiederaufrüstung. Sie wollten einen „Neuanfang ohne Waffen," [44)]u. a. um die Wiedervereinigung Deutschlands auf friedlichem Wege zu erreichen.

Dieses Ziel verfolgte Gustav Heinemann. Heinemann trat nach dem 2. Weltkrieg zunächst der CDU bei und wurde im 1. Kabinett von Bundeskanzler Konrad Adenauer 1949 Bundesinnenminister. 1950 trat er von diesem Amt zurück, weil er die Wiederbewaffnung Deutschlands ablehnte. Er verließ auch die CDU und gehörte 1953 zu den Begründern der GVP, die sich u. a. für eine Neutralisierung Gesamtdeutschlands einsetzten. 1957 – nach dem Scheitern der GVP bei der Bundestagswahl – trat Heinemann in die SPD ein. Von 1969 bis 1974 war er Bundespräsident der Bundesrepublik Deutschland.

Helmut und Inge Lenders traten vor der Bundestagswahl von 1953 der GVP bei. Im Wahlkampf machte die GVP Zweckbündnisse u. a. mit der „Partei der Frauen", der „Freisozialen Union" und dem „Bund der Deutschen" (B d D), die ähnliche deutschlandpolitische Ziele verfolgten. Das Wahlbündnis mit dem B d D wurde aber später von der GVP aufgekündigt, weil der B d D materiell von Ostberlin und den Kommunisten der DDR unterstützt und damit beeinflusst wurde.

So lernte Helmut Lenders zum ersten Mal die „Methoden der Unterwanderung" westdeutscher Organisationen durch die DDR kennen. Diese Unterwanderung fand statt unter dem Vorwand, „Aktionseinheiten für gleiche Ziele zu bilden."

Neben der Deutschlandpolitik wollte die GVP auch die Sozialpolitik programmatisch vertiefen. Helmut Lenders sollte das Sozial- und Wirtschaftsprogramm für die GVP schreiben, wozu es aber nicht kam.

Bei der Bundestagswahl am 6.9.1953 erhielt die GVP nur 1,6% der Wählerstimmen. Nur in 31 von 242 Wahlkreisen erreichte die GVP über 2%, in 13 Wahlkreisen über 3% und in acht Wahlkreisen über 4% der Stimmen. In Raus Revier Wuppertal-Barmen erreichte die GVP 4,3%. Gustav Heinemann erhielt in seinem Wahlkreis Siegen – Wittgenstein 8,5%, in Freudenstadt erhielt die GVP sogar 10% der Stimmen. [45)]

Trotz einiger guter Ergebnisse war das „eine vernichtende Wahlniederlage der GVP." [46]

Sie schnitt dort am besten ab, wo sie gut organisiert war, wo sie über einen Rückhalt in einem traditionellen protestantischen Milieu verfügte und wo sie bekannte Kandidaten hatte, die Persönlichkeiten waren. Die GVP hatte im Wahlkampf die Frage der Wiedervereinigung in den Mittelpunkt gestellt. Sie war der Meinung, durch die Zurückweisung der militärischen Integration und durch die Neutralität Deutschlands die Wiedervereinigung am ehesten zu erreichen. [47]

Da die Neutralität den Charakter des Ungewissen hatte, lehnte die große Mehrheit der Bürger die GVP ab. Es herrschte damals ein strammer Antikommunismus, der die Fixierung des Bösen auf den Osten festgemacht hatte. [48]

Es war eine aus der Sicht der GVP „emotionale Antihaltung." Die GVP war zwar antiautoritär, aber nicht antikommunistisch im emotionalen Sinne eingestellt. Sie nahm die Verhandlungsangebote der Sowjetunion zunächst einmal ernst und prüfte sie gewissenhaft. Die angestrebte Neutralität und die Verständigungsbereitschaft mit dem Osten wurden ihr im Wahlkampf zum Verhängnis. Die GVP wurde im Wahlkampf als "Briefträger der Sowjets", Gustav Heinemann als bezahlter Sprecher Moskaus bezeichnet. Konrad Adenauer und die SPD „ignorierten" die GVP im Wahlkampf. [49]

Die Außen- bzw. Deutschlandpolitik der GVP war am stärksten in das Bewusstsein der Wähler getreten, nicht ihre innenpolitischen Vorstellungen. Sie hatte auch betont, wie wichtig der innere Friede sei, vor allem die Verständigung zwischen Arbeit und Kapital, die auch den äußeren Frieden leichter mache.

Die GVP war nicht überwiegend ideologisch bestimmt, sie lehnte den Fraktionszwang ab. Bestimmte soziale Gruppen wurden nicht bevorzugt und Gruppen auch nicht ausgegrenzt. Sie verstand sich als dritte Kraft zwischen den Parteiblöcken, die widerstrebende Interessen aufheben wollte. [50]

Die weltanschauliche Toleranz war dominierend. Interessenpolitik sollte vermieden werden in einer Partei, die viele evangelische Christen als Mitglieder hatte. Die christliche Ideologie sollte nicht zum Kampf bzw. zur Abgrenzung gegenüber anderen politischen Meinungen gebraucht werden. Heinemann sagte: „Es geht nicht um Christentum gegen Marxismus. Es geht um die Erkenntnis, dass Christus nicht gegen Karl Marx gestorben ist, sondern für uns alle."

Die GVP wollte als Teil das Ganze repräsentieren. Sie war grundsätzlich für alle offen. [51)]

In der GVP war die Wirtschafts- und Sozialpolitik umstritten. Sie wollte grundsätzlich einen sozial ausgerichteten Staat, eine Partnerschaft zwischen Arbeit und Kapital und eine gerechte Verteilung des Sozialproduktes. Es sollte eine Beteiligung an der volkswirtschaftlichen Vermögensbildung angestrebt werden. [52)]

Wirtschaftspolitisch gab es auf diesem Hintergrund zwei Positionen. Die einen wollten einen „sozialistischen Kapitalismus", die anderen einen „kapitalistischen Sozialismus." Im Kapitalismus wurde die persönliche Freiheit, die Freiheit der Berufswahl, des Arbeitsplatzes, des Unternehmers und der Konsumwahl begrüßt, die Eigentumsverteilung und die Massenarbeitslosigkeit aber abgelehnt. Die Verfügungsgewalt über die Produktionsmittel sollte „neu geordnet" werden. [53)]

Helmut Lenders wurde angeboten, den wirtschaftspolitischen Teil des GVP-Programms zu schreiben. Wie er um ca. 2000 in einem Gespräch mit seinem ehemaligen Assistenten mitteilte, lehnte er das ab. Er wollte sich nicht – auch angesichts seiner angegriffenen Gesundheit – einem schwierigem Richtungsstreit zur Wirtschaftspolitik aussetzen, der in der GVP unumgänglich war.

In der Bundestagswahl 1953 spielte das Wirtschaftsprogramm der GVP keine Rolle. Ihr zentrales Anliegen war die Wiedervereinigung und der Erhalt des Friedens. [54)]

Die GVP konnte sich nach der Wahlschlappe bei der Bundestagswahl 1953 nicht mehr erholen. Helmut Lenders trat bereits Mitte 1955 wieder aus der GVP aus und schloss sich 1956 in Wuppertal-Barmen / Distrikt Heckinghausen der Sozialdemokratischen Partei Deutschlands (SPD) an. [55)]

Auch Erhard Eppler ging im selben Jahr in die SPD mit der Begründung – die auch für Lenders und andere Mitglieder der

GVP eine Rolle spielte – „dass die GVP als politische Bewegung zu klein gewesen sei, um im Kraftfeld des Ost-West-Konflikts unabhängige Politik machen " zu können. [56)]

Am 17./18. Mai 1957 fand in Essen der Auflösungsparteitag statt. Er empfahl den Mitgliedern, in die SPD oder FDP zu gehen. [57)]

Das war zwei Jahre vor der Verabschiedung des „Godesberger Programms" der SPD, das die SPD von einer Klassenpartei zur Volkspartei machte und dass das Verhältnis der SPD zu den Kirchen verbesserte. SPD-Vorstandsmitglied Fritz Erler warb mit Erfolg um Gustav Heinemann. Dieser bekam schließlich bei der nächsten Bundestagswahl 1957 – wie Helene Wessel – einen sicheren Listenplatz auf einer SPD-Landesliste.

Auch Adolf Scheu wurde Mitglied der SPD. Auf seine Initiative traf sich ein Kreis zukünftiger Sozialdemokraten, der für das Godesberger Programm das Kapitel „SPD und Kirchen" entwarf, das 1959 ins Godesberger Programm der SPD übernommen wurde. [58)]

Zu diesem Kreis gehörte auch Johannes Rau, der 1969/70 Oberbürgermeister von Wuppertal, dann Minister für Wissenschaft und Forschung, Ministerpräsident des Landes NW und schließlich Bundespräsident war.

Diether Posser, der später von 1968 bis 1988 Minister für Bundesangelegenheiten, Justiz und Finanzen in NRW wurde, ging auch zur SPD. Dr. Jürgen Schmude, der später in Bonn als Bundesminister für Bildung und Wissenschaft, Bundesjustizminister und als Kenner der Beziehungen zwischen der Bundesrepublik (BRD) und der DDR die Beschlüsse der Bundesregierung zu gesamtdeutschen Fragen beeinflusste, trat ebenfalls von der GVP in die SPD ein.

Einige von ihnen waren im Bundesvorstand oder im Präsidium der GVP. Sie fühlten sich – vom „Lebensgefühl" her – als Bürgerliche [59)], die sich besonders für soziale Gerechtigkeit, Toleranz und Frieden einsetzten.

Anmerkungen
Drittes Kapitel:

[1] Willy Brandt: Verbrecher und andere Deutsche – Ein Bericht aus Deutschland 1946, Bonn 2. Aufl. 2008, S. 37
[2] Egon Bahr: Zum europäischen Frieden – Eine Antwort auf Gorbatschow, Berlin 1988, S.9
[3] H. Lenders: Für Linda, S. 47
[4] ebd. S. 49
[5] ebd. S. 52
[6] ebd. S. 52 und Urkunde vom Mai 1998: 50 Jahre HBV, Privatbesitz Inge Lenders
[7] ebd. S. 50
[8] ebd. S. 50
[9] ebd. S. 57
[10] Brief von Helmut Lenders an Anke Martiny, Düsseldorf Jan. 2002, Privatbesitz Inge Lenders
[11] H. Lenders: Für Linda, S.57
[12] H. Lenders hatte unter seinen Bücher diese Schrift von Dr.Arthur Jacobs, Essen Jan. 1951
[13] A. Jacobs: Unsere politische Verantwortung in einer zerrissenen und zwiespältige Welt – Schriften zur Zeitenwende, Essen 1951, Vorwort
[14] ebd. S. 3
[15] ebd. S.6
[16] ebd. S. 30
[17] ebd. S. 6
[18] ebd. S. 7
[19] ebd. S. 7
[20] ebd. S. 12
[21] H. Lenders: Für Linda, S. 58
[22] ebd. S. 57
[23] ebd. S. 57
[24] ebd. S. 51
[25] Andreas Platthaus: A. Herrhausen, Reinbek 2007, S. 76 f. Herrhausen, den Lenders kannte, war seit 1985 Vorstandssprecher der Deutschen Bank und ist von Terroristen 1989 ermordet worden.
[26] H. Lenders: Für Linda, S.53
[27] ebd. S. 53
[28] ebd. S. 53
[29] ebd. S. 54
[30] ebd. S. 52
[31] Neue Rheinzeitung 30.6. 1965
[32] NRZ 3.6. 1965
[33] NRZ 23.4. 1963

[34] Kölner Stadtanzeiger 6.11.1965
[35] G.Schöllgen/P. Kloeppel: Luftbrücken – Amerika und die Deutschen, Bergisch – Gladbach 2007, S.21
[36] ebd. S.21
[37] G. Jentsch: Der Marschallplan und Deutschlands Platz darin, F.a.M. 1950, S 14 und Kloeppel Schöllgen: Luftbrücken, S.29, sie gaben sogar 14 Milliarden Dollar an.
[38] Schöllgen/ Kloepel: Luftbrücken S. 29
[39] ebd. S. 31
[40] Rheinische Post, 11.3. 1963
[41] Brief der „Zeit" am 2.12. 1975 an Lenders
[42] Kleine, R./Spruck, M.: Johannes Rau, München/Düsseldorf 1999, S.34/35
[43] ebd. S. 32
[44] H. Lenders: Für Linda, S, 56
[45] Kleine / Spruck: J. Rau, S.35/36
[46] Müller, Josef: Die GVP, S. 320/321
[47] ebd. S. 325
[48] ebd. S. 322
[49] ebd. S.322 u. 324
[50] ebd. S. 250
[51] ebd. S.251 – 253
[52] ebd. S. 254
[53] ebd. S.236
[54] ebd. S. 257
[55] H. Lenders: Für Linda, S. 59
[56] Kleine / Spruck: J. Rau, S.38
[57] ebd. S. 40
[58] ebd. S. 41
[59] ebd. S. 41

Teil II

Helmut Lenders als Politiker
(1965 – 1980)

In der Zeit der Großen Koalition (1966 – 1969)
und der Sozialliberalen Koalition (1969 – 1982):
Bundestagsabgeordneter (1965 – 1980),
Vorsitzender des SPD-Unterbezirks Düsseldorf,
Wirtschaftspolitiker und Parlamentarischer
Geschäftsführer der
SPD-Bundestagsfraktion (1972 – 1976)

Viertes Kapitel
Der Kalte Krieg und die engagierte Auseinandersetzung mit dem Kommunismus

„Kommunisten wären die unzuverlässigsten, unglaubwürdigsten und gefährlichsten Verbündeten"
Helmut Lenders zur „Aktionseinheit der Arbeiterklasse." [1]

„Die SPD ist sich bewusst, *dass menschliche Begegnungen über die Grenzen hinweg nützlich sein können, um Vorurteile auszuräumen und eine Verständigung unter den Völkern einzuleiten, die neben dem Frieden auch der Lösung der deutschen Frage dient. Sie fordert daher ihre Mitglieder auf, bei derartigen Begegnungen mit Nachdruck die sozialdemokratische Auffassung der Deutschlandfrage darzulegen, um dazu beizutragen, eine offene Auseinandersetzung über die Zukunft Deutschlands in Gang zu bringen"*
Pkt. 2 der SPD-Richtlinien für Ostkontakte, Bonn, 1967. [2]

„Der nukleare Krieg kann kein Mittel sein, politische, wirtschaftliche, ideologische und sonstige Ziele durchzusetzen. Diese Schlussfolgerung ist wahrhaft revolutionär; denn sie bedeutet, die herkömmlichen Vorstellungen von kann nicht mehr durch militärische Mittel hergestellt werden....Versuche, eine militärische Überlegenheit herzustellen, sind absolut unsinnig...Sicherheit ist unteilbar. Entweder gibt es die gleiche Sicherheit für alle oder überhaupt keine."
Michael Gorbatschow, Generalsekretär der Kommunistischen Partei der Sowjetunion, 1987.

„Wieweit das ernst gemeint ist, kann nur am Verhandlungtisch gelöst werden"
Egon Bahr 1988. [3]

1. Der „Kalte Krieg"

Helmut Lenders hatte sich schon als Gewerkschaftler und Mitglied der GVP intensiv mit der Auseinandersetzung zwischen Kapitalismus und Kommunismus beschäftigt. Dort hatte er erste Erfahrungen mit Kommunisten gemacht. So hatte er z.B. den Versuch der Kommunisten, die GVP durch den „Bund der Deutschen" (BdD) zu unterwandern, miterlebt.

Nach dem Zweiten Weltkrieg war bald der sog. „Kalte Krieg" zwischen dem freiheitlichen kapitalistischen Westen und dem diktatorischen kommunistischen Osten entbrannt. Es war ein Kampf der politischen Systeme. „Es gab keine militärische Bedrohung der Bundesrepublik Deutschland durch die Sowjetunion in der Nachkriegszeit", behauptete Diether Posser, er bezog sich dabei auf R. Gehlen (Bundesnachrichtendienst) und Günther Nollau (Bundesverfassungsschutz). [4]

Auf der Seite des Westens standen u. a. die Siegermächte USA, England, Frankreich und die von ihnen besetzten drei Zonen im westlichen Teil Deutschlands.

Im Osten hatte die Siegermacht UdSSR von der Ostzone und den osteuropäischen Staaten Besitz ergriffen. In dieser Auseinandersetzung wurden dann vor allem die am 23.5.1949 gegründete Bundesrepublik Deutschland und die am 7.10.1949 gegründete kommunistische Deutsche Demokratische Republik (DDR) mit hineingezogen.

In Deutschland mussten sich die Bürger in beiden deutschen Staaten mit den neuen Staatsordnungen auseinandersetzen. Beide deutschen Staaten waren seit dem 13.8.1961 durch eine von der DDR schwer bewachte und ausgebaute Grenze getrennt, die durch Mauer, Stacheldraht und Selbstschussanlagen so gut wie unüberwindbar war und an der Flüchtlinge aus der DDR starben. Eine Flucht endete nicht selten im Kugelhagel.

Im Kalten Krieg – ohne militärische Auseinandersetzungen – starrte der Westen auf die für sie „Bösen", ja ‚Teuflischen" jenseits des „Eisernen Vorhangs", der Osten auf die Kapitalisten und – wie die Kommunisten meinten – „Faschisten" im Westen. Die verbissen ideologisch ausgetragene Auseinandersetzung zwischen dem Ostblock und der freien Welt ‚schrie' nach einer Entkrampfung.

So entstand zu Beginn der fünfziger Jahre in Italien die Filmsatire „Don Camillo und Peppone", die bald auch in der Bundesrepublik Deutschland großen Anklang fand. Die in den westeuropäischen Kinos äußerst erfolgreiche Satire handelte von einem katholischen Geistlichen – Don Camillo – und einem erzkommunistischen Bürgermeister – dem Gegenspieler Giuseppe Peppone.

Mit Hilfe dieser beiden Prototypen wurde versucht, die harte Auseinandersetzung zwischen dem Geistlichen und dem kommunistischen Politiker auf eine menschliche Ebene herunterzuholen. Jeder der beiden Ideologen bekam im Film sein Fett weg, jeder ist mal Sieger und Verlierer. Als Peppone z. B. seinen Sohn auf den Namen „Lenin" taufen will, lehnt das Don Camillo ab. Beide „bekriegten" und respektierten sich. Immer kam ein Kompromiss heraus. [5]

Ähnlich verhielt sich Helmut Lenders hinsichtlich der Auseinandersetzung mit dem Kommunismus. Er unterstützte die Ostpolitik Willy Brandts und von Egon Bahr und baute mit menschliche und kompromissbereite Brücken besonders in die DDR und in die Volksrepublik Polen.

2. Helmut Lenders setzte sich für einen „demokratischen Sozialismus" und den Aufbau einer repräsentativen Demokratie nach der Nazi-Diktatur ein

Helmut Lenders engagierte sich für den auf Aufbau der Bundesrepublik Deutschland und entschied sich klar für den Westen. Er ging dabei aber nicht so weit wie Konrad Adenauer, der viel Geduld mit der Politik der Amerikaner hatte, die nicht immer im deutschen Interesse war, wie die Bombardierung der Nordseeinsel Helgoland zu „Übungszwecken" nach 1945.

Lenders versuchte zusammen mit der SPD-Führung den Kontakt zur DDR, die offiziell von der Bundesrepublik Deutschland und den Siegermächten nicht anerkannt wurde, und zu osteuropäischen Staaten unterhalb der diplomatischen Anerkennung aufrechtzuerhalten und Brücken zu bauen, um den Frieden zu erhalten und die Wiedervereinigung Deutschlands zu ermöglichen.

In der Präambel zum Grundgesetz der Bundesrepublik Deutschland stand die Verpflichtung: „Das gesamte Deutsche Volk bleibt aufgefordert, in freier Selbstbestimmung die Einheit und Freiheit Deutschlands zu vollenden." Das gelang schließlich 1990. Helmut Lenders setzte sich für die freiheitlich demokratische Grundordnung ein, wie sie im Grundgesetz der Bundesrepublik Deutschland 1949 und selbstverständlich auch im „Godesberger Programm" der SPD von 1959 – dort mit der Forderung nach einem „demokratischen Sozialismus" – verankert war.

Im „Godesberger Programm" hieß es: „Wir streiten für die Demokratie. Sie muss die allgemeine Staats- und Lebensordnung werden, weil sie allein Ausdruck der Achtung des Menschen und seiner Eigenverantwortung ist. Wir widerstehen jeder Diktatur, jeder Art totalitärer und autoritärer Herrschaft! Denn diese missachten die Würde des Menschen, vernichten seine Freiheit und zerstören das Recht. Sozialismus wird nur durch die Demokratie verwirklicht, die Demokratie durch den Sozialismus erfüllt. Zu Unrecht berufen sich die Kommunisten auf sozialistische Traditionen… Die Sozialisten wollen Freiheit und Gerechtigkeit verwirklichen, während die Kommunisten die Zerrissenheit der Gesellschaft ausnutzen, um die Diktatur ihrer Partei zu errichten." [6]

Die Sowjetunion „regierte" in Ostdeutschland (DDR) „als Besatzungsmacht." Bis 1953 versuchte sie, den Deutschen „Stalinismus" einzuimpfen. Später „war die von ihr eingesetzte DDR-Regierung verpflichtet, vor allem im Sinne des Marxismus / Leninismus als antikapitalistische Revolution das Leben zu gestalten…." Selbst in Westdeutschland versuchte die Kommunistische Partei Deutschlands (KPD) – später als Deutsche Kommunistische Partei (DKP) – das demokratische geprägte Grundgesetz der Bundesrepublik Deutschland durch eine kommunistische Gesellschaftsordnung zu ersetzen." [7]

Die westdeutschen Kommunisten bekämpften die demokratischen Parteien in der Bundesrepublik „mit materieller und ideologischer Unterstützung aus Ostberlin (Hauptstadt der DDR)." Die westdeutschen demokratischen Parteien verteidigten die von den westlichen Siegermächten des Zweiten Weltkrieges gestiftete demokratische Verfassung: Mit freien Wahlen zu repräsentativen Volksvertretungen (Parlamenten), unabhängiger Gerichtsbarkeit, Privateigentum an Produktionsmitteln, einer marktwirtschaftlicher Verfassung und mit individueller Freiheit. [8]

3. Die „Richtlinien für Ostkontakte" der SPD vom 18.3.1967

Helmut Lenders beachtete die „Richtlinien für Ostkontakte" der SPD. Sie bezogen sich im 1.Teil auf „Reisen in die osteuropäischen Staaten" und im 2.Teil auf „Reisen in die Sowjetzone" (DDR). [9]

Grundsätzlich lehnte die SPD „jede organisatorische und politische Beziehung" zu kommunistischen Organisationen ab, besonders zur SED in der Sowjetzone bzw. in der DDR. Sie befürwortete aber „menschliche Begegnungen", die dem „Frieden und der deutschen Frage dienten." Sie forderte daher ihre Mitglieder mit „Nachdruck" auf, die „sozialdemokratische Auffassung der Deutschlandsfrage darzulegen." Sie verlangte eine offene Vertretung der „freiheitlichen Ordnung und des Rechtsstaates."

Für Reisen in den anderen Teil Deutschlands wurde eine „sorgfältige Vorbereitung" gefordert. Die SED versuchte, „die Gegensätze zwischen der Sozialdemokratie und dem Kommunismus zu vernebeln, den demokratischen Sozialismus zu diskreditieren und die angestrebte Wiedervereinigung in Frieden und Freiheit zu verhindern." Ohne Berücksichtigung dieser gegensätzlichen Ausgangspositionen seien „Gespräche zwischen Sozialdemokraten und Kommunisten von vornherein illusorisch", sagte der Parteivorstand. Es wurde aber auch herausgestellt, dass es dienlich sein könnte, „wenn sozialdemokratische Auffassungen auch in Gesprächen im anderen Teil Deutschlands vertreten werden und dabei eindeutig zum Ausdruck kommt, dass sich das deutsche Volk nicht mit der bestehenden Teilung und der kommunistischen Herrschaft in der Sowjetzone weder abgefunden hat noch abfinden wird."

Alle Reisen in die Sowjetzone, die „nicht ausschließlich familiären Zwecken dienten", mussten dem „zuständigen Parteibezirk" mitgeteilt werden. Reisen, die keine Zustimmung erhielten, waren als „parteiwidriges Verhalten" anzusehen. Die Reisen mussten selbst bezahlt werden. Verbindungen zur Sozialistischen Einheitspartei Deutschlands (SED), oder den von ihr abhängigen Organisationen – z. B. dem Gewerkschaftsbund FDGB oder der Jugendorganisation FDJ – durften „von Sozialdemokraten weder aufgenommen noch unterhalten werden." Über „etwaige Ausnahmen" entschied der Bundesvorstand der SPD. Über etwaige Kontakte mit „kommunistischen Partei- bzw. Staatsfunktionären" musste dem Parteivorstand „jeweils inhaltlich berichtet werden."

4. Gründliches Selbststudium des praktischen und theoretischen Kommunismus

Lenders, der durch eine kurze Schulzeit und den Einsatz als Soldat nicht genügend Zeit für seine Ausbildung gehabt hatte, holte das im Rahmen der Weiterbildung u. a. an der Sozialakademie in Dortmund und als Bildungssekretär des DGB nach.

Er interessierte sich für den Hitler–Stalin–Pakt, den Deutsch-sowjetischen Grenz- und Freundschaftsvertrag vom 28.9.1939, für die Geschichte und Ideologie der UdSSR, das Verhältnis der UdSSR zu China und den osteuropäischen Staaten und für den DDR (SED)-Kommunismus, den Brief eines Initiativausschusses für die Wiederzulassung der KPD als Partei in der Bundesrepublik Deutschland und den sog. Euro-Kommunismus (u. a. in Italien). [10]

Außerdem beschäftigte er sich in den neunziger Jahren z.B. mit der Rede des chinesischen Politikers Ping Xiapengs über die Bewertung des Massakers in Peking am 3./4.6. 1989 auf dem

Platz des himmlischen Friedens, zumal er auch 1982 einen jungen Chinesen auf einer Chinareise kennengelernt hatte, den er später adoptierte. Er studierte auch das Verbot der sowjetischen Zeitschrift „Sputnik" in der DDR Ende der achtziger Jahre.

Er nahm an Seminaren zur Einführung in den „Marxismus/Leninismus/Kommunismus" teil. Im Rahmen der Bundeszentrale für Politische Bildung lernte er Wolfgang Leonhard, einen der besten Kenner des Kommunismus, und Stefan Thomas vom Ostbüro des SPD-Parteivorstandes kennen. Im Dominikaner Kloster in Walberberg bei Bonn nahm er an einem Seminar über die katholische Soziallehre im Spiegel gegensätzlicher Theorien und Gesellschaftsbilder teil, das die Auseinandersetzung mit dem Marxismus auf „ hohem Niveau einschloss." [11]

Lenders war daher gut gerüstet für seine gewerkschaftliche Bildungsarbeit und seine Arbeit in der SPD hinsichtlich des Umgangs mit dem Kommunismus in der Bundesrepublik und mit den SED – Funktionären aus der DDR, die in die Bundesrepublik zu Besuch kamen. Als Neuling in der „knochenharten und gefährlichen Auseinandersetzung" mit dem Kommunismus hat Helmut Lenders jede seiner Veranstaltungen, die von Kommunisten besucht wurde, mit den Mitgliedsgewerkschaften bzw. mit Sozialdemokraten besprochen. Lenders spielte selbst jede Veranstaltung am Schreibtisch Punkt für Punkt durch. Er durchdachte vorab notwendige Reaktionen auf mögliche inhaltliche und organisatorische Angriffe und zwar in Varianten, „ so dass er nicht überrascht werden konnte." [12]

Lenders wurde u. a. aufgrund seines „fundierten Umgangs" mit den Kommunisten „zum Kommissarischen Geschäftsführer des DGB in Düsseldorf" gemacht. Der DGB- Ortsausschussvorsitzende in Düsseldorf „war den Taktiken der Kommunisten, sich Raum zu verschaffen für ihre Agitation, nicht immer gewachsen." [13]

Lenders warf den Kommunisten vor, ein falsches Menschenbild zu haben. Der Marxismus hielt den Menschen für gut aber die Verhältnisse – die bestimmt sind vom Privateigentum an Produktionsmitteln und der damit verbundenen Ausbeutung der Arbeiter – für schlecht. Daher wollten die Kommunisten das Privateigentum abschaffen und die klassenlose Gesellschaft einführen: Jedem nach seinen Fähigkeiten – und jedem nach seinen Bedürfnissen. Helmut Lenders beschuldigte die Kommunisten, „die Menschen, die ihrem Bild nicht entsprächen, wie die schlimmsten Kriminellen zu unterdrücken und zu züchtigen." Das sei vor allem Schriftstellern passiert. Sie wurden „Opfer dieser Art von Menschheitsbeglückung." [14]

5. Lenders lehnte entschieden eine „ Aktionseinheit der Arbeiterklasse" ab – nicht aber gut vorbereitete Gespräche mit den Kommunisten

Kommunisten waren für Lenders „die unzuverlässigsten, unglaubwürdigsten und gefährlichsten Verbündeten." [15]
Lenders empfand aber die notwendige zeitgeschichtliche Auseinandersetzung mit dem Kommunismus in Theorie und Praxis in der SPD in Düsseldorf als sein „tägliches Brot."
Er war nicht, wie z.B. die Bundestagsabgeordneten Karl-Heinz Hansen (Düsseldorf), mit dem er später ein gemeinsames Bundestagsbüro im „Langen Eugen" in Bonn hatte, und Karl Wienand, der 1972 sein Kollege als Parlamentarischer Geschäftsführer war, Mitglied in der auch von der DKP beeinflussten „Freundschaftsgesellschaft" mit dem Namen „Gesellschaft zur Förderung der Beziehungen zwischen der Bundesrepublik Deutschland und der Sowjetunion – Regionalverband Rhein/ Ruhr" in Köln.
Die Bundesregierung hat es am 12.5.1980 abgelehnt, die Mitglieder demokratischer Parteien in Freundschaftsgesellschaften zu „bewerten." [16]
Trotz seiner eindeutigen Stellungnahme gegen den Kommunismus sahen die Kommunisten in Ost- Berlin und die Reisekader der SED Lenders als einen möglichen „Verbündeten" an, den sie für ihr ideologisches Gesellschaftsmodell gewinnen zu können glaubten. Lenders' Antwort auf Indoktrinierungsversuche war kurz und bündig: „Denkste!" Er prophezeite den Kommunisten keinen Erfolg! Eine „Aktionseinheit der Arbeiterklasse" lehnte er entschieden ab.

Wie kam es zu diesen Unterstellungen der Kommunisten gegenüber Helmut Lenders ? Er trat gegen die Wiederaufrüstung der Bundesrepublik nach 1945 auf, vor allem als Mitglied der Gesamtdeutschen Volkspartei (GVP). Lenders opponierte gegen die Art und Weise der von der Bundesregierung geplanten und von ihr schließlich durchgesetzten Notstandsgesetze. Er achtete darauf, „dass das Maß an Verteidigungsanstrengungen in Strategie und Ausrüstung in der Bundesrepublik eindeutig defensiv blieb", ohne die „sowjetische Überrüstung" zu übersehen.

Das gefiel weitgehend den Kommunisten, so dass Lenders den Düsseldorfer Kommunisten und den „Reisekadern" aus der DDR klar machen musste, dass er als Verbündeter nicht zu gewinnen war. Er stellte sich den Kommunisten in Gesprächen, obwohl das von den Vorständen des DGB und dem Ostbüro der SPD „nicht gerade gerne gesehen wurde." Lenders handelte als Demokrat und Humanist.

Er begründete seine Haltung wie folgt: „Erstens fühlte ich mich solchen Gesprächen gewachsen und zweitens wollte ich nicht, dass vor allem die Reisekader nur das Bild ängstlichen Ausweichens mit nach Hause nahmen, nicht gerade ein Ausdruck der Stärke der Demokratie, von der wir ja ausgingen."

Lenders bemühte sich, „den Stil zu wahren": Auf der einen Seite waren die Kommunisten Arbeitnehmer und wurden mit Kolleginnen und Kollegen angesprochen. Sie auf der anderen Seite zu „verteufeln" und als „Aussätzige" zu behandeln, lag ihm nicht: „Ich habe keine Anbiederung betrieben, sondern klare eindeutige Positionsunterschiede eingehalten."

Seine kritische Haltung gegenüber der Wiederaufrüstung und den Notstands-Gesetzen war nach langen und intensiven Diskussionen in der Partei, den Gewerkschaften und in der Öffentlichkeit entstanden. Gegenüber den „irrealen Angstkomplexen", die vor allem von der CDU/ CSU in Wahlkämpfen geschürt wurde, war Lenders „gefeit" und zwar durch eine „mehrmonatige russische Gefangenschaft gegen Ende des Krieges." Lenders hatte im Umgang mit seinen Bewachern diese auch als „normale und hilfsbereite Menschen erlebt." [17)]

Anmerkungen
Viertes Kapitel:

[1] NL Box 15, AdsD – FESt
[2] NL Box 15, AdsD – FESt, beschlossen vom PV und Parteirat der SPD am 18. 3. 1967
[3] Egon Bahr: Zum europäischen Frieden – Eine Antwort an Gorbatschow, Berlin 1988, S. 24 und 50. H. Lenders hatte das Buch gründlich gelesen.
[4] Diether Posser: Anwalt im Kalten Krieg, München 1991, S.58 f f
[5] siehe auch GA (Journal) vom 3.5.2008
[6] Grundsatzprogramm der Sozialdemokratischen Partei Deutschlands, Godesberg 13. – 15. 11. 1959, HG Vorstand der SPD 1959, S.6
[7] H. Lenders: Für Linda, S. 59
[8] ebd. S. 59
[9] NL, Box 15: Auseinandersetzung mit dem Kommunismus
[10] ebd.
[11] H. Lenders: Für Linda, S.60
[12] ebd. S. 60
[13] ebd. S. 60
[14] ebd. S. 61
[15] NL, Box 15
[16] Kleine Anfrage der CDU/CSU Fraktion, Drucksache VIII/ 4188 vom 12.6.1980, Antwort der Bundesregierung auf Drucksache VIII/ 3878
[17] Helmut Lenders: Für Linda, S.62

Fünftes Kapitel
Friedenspolitik nach außen und innen: Helmut Lenders unterstützt die Vorbereitung der Ostpolitik von Willy Brandt und Egon Bahr vor allem in Polen; Kampf gegen Rassentrennung (Apartheid) und Kritik an den Notstandsgesetzen

„Wenn ich sagen soll, was mir neben dem Frieden wichtiger sei als alles andere, dann lautet meine Antwort ohne Wenn und Aber: Freiheit – die Freiheit für viele, nicht für die wenigen. Freiheit des Gewissens und der Meinung. Auch Freiheit von Not und Furcht"
Willy Brandt – SPD Parteivorsitzender – am 14.6. 1987 bei seiner Abschiedsrede in Bonn [1]

„Lange Zeit habe ich gedacht, der Kniefall" von Bundeskanzler Brandt am 7.12.1970 in Warschau „sei das Symbol für den Wunsch, Schuld und Verantwortung zu übernehmen und einen neuen Anfang zu machen, der im Warschauer Vertrag (7.12.1970) formuliert war und der auf eine Anerkennung der neuen Westgrenze Polens hinauslief."…. „Erst heute wird klar, dass der Kniefall schon eine Chiffre für etwas ganz anderes war, nämlich für die Chance, Europa zu vereinen."
Gunter Hofmann, Journalist, 2004 [2]

1. Wandel durch Annäherung

Lenders' Hauptmotiv, nach dem leidvoll erlebten 2. Weltkrieg aktiv in die Politik einzugreifen, war dauerhaften Frieden mit zu schaffen. Hierzu gehörte vor allem eine friedliche Politik zur Erreichung der Wiedervereinigung Deutschlands, die ihn zuerst in die GVP von Gustav Heinemann führte.

Ereignisse in den vierziger und fünfziger Jahren, wie z.B. die Gründung der Bundesrepublik Deutschland, der Deutschen Demokratischen Republik und die Berlin- und Deutschlandpolitik von Nikita Chruschtschow lösten ein immer stärkeres Engagement von Lenders aus.

Das Scheitern des Berlinultimatums des sowjetischen Partei- und Regierungschefs Nikita Chruschtschow vom 10.08.1958, das den westlichen Alliierten das Recht, länger in Berlin zu bleiben, bestritt, die gescheiterte Umwandlung Berlins in eine „selbständige politische Einheit", die wirtschaftlichen Probleme der DDR und ein nicht zustande gekommener Friedensvertrag zwischen der Bundesrepublik Deutschland und der Deutschen Demokratischen Republik (DDR) führten vor allem mit am 13.8.1961 zur Abriegelung der DDR durch eine Mauer, die eine Flucht von DDR-Bürgern in den freien Westen verhindern sollte.

Entscheidend war schließlich, dass im Juni 1961 2000, im Juli 3000 und vor dem 13. August 1961 bereits 17.000 Flüchtlinge aus der DDR nach Berlin gekommen waren, weil die Menschen in der sowjetisch besetzten Zone (DDR) mit Recht befürchteten, in ein gigantisches Gefängnis eingeschlossen zu werden. [3]

Die Politik der „Stärke des Westens", die davon ausging, dass die Westintegration der Bundesrepublik und ihre Wiederbewaffnung zwangsläufig zur Wiedervereinigung führen würde, hatte ebenfalls bis 1961 keinen Erfolg. Das bedeutete für die Bundesrepublik, dass sie zunächst von einer erzwungenen Teilung – zumindest auf Zeit – ausgehen musste.

Der Regierende Bürgermeister von Berlin Willy Brandt (SPD) und sein Pressesprecher Egon Bahr (SPD) waren vor allem enttäuscht über die Reaktionen aus Washington auf den Mauerbau. In Berlin erkannte die politische Führung, dass die

Deutschen in dieser Situation versuchen mussten, auch eigene Wege zur Linderung der Teilung des Landes und damit der Familien zu gehen. Der Regierende Bürgermeister von Berlin, Willy Brandt, entschloss sich, mit der DDR – dem Gefängniswärter – unterhalb der Ebene der Regierungen zu verhandeln, weil die Westmächte zunächst keine Lösungen anboten. Die Westmächte protestierten zwar gegen die Mauer, tolerierten sie aber faktisch.

Brandt und Bahr versuchten, Notsituationen, die durch die radikale Trennung von Familien entstanden waren, im geteilten Berlin und Deutschland ohne internationale Verträge im Rahmen eigener Möglichkeiten zu lindern, ohne den Westmächten auf „die Füße zu treten."

Egon Bahr entwickelte 1963 in einer Rede vor der Evangelischen Akademie in Tutzing eine Politik des „Wandels durch Annäherung." Wandel durch Annäherung hieß, die beiden deutschen Staaten sollten sich annähern, damit die Beziehungen zwischen den Staaten sich wandeln können, um später zur staatlichen deutschen Einheit zu kommen.

Die Formulierung konnte zu Missverständnissen führen, wie Willy Brandt in seinen „Erinnerungen" einräumte. „Wandel durch Annäherung" hätte den Eindruck erwecken können, „als schwebe uns eine Annäherung an das kommunistische System vor." [4]

Das war Bahrs Absicht nicht. Die für Brandt nicht ganz glückliche Formulierung hat aber der Freundschaft zwischen Willy Brandt und Egon Bahr nicht geschadet.

Was bedeutete diese Rede? Sie war ein Versuchsballon! Inhaltlich war dieser Weg mit Willy Brandt abgestimmt, nicht aber jede einzelne Formulierung. Diese Politik ist vorab im engsten Beraterkreis des Regierenden Bürgermeisters Willy Brandt diskutiert worden, zu dem in den sechziger Jahren Bürgermeister Heinrich Albertz, Brandts Senator für Bundesangelegenheiten, Klaus Schütz, Pressechef Egon Bahr und seit 1963 der Senatskanzleichef in Berlin, Dietrich Spangenberg, gehörten.

John F. Kennedy (1917 – 1963), der charismatische Präsident der Vereinigten Staaten von Amerika, der 1963 ermordet wurde, wollte einen Krieg im Zeitalter der Atombombe mit seiner „Strategie des Friedens" unbedingt ausschließen. Er und Bundeskanzler Konrad Adenauer (CDU) hatten hinsichtlich der Reaktionen auf den Bau der Berliner Mauer unterschiedliche Auffassungen.

Es lagen auch keine Vorschläge zur Überwindung des Kalten Krieges auf dem Tisch, die Fronten zwischen Ost und West waren zunächst erstarrt. Es gab keine Aussicht auf eine schnelle und friedliche Wiedervereinigung. Es musste der Versuch gemacht werden, einen neuen Weg zur Auflösung der erstarrten Fronten zwischen Ost und West zu finden.

Egon Bahr war der Ansicht, dass ein Sturz der DDR-Regierung aussichtslos sei. Für ihn war das Deutschlandproblem Teil des Ost-West-Konflikts. Für ihn lag der Schlüssel zur Lösung der Deutschen Frage in Moskau. Egon Bahr wollte versuchen, den Status quo zu überwinden, in dem er ihn zunächst nicht veränderte. „Wandel durch Annäherung" bedeutete auch eine „Politik der kleinen Schritte." Unterhalb der juristischen Anerkennung verhandelten Bahr und Brandt erfolgreich über Besucherregelungen und Passierscheine in Berlin mit der DDR. Auch mit Hilfe des Handels sollte die Situation der DDR Bevölkerung verbessert werden. Egon Bahr: „Ich sehe nur einen schmalen Weg der Erleichterung für die Menschen in so homöopathischen Dosen, dass sich dadurch nicht die Gefahr eines revolutionären Umschlages ergibt, die das sowjetische Eingreifen aus sowjetischem Interesse zwangsläufig auslösen würde." [5]

Willy Brandt gelang schließlich ein erster Durchbruch in der Deutschlandpolitik nach seiner Wahl zum Bundeskanzler 1969 mit dem Moskauer Vertrag vom 12.08.1970, den in erster Linie Egon Bahr in 50 Stunden mit dem russischen Außenminister Andrej Gromyko in den Grundzügen ausgehandelt hatte.

Das war nach vielen Jahren der Stagnation ein erster Fortschritt in der Deutschen Frage. Hierzu hatte auch der damalige Außenminister Walter Scheel (FDP) wesentlich beigetragen. Es war auch ein wichtiger Schritt zur Normalisierung der Beziehungen zu den anderen osteuropäischen Staaten des sog. „Warschauer Paktes" und in Richtung auf die 1970 noch ferne Wiedervereinigung, die 20 Jahre später verwirklicht werden konnte. Die Wiedervereinigung Deutschlands war schließlich vor allem das Ergebnis der Westpolitik Konrad Adenauers und der Ostpolitik Willy Brandts, der in Amerika schon als Berliner Bürgermeister ein hohes Ansehen hatte. Zusammen mit John F. Kennedy und Bundeskanzler Adenauer fuhr Willy Brandt 1963 bei einem Besuch des amerikanischen Präsidenten in West-Berlin im offenen Wagen durch eine riesige jubelnde Menschenmenge.Kennedy sprach vor dem Schöneberger Rathaus den bekannt gewordenen Satz aus: „Ich bin ein Berliner!"

Der Kern dieser Deutschland- und Europa – Politik war der G e w a l t v e r z i c h t.

Er bedeutete, dass man zur Änderung der „Landkarte" in Europa, wie sie sich 1970 den Europäern darstellte, auf Gewalt verzichtete bzw. die bestehenden Grenzen anerkannte oder einvernehmlich am Verhandlungstisch änderte.

Der Moskauer Vertrag nannte die Wiedervereinigung nicht ausdrücklich, sondern schloss nur Gewalt als Mittel ihrer Durchsetzung aus. Territoriale Veränderungen, die mit der Zustimmung der Beteiligten getroffen werden, sollten immer möglich sein.

So blieb die Oder-Neiße-Linie zwischen Polen und der DDR bzw. später zwischen Polen und der Bundesrepublik unverändert, während die Grenze zwischen der Bundesrepublik und der DDR im Einvernehmen 1990 beseitigt wurde. Hierzu trug auch der „Brief zur Deutschen Einheit" bei, der am 12.08.1970, auch auf Drängen der CDU/CSU Opposition im Deutschen Bundestag, am Tage der Unterzeichnung des Moskauer Vertrages von einem deutschen Botschaftsrat im sowjetischen Außenministerium gegen eine Quittung als Empfangsbestätigung überreicht wurde. [6]

Dieser Brief stellte fest, dass der Moskauer Vertrag nicht im Widerspruch zu dem politischen Ziel der Bundesrepublik Deutschland stand, auf einen Zustand des Friedens in Europa hinzuwirken, in dem das deutsche Volk in freier Selbstbestimmung seine Einheit wiedererlangt.

2. Brücken nach Polen bauen

"Die Ostpolitik mache ich nicht nur vom Schreibtisch aus. Zweimal war ich während der letzten Zeit zu politischen Gesprächen in Polen"
Helmut Lenders 1970 in einem Bericht aus
Bonn für seinen Wahlkreis [7]

Lenders unterstützte die Politik von Willy Brandt und Egon Bahr. Sie hatte Eingang gefunden in das „Godesberger Programm" der SPD von 1959. Es enthielt einen kurzen Text zur „internationalen Gemeinschaft": „Die dringendste Aufgabe ist es, den Frieden zu bewahren und die Freiheit zu sichern." Hierzu ist es u. a. notwendig, normale diplomatische und Handelsbeziehungen mit allen Nationen – „ungeachtet" der Regierungssysteme und der gesellschaftlichen Strukturen – zu pflegen.

Helmut Lenders engagierte sich hierfür leidenschaftlich. Erst in der Gesamtdeutschen Volkspartei, dann als SPD-Bundestagsabgeordneter in Bonn und als Parteivorsitzender in Düsseldorf.

Natürlich blieb die Wirtschafts- und Verbraucherpolitik der Schwerpunkt seiner Arbeit. Aber er war auch ein großer Unterstützer der Ostpolitik von Willy Brandt, mit dem er in Düsseldorf gemeinsam bereits 1965 Wahlkampf machte. [8]

Ein besonderes Anliegen war ihm, Brücken nach P o l e n zu bauen. Er hat den Beziehungen zu Polen die gleiche Bedeutung beigemessen, wie den engen Kontakten zu unserem westlichen Nachbarn Frankreich. Noch bevor Willy Brandt am 12. August 1970 den Vertrag mit der Union der sozialistischen Sowjetrepubliken und am 7. Dezember den Vertrag mit der Volksrepublik Polen unterzeichnete, hatte Lenders sich im Vorfeld dieser Verträge dafür persönlich engagiert.

„Im Auftrag von Partei und Fraktion" fuhr er bereits 1969 mit dem außenpolitischen Berater der SPD-Bundestagsfraktion, Eugen Selbmann, dem Bundestagsabgeordneten Hans-Jürgen Wischnewski und Bruno Friedrich (Parteivorstand) zu „offiziösen Gesprächen" nach Polen. Gomulka hatte „Gesprächsbereitschaft zum deutsch-polnischen Verhältnis signalisiert." Lenders

Abb. 8: Bundestagswahl Brandt / Lenders, Düsseldorf 1965
Bildjournalist Düsseldorf

war der sozialdemokratischen Führung als Befürworter einer aktiven Polenpolitik bekannt. Auch als Mitglied des handelspolitischen Beirats des Deutschen Bundestages und Mitglied des Wirtschaftsausschusses wurde er gebraucht, zumal die Polen daran interessiert waren, mit ihrem Export-Angebot Zugang zu den westdeutschen Märkten zu bekommen."

Am 1.11.1970 berichtete die Rheinische Post über einen Besuch von Helmut Lenders am 19. Juni 1970 mit seinen SPD -Bundestagskollegen Hans-Jürgen Wischnewski, Hans Jürgen Junghans, Fritz Schäfer und Georg Schlaga in Warschau beim „Institut für internationale Angelegenheiten." Es war der zweite Besuch einer offiziellen Bundestagsdelegation. Der Versuch, auch mit Mitglieder der CDU/CSU und FDP-Fraktionen nach Polen zu fahren, scheiterte damals. Hauptziel der Reise der SPD-Abgeordneten war ein Treffen mit polnischen Abgeordneten, um sich besser kennen zu lernen, die geplanten Verträge durchzusetzen und um sie leichter umzusetzen.

Am 25.11.1969 hatte die neu gewählte Bundesregierung unter der Führung von Willy Brandt Polen die Aufnahme politischer Gespräche vorgeschlagen. Bereits am 04.02.1970 hatte die Bundesregierung mit Verhandlungen begonnen. Lenders berichtete hierüber in einem Bericht aus Bonn für den Wahlkreis „Düsseldorf-Ost."

Der am 7. Dezember 1970 in Warschau von Willy Brandt und Walter Scheel unterzeichnete Vertrag mit der Volksrepublik Polen setzte sich für die Unverletzlichkeit der Grenzen und die Achtung der territorialen Integrität und Souveränität aller Staaten in Europa in ihren gegenwärtigen Grenzen als eine grundlegende Bedingung für den Frieden ein.[9)] Darüber hinaus einigten sich beide Staaten, „dass eine Erweiterung ihrer Zusammenarbeit im Bereich der wirtschaftlichen, wissenschaftlichen, wissenschaftlich-technischen, kulturellen und sonstigen Beziehungen in ihrem beiderseitigen Interesse liege." [10)]

Zur Festigung des deutsch-polnischen Verhältnisses und zur weiteren Vertiefung des Warschauer Vertrages fuhr Lenders am 21.4.1972 zu einem Besuch mit dem Bundestagskollegen Georg Schlaga nach Warschau. Sie stellten ein lebhaftes polnisches Interesse an einem Ausbau vielseitiger Beziehungen mit der Bundesrepublik nach der Ratifizierung der Ostverträge fest. Sie trafen sich mit dem Vize-Außenminister und dem Vize-Handelsminister und mit dem Sekretär im ZK der Polnischen Vereinigten Arbeiterpartei, Herrn Ryszard Frelek.

Lenders hielt die Normalisierung der Beziehungen für einen langjährigen Prozess, der erst richtig nach dem Austausch von Botschaftern einsetzen werde.

Großes Interesse zeigten die Polen auch an einem Ausbau der kulturellen Beziehungen und an einer Zusammenarbeit des Fernsehens. Die Polen versprachen, die Familienzusammenführung durch die Erlaubnis von Besuchsreisen in die Bundesrepublik zu fördern. Im Falle der Nichtratifizierung der Ostverträge durch den Bundestag werde aber die Familienzusammenführung von Polen nicht fortgesetzt werden, berichtete am 21.4.1972 die „Frankfurter Rundschau."

Am 3.4.1975 schrieb der Bundesjugendwart der „Gemeinschaft Junges Ostpreußen", Hans Link, Herbert Wehner, Helmut Lenders und weiteren Mitgliedern der SPD– Bundestagsfraktion und bat um Hilfe bei der Kontaktaufnahme bei der polnischen Jugend." Beigefügt hatte Link eine Broschüre „Verständigung mit Polen", die über den „gescheiterten Verständigungsversuch mit der polnischen Jugend berichtete." [11)]

Der Faktionsmitarbeiter Armin Hendriks empfahl, ungeachtet der in der Broschüre enthaltenen Vorwürfe gegen die Ostpolitik den Brief positiv zu beantworten, wies aber darauf hin, „die Polen würden gleich „Rot" sehen, wenn ihnen die „Gemeinschaft Junges Ostpreußen" als Gesprächspartner angeboten würde. Helmut Lenders antwortete freundlich und diplomatisch, kritisierte aber das Urteil der Landsmannschaft auf Seite 5 ihrer Broschüre über die Ostpolitik der Bundesregierung. Er hielt das Urteil „zumindest" für „voreilig." Es heißt dort: „Gegen die Bundesregierung und sie tragenden Parteien – SPD und FDP – erheben wir den Vorwurf, auch heute noch dem deutschen Volk eine Ostpolitik als erfolgreich zu verkaufen, die unrealistisch und daher falsch ist und deren Misserfolg jedermann Tag für Tag in den Nachrichtenspalten unserer Zeitungen nachlesen kann." [12]

Lenders schrieb hierzu: „Der Vertrag mit Polen ist eine wichtige Grundlage für ein neues Verhältnis zu Polen, er ist Ausgangspunkt für eine Verständigungspolitik, für die Geduld und langer Atem erforderlich sind, wenn man bedenkt, was beide Seiten getrennt hat. Dass der Normalisierungsprozess nicht kurzfristig und nicht gradlinig verlaufen werde, haben wir immer zum Ausdruck gebracht." Zusätzlich wies er darauf hin, dass erste Jugendbegegnungen schon in den vergangenen Jahren auf verschiedenen Ebenen stattgefunden hätten. „Ihre Absicht", schrieb Lenders, „mit der polnischen Jugend in Kontakt und ins Gespräch zu kommen, unterstützen wir. Wir hoffen, dass die Bemühungen in einem formalisierten Jugendaustausch auch Ihrem Verband Möglichkeiten eröffnen werden." [13]

An seinem 60. Geburtstag 1982 sammelte Lenders Spenden für eine polnische Schule in Troszya, die durch eine Überschwemmung zerstört worden war.

Ministerpräsident Johannes Rau hielt die Geburtstagsrede, die er wie folgt beendete: „Ich will noch einen Satz sagen. In der Bergpredigt steht, wenn man etwas spendet, soll es keiner merken. Ich muss heute einmal davon abweichen, denn wenn es keiner merkt, dass ich etwas spende, dann kommen die anderen nicht darauf, dass sie auch spenden wollen. Da steht das Schwein für die Schule in Polen. Dazu muss man ja wohl nicht viel kommentieren, wenn man Helmut Lenders und das deutsch-polnische Verhältnis kennt. Wenn man seine Bemühungen um Verständigung unter den Völkern des Ostens und vor allem in Polen zu einer Zeit, als es noch nicht Mode war, erwähnt und dann sagt: Tut ein bisschen mit und schenkt ihm was, damit das Schwein fett wird. Danke schön." Die Rede hat Bundespräsident Rau am 23.8.2002 dem Autor zur Verfügung gestellt, der als Wuppertaler Lenders seit 1952 kannte.

3. Lenders und Brandt engagieren sich für die Freilassung von Nelson Mandela

Lenders schrieb 1973 über den Botschafter der Republik Südafrika in Köln einen Brief an den Premierminister der Republik Südafrika: Er bat „anlässlich des Tages der Menschenrechte" „Nelson Mandela aus der Haft zu entlassen." Er war ein politischer Gefangener. [14)]

Nelson Mandela, der am 1918 in Südafrika geboren wurde, studierte Jura. 1942 schloss er sich dem „African National Congress" (ANC) an, deren Jugendorganisation er 1944 mit begründet hat. Er wandte sich entschieden gegen die politische Beherrschung durch eine weiße Minderheit im mehrheitlich schwarzen Südafrika. 1956 wurde Mandela wegen Hochverrats angeklagt. Aber 1961 freigesprochen. Im selben Jahr wurde er Anführer des bewaffneten Flügels des ANC. 1962 verurteilte man ihn zu 5 Jahren Gefängnis wegen illegaler Auslandsreisen und wegen Streikaufruf. 1964 wurde er zu einer lebenslangen Haft verurteilt wegen der Planung eines bewaffneten Kampfes. [15)]

Als Lenders sich für seine Freilassung einsetzte, saß der Führer der stärksten südafrikanischen Oppositionspartei schon seit 9 Jahren auf der Gefängnisinsel Robben Island. Lenders kritisierte, dass die „politische Opposition" der mehrheitlich schwarzen Südafrikaner in Südafrika als „Straftäter geahndet" würden. Er sprach sich für einen „Interessenausgleich" zwischen den weißen und schwarzen Südafrikanern aus. Er schloss den Brief mit dem deutlichen Hinweis, dass er sich nicht in die „innerstaatlichen Angelegenheiten" einmischen wolle: Sein Appell sei „vielmehr Ausdruck der Überzeugung, dass die Achtung vor der Menschenwürde und den Bürgerrechten aller Rassen dieser Erde Voraussetzung einer friedlichen Zukunft für uns alle ist."[16)]

Willy Brandt wurde im Herbst 1976 „Präsident des weit über Europa hinausreichenden Zusammenschlusses sozialdemokratischer Parteien." Traditionell war dieser Zusammenschluss unter dem Namen „Sozialistische Internationale" (SI)" bekannt. Die Organisation war aber jetzt nicht mehr auf Europa zentriert, sondern beschäftigte sich auch intensiv mit Zentralamerika, dem Nahen Osten und Südafrika. So arbeiteten die Sozialdemokraten Willy Brandt, Olof Palme, Joop den Uyl und Wim Kok auch mit den Befreiungsbewegungen African National Congress (ANC) und SWAPO zusammen.

Im Anschluss an eine Konferenz der SI in Botswana, wo sich die SI mit den „Frontstaaten" gegen die Apartheid in Südafrika solidarisierte, besuchte Willy Brandt mit seinem Bundestagskollegen Günter Verheugen im Frühjahr 1986 Johannesburg und Kapstadt. Er traf dort Winnie Mandela, Männer der Kirchen, Gewerkschaftler und „weiße Liberale." Eine Zusammenkunft mit dem südafrikanischen Präsidenten Botha am 21.4. 1986 mit dem Ziel, Nelson Mandela aus 24jähriger Haft in Pollsmoor, nahe Kapstadt, zu befreien, scheiterte. Brandt und Verheugen mussten sich Beschimpfungen und unwahre Behauptungen anhören. „Es war eine reichliche Stunde voller Frostigkeit, Intransigenz und Selbstgerechtigkeit. Damit ließ sich beim besten Willen nichts anfangen", notierte Brandt in seinen „Erinnerungen." [17]

Am 11.2.1990, nach über 27 Jahren, wurde der politische Gefangene auf internationalen Druck und einer Kampagne des ANC freigelassen und das Verbot des ANC aufgehoben. Staatspräsident E.W. de Klerk hatte so entschieden. Mandela und de Klerk erhielten 1993 gemeinsam den Friedensnobelpreis.

Nelson Mandela war von 1994 bis 1999 der erste demokratische gewählte schwarze Präsident Südafrikas. Er erhielt über 50 internationale Ehrendoktorwürden und 1998 den Deutschen Medienpreis. 2006 verlieh ihm Amnesty international in Johannesburg die Auszeichnung „Botschafter des Gewissens." [18]

Lenders frühe Initiative für Menschenrechte für Nelson Mandela kam nach vielen Jahren und weiterer vor allem sozialdemokratischer internationaler Unterstützung unter Führung von Willy Brandt zu einem erfolgreichem Abschluss!

4. Initiative gegen die Notstandsgesetze

Um die Notstandsgesetze der Großen Koalition unter Bundeskanzler Hans-Georg Kiesinger (CDU) und Vizekanzler Willy Brandt (SPD) gab es in der Bundesrepublik eine heftige politische Auseinandersetzung. Es ging darum, zeitweise bestimmte Artikel des Bonner Grundgesetzes im Notfall außer Kraft setzen zu können. Auf diese Weise sollten die schon 10 Jahre alten alliierten Notstandsbefugnisse abgelöst werden.

Schließlich wurden die Notstandsgesetze aber am 29.05.1968 in Dritter Lesung im Bundestag mit Mehrheit verabschiedet.

Die Auseinandersetzung fand vor allem im Parlament zwischen Regierung und Opposition aber auch auf der Straße statt. Auch innerhalb der Regierungsfraktionen – in erster Linie in der SPD – Bundestagsfraktion. 53 Bundestagsabgeordnete – etwa ein Drittel der SPD –Fraktion – stimmten gegen die Notstandsgesetze. Neu war die Diskussion zwischen den Parlamentariern und einer außerparlamentarischen Opposition (APO), die stark von Studenten, Schülern und Gewerkschaftlern unterstützt wurde. Sie gingen zusammen als „Friedensbewegung" auf die Strasse und erhoben 1968 in Bonn auf einer Massendemonstration energischen Protest. [19]

Zu den Kritikern gehörte auch Helmut Lenders. Er hatte an einem Memorandum mitgearbeitet, das Korrekturen des Gesetzentwurfes von Bundesinnenminister Lücke vorsah, der diesen Gesetzentwurf bereits u.a. mit Herbert Wehner abgestimmt hatte. Helmut Lenders gehörte zu einer Gruppe von Abgeordneten, die von den Bundestagsabgeordneten Kurt Gscheidle, Rudolf Kaffka, Hans Matthöfer und ihm angetrieben wurde, den Gesetzentwurf zur Notstandsverfassung u. a. hinsichtlich des Widerstandsrechts, der Koalitionsfreiheit und der Eindämmung der Dienstverpflichtungen zu verändern, womit sie auch in der SPD- Bundestagsfraktion einigen Erfolg hatten. [20]

62 von 202 sozialdemokratischen Bundestagsabgeordneten unterstützten das Memorandum der Abgeordnetengruppe. [21] Die Änderungsvorschläge waren so formuliert, dass es vielen Abgeordneten ermöglicht werden sollte, für die Regierung zu

stimmen. Mit ihren Änderungsanträgen hatten sich allerdings die Abgeordneten gegen die Kabinettsmitglieder und die SPD-Fraktionsspitze gestellt. [22)]

Helmut Lenders war in der Zeit, als er den Entwurf der Notstandsgesetze verändern wollte, Vorsitzender des Unterbezirks Düsseldorf der SPD und als Bundestagsabgeordneter auch Mitglied des Fraktionsvorstandes der SPD, also einer der Stützen der Großen Koalition. Mit seiner Kritik stellte er sich vor allem gegen seinen Fraktionsvorsitzenden Helmut Schmidt, der zusammen mit dem Fraktionsvorsitzenden der CDU/CSU – Fraktion, Dr. Rainer Barzel, einen Kompromiss ausgehandelt hatte. Helmut Schmidt hatte sich auch mit Herbert Wehner geeinigt, dem damals schon „starken" Mann der SPD.

Am 16.3. 1968 stimmte der Parteirat der SPD dem Entwurf zu. Auch auf dem SPD – Parteitag in Nürnberg 1968 errang der leicht geänderte Entwurf eine knappe Mehrheit [23)], nachdem Willy Brandt – wie auch vor der Bundestagsfraktion der SPD – mit einer Rede die Delegierten bzw. die Fraktionsmitglieder für die Notstandsgesetze gewonnen hatte. [24)]

Peter Merseburger schrieb in seiner Brandt-Biographie [25)]: „Vor allem seiner kämpferischen Rede ist es zu verdanken, wenn die Genossen Delegierten in der Meistersingerhalle die Bahn für die Notstandsgesetze schließlich freigeben." Brandt vertrat die Meinung, dass eine deutsche Notstandsregelung alliierten Notstandsbefugnissen vorzuziehen sei. Es sei besser, wenn die Deutschen sich selbst ein Regelwerk für den Notfall geben würden. Sie gewännen damit auch ein Stück Souveränität nach innen. [26)]

Brandts Rede trug „wesentlich dazu bei, die durch die Notstandsdebatte kritische Lage innerhalb der SPD zu entspannen." [27)]

Helmut Lenders hat im Mai 1968 in einem Rundschreiben an über 200 Bürgerinnen und Bürger, die ihm geschrieben hatten, seine Haltung zu den Notstandsgesetzen wie folgt dargestellt: „Betrachten sie bitte meine allgemein gehaltene Erklärung, warum ich wegen schwerwiegender Bedenken gegen einzelne Bestimmungen der Grundgesetzänderung und ihrer möglichen Rechtsfolgen für die Arbeitnehmer in der Dritten Lesung gegen die Notstandsverfassung gestimmt habe, als Antwort auf ihre Zuschriften. Mit diesem Votum haben wir uns nicht grundsätzlich gegen die Absicht des Deutschen Bundestages ausgesprochen, durch eigene Notstandsverfassung zur Sicherung der Rechtsstaatlichen Ordnung im Verteidigungsfalle die allgemeinen Vorbehaltsrechte abzulösen. Die Verabschiedung der Notstandsgesetze bedeutet keine unmittelbare Gefahr für die Demokratie und die Grundrechte des Bürgers.

Wir sind nur der Auffassung, dass einzelne Bestimmungen dazu führen können, dass unter veränderten politischen Voraussetzungen Rechte und Freiheiten insbesondere der Arbeitnehmer, die für deren gesellschaftlicher Behauptung von besonderer Bedeutung sind, durch staatliche Gewalt, über das zur Bekämpfung einer Gefahr notwendige Maß hinaus, eine Einschränkung erfahren. Ausdrücklich wenden wir uns gegen jene überspitzte Kritik, die behauptet, dass die jetzt verabschiedeten Grundgesetzänderungen mit dem Ermächtigungsgesetz von 1933 vergleichbar seien, dass diese Änderungen das Parlament entmündigen, die Gewerkschaften ihre Arbeit für die Interessen der Arbeitnehmer lahm legen und schlechthin das Ende der Demokratie bedeuten. Diese Art der Kritik findet in der jetzt verabschiedeten Notstandsverfassung keine Rechtfertigung."

Lenders bedauerte, dass nicht wenige Kritiker in der Art und Weise, wie sie ihre Meinung zum Ausdruck brachten, „weit über das hinausgegangen sind, was in einer Demokratie politisch und menschlich tragbar sein sollte: Wir sind der Meinung, dass dieser Stil der politischen Auseinandersetzung unsere Bemühungen um bessere Lösungen für die Notstandsverfassung nicht gerade gefördert hat." „Die Entscheidung ist nun gefallen. Wir respektieren diese Entscheidung und erkennen an, dass die Mehrheit der Bundestagsabgeordneten, die zugestimmt hat, aus ihrer Sicht der Verantwortung sicher auch überzeugende Gründe für die Verabschiedung der Notstandsverfassung gehabt hat. Zwischen Gesetzesvorlagen früherer Bundesregierungen und der jetzt verabschiedeten Notstandsverfassung ist ein großer und positiver Unterschied." [28]

Diese Stellungnahme wurde am 7.6.1968 in der „Westdeutschen Allgemeinen" veröffentlicht.

Anmerkungen
Fünftes Kapitel:

[1] Gunter Hofmann: Abschiede, Anfänge – Die Bundesrepublik – Eine Anatomie, München 2004, S.86
[2] ebd. S. 84
[3] Andreas Vogtmeier: Egon Bahr und die Deutsche Frage, Bonn 1996, S.53
[4] Willy Brandt: Erinnerungen, Frankfurt a. M., 3.Aufl. 1989, S. 73
[5] A. Vogtmeier: Egon Bahr, S. 62 / 63
[6] ebd. S. 137
[7] NL Box 14
[8a] Siehe Titelbild dieser Biographie: W. Brandt und H. Lenders fahren im Wahlkampf in einem offenen Wagen 1965 durch Düsseldorf. Das Photo hat mir freundlicher Weise der Bildjournalist Robert Graf von Norman aus Düsseldorf zur Verfügung gestellt!
[8b] Notiz H. Lenders: Ostpolitik als Friedenspolitik", o.D., Privatbesitz Inge Lenders
[9] Vertrag zwischen der BRD und der Volksrepublik Polen über die Grundlagen der Normalisierung ihrer gegenseitigen Beziehungen, Artikel I /Absatz 2
[10] ebd. Artikel III / Abs. 2
[11] NL Box 1 – 24
[12] ebd.
[13] ebd.
[14] Brief von H. Lenders am 30.11.1973 an S.E. Herrn Donald Bell Sole, Botschafter der Republik Südafrika, Köln, AdsD – FESt – SPD – Bundestagsfraktion, 5446 B
[15] Internet: Wikipedia Nelson Mandela (http://de.Wikipedia.org/wiki/NelsonMandela) 3.4.2008. Siehe auch Joel Joffe: Der Staat gegen Mandela, Berlin 2007
[16] H. Lenders: Brief an Botschafter Bell, siehe Anm. 14
[17] W. Brandt:Erinnerungen, S.436 – 448
[18a] Siehe Anm. 15
[18b] Michael Schneider: Kleine Geschichte der Gewerkschaften, S. 337
[19] M. Rupp: Troika wider Willen, Berlin 2004, S.149
[20] Michael Schneider: Kleine Geschichte der Gewerkschaften, 336 und: Demokratie in Gefahr? Der Konflikt um die Notstandsgesetze, S. 232
Karl Dietrich Bracher: Geschichte als Erfahrung, S.289/ 290: ..."als die Notstandsgesetzgebung in der Planung war, ...da war sie in der Tat haarsträubend. Der Notstand erschien als die Stunde der Exekutive... Das Parlament wäre mehr oder weniger ausgeschaltet worden... In jener Anfangszeit ist es nach meiner Auffassung richtig und unsere Pflicht gewesen, als Politikwissenschaftler auf diese Gefahren hinzuweisen.

[21] M.Schneider: Demokratie in Gefahr ?, S. 208
[22] ebd. S. 209
[23] Rupps: Troika wider Willen, S.149
[24] ebd. S.51
[25] Peter Merseburger: Brandt, S. 552
[26] ebd. S. 553
[27] ebd. S. 554

[28] NL, Box 18

Sechstes Kapitel
Vorsitzender des SPD – Unterbezirks Düsseldorf
1971 – 1983:
Die Arbeit an der Basis

„Das Ethos der Verantwortung und der Moral steht über dem der Ideologie."
H. Lenders, 1969 [1a]
„Allem voran ist es das Thema Arbeit, an dem wir uns zu bewähren haben. Arbeit im weitesten Sinne, in ihren ökonomischen, ökologischen und soziokulturellen Bezügen."
Helmut Lenders auf dem Unterbezirksparteitag 1983 in Düsseldorf [1b]
„Ohne die wohltuende Unterstützung von Helmut Lenders hätten sich viele Frauen bei uns nicht behaupten können"
Marie – Luise Smeets, ehemalige Oberbürgermeisterin von Düsseldorf [1c]
„Die von U Thant genannten Probleme – Wettrüsten, Umweltverschmutzung, Bevölkerungsexplosion und wirtschaftliche Stagnation – gelten vielfach als die wichtigsten und langfristigsten, die die Menschheit heute zu lösen hat."
Dennis Meadow, Die Grenzen des Wachstums [2a]

1. Dr. Josef Neuberger, Helmut Lenders' Vorgänger als Parteivorsitzender

Helmut Lenders wurde 1956 Mitglied der SPD. Als Bildungssekretär des DGB (1951 – 1959) und als 1. Vorsitzender des DGB – Kreises Düsseldorf (seit 1959) wurde er bekannt. 1961 kandidierte Helmut Lenders erstmals für den Deutschen Bundestag gegen den Handwerkspräsidenten Dipl. Ing. Georg Schulhoff (CDU), mit dem er sich menschlich gut verstand. Mit Dipl. Ing. Schulhoff verbrachte er „gemeinsame Jahre im Deutschen Bundestag, die jenseits aller Verschiedenheit der politischen Auffassungen

Abb. 6: H. Lenders, SPD, mit seinem Wahlkampfgegner, Handwerkspräsident Dipl. Ing. Georg Schulhoff, CDU
Amadeus Gummersbach, Düsseldorf

von einer Atmosphäre kollegialen Miteinanders geprägt waren", schrieb Schulhoff am 11.8.1992 an Helmut Lenders. [2b)]

1965, 1969, 1972 und 1976 wurde er im Wahlkreis Düsseldorf II mit Mehrheit in den Bundestag gewählt, 1969 mit 53,4%, 1972 mit 57,6% der Stimmen. Zuletzt, 1975, wählte ihn die Wahlkreiskonferenz der SPD für den Wahlkreis 75 in Düsseldorf in der „Alten Messe" mit 121 von 125 Stimmen zum Kandidaten für die Bundestagswahl 1976. Es gab nur 3 „Nein – Stimmen" und keinen Gegenkandidaten. [3)]

1963 war er bereits zum Stellvertretenden Vorsitzenden der SPD – Düsseldorf und 1971 zum 1. Vorsitzenden gewählt worden. Dieses Amt übernahm er von Josef Neuberger und hat es bis 1983 ausgeübt. Einem so großem Vorbild zu folgen war nicht leicht für Helmut Lenders.

Dr. Josef Neuberger (1902 – 1977) hatte in der Weimarer Republik in Düsseldorf eine „erstaunliche Bildungskarriere" hinter sich gebracht: Abitur, Studium der Rechts- und Staatswissenschaften, u. a. der Nationalökonomie. 1927 promovierte er über die „Verfassung der russischen föderativen Sowjetrepublik" und über „Die Hauptwanderung der Juden seit 1914" zum Doktor der Staatswissenschaften. Diese Arbeit hat er der Tochter der AWO – Gründerin, Charlotte Juchacz, gewidmet. [4]

Als jüdischer Sozialdemokrat, der 1920 in die SPD eingetreten war, hatte er es besonders schwer: 1933 erhielt er von den Nazis als Rechtsanwalt Berufsverbot, 1938 – in der sog. Reichskristallnacht – wurde sein Büro in der Schadowstrasse in Düsseldorf zerstört und er selbst in seiner Privatwohnung schwer verletzt. Daraufhin wanderte er über die Niederlande nach Israel aus, wo er als Anwalt arbeitete. 1950 kehrte er nach Düsseldorf zurück. 1956 wurde er Ratsherr und 1959 Landtagsabgeordneter. Von 1960 bis 1972 übernahm er Ämter in der SPD, von 1966 bis 1972 war er in Nordrhein – Westfalen Justizminister. Neuberger betätigte sich führend in der Jüdischen Gemeinde in Düsseldorf, zu der auch Helmut Lenders enge Kontakte hatte.

Der Vorsitzende des Zentralrats der Juden in Deutschland würdigte 2002 Lenders Verdienste.

1971 beschloss die SPD in Düsseldorf unter der Führung von Dr. Neuberger und seinem Nachfolger Helmut Lenders eine neue Parteisatzung, die „mehr innerparteiliche Demokratie" brachte, z.B. durch die Verlagerung von Initiativrechten und Verantwortung nach „unten." So erhielten z.B. auch Arbeitsgemeinschaften erstmals Antrags- und Beratungsrechte für die Unterbezirksparteitage.

Lenders hatte nach seiner Wahl zum 1. Vorsitzenden eine leitende und führende Funktion in der SPD im Großraum Düsseldorf, die auch eine starke von den Bürgern und Parteigenossen getragene Machtbasis für seine bundespolitischen Aktivitäten war. Er sorgte dafür, dass die Düsseldorfer SPD auf den Bundesparteitagen ihre Vorstellungen einbrachte. So z.B. auf dem

Mannheimer Bundesparteitag 1975 zum „Orientierungsrahmen 85." Zur Vorbereitung gab es einen Arbeitskreis, der parteiöffentliche Diskussionsveranstaltungen mit Horst Ehmke veranstaltete. Der Vorstand machte eine Klausurtagung und es wurde ein Unterbezirksparteitag abgehalten. Lenders stellte auf dem Bundesparteitag den Antrag, im Rahmen der wirtschaftlichen Strukturpolitik ständig „Subventionen" unter dem Gesichtspunkt der jeweiligen notwendigen Maßnahmen zu „überprüfen." Öffentliche Mittel müssten „zielorientierter" im Orientierungsrahmen „umgesetzt" werden. [5)]

Die Düsseldorfer Anträge wurden zu einem erheblichen Teil in Mannheim angenommen und sind Bestandteil des „Orientierungsrahmen 85" geworden. [6)]

Als Parlamentarischer Geschäftsführer der Bundestagsfraktion (1972 – 1976) hatte er Gelegenheit, die Parteispitze über die Düsseldorfer Vorschläge direkt zu informieren.

2. Das Godesberger Programm: Von der Arbeitnehmer- zur Volkspartei

In der Festschrift „Die Kraft einer großen Idee – 125 Jahre SPD" Düsseldorf (1988) schrieb Helmut Lenders: "Rückblickend auf die ersten Jahre in Düsseldorf erinnere ich mich hauptsächlich an die innerparteiliche Beschäftigung mit der Interpretation und den Auswirkungen des 1959 verabschiedeten ‚Godesberger Programms'." Die SPD könne „nur mehrheitsfähig" werden, wenn ein Reformbündnis zwischen Arbeitnehmern und neuen Mittelschichten (Beamte, Angestellte des Öffentlichen Dienstes und des privaten Dienstleistungsgewerbes, akademische Berufe,Studenten) zustande komme. Das machte er vor allem den Gewerkschaften klar, die „eine emotionale Verfremdung" der SPD und einen Verlust der klassischen Anliegen der Arbeitnehmer und Gewerkschaften in den wirtschafts- und sozialpolitischen Fragen befürchteten.

Lenders stellte heraus, dass er prinzipiell für eine marktwirtschaftliche Ordnung – wie das Godesberger Programm – eintrat. Aber er lehnte den neoliberalen Gedanken z. B. Friedrich

August von Hayek ab, dass der Markt ein wirtschaftspolitisches Ziel oder ein ethischer Wert an sich sei. Der Markt könne nicht von sich aus ein ausreichendes Auskommen garantieren.

Für ihn konnte der M a r k t m e c h a n i s m u s u.a. nicht über ausreichende Beschäftigungsmöglichkeiten zu jeder Zeit und in allen Regionen und Sektoren für die Arbeitnehmer sorgen. Der Markt war und ist auch nicht imstande, für relativ stabile Preise, eine gerechte Einkommens- und Vermögensverteilung, den Schutz der Umwelt, die Bereitstellung von Einkommen für Rentner, Kranke, Behinderte und Auszubildende und für die Erfüllung öffentlicher Aufgaben wie die Verteidigung, den Verkehr, die soziale Sicherung und die Ausbildung usw. zu sorgen. [7]

Lenders vertrat politische Positionen unideologisch aber nicht neutral. Er wollte den Menschen helfen, ihre Probleme zu lösen, und nicht stur eine parteipolitische Linie durchfechten. Abweichende Meinungen der Mitstreiter um den für die Bürger gerechtesten Weg versuchte er zu verstehen und zu verarbeiten. Mit wohl überlegten Argumenten ging er auf seine Gesprächspartner ein.

Auch mit Kommunisten in Düsseldorf setzte er sich engagiert und sachlich auseinander, wie der kommunistische Journalist Peter Baumöller in seinem Buch „es war nicht alles für die Katz. Geschichten aus heißen und kalten Kriegstagen" 1998 berichtete. [8] Das war in den sechziger und siebziger Jahren des 20. Jahrhunderts im sog. Kalten Krieg zwischen Ost und West nicht einfach, weil man schnell als Kommunist und Antidemokrat beschimpft wurde. Das konnte das Ende einer politischen Karriere bedeuten.

3. Lenders integriert die Jungsozialisten

Die Auseinandersetzung mit den Jungsozialisten in Düsseldorf war nicht leicht. Sie pflegten eine harte Gangart. Sie forderten u. a., die Jugend müsse ab und zu die Möglichkeit erhalten, „ihre Gedanken allein und konzentriert vorzutragen." Sie erkannten zwar in ihrem Geschäftsbericht von 1967/68 an, dass sie mit Geld und guten Worten von der Partei unterstützt würden. Um sich aber mehr Gehör zu verschaffen, versuchten sie, sich an der Partei vorbei zu profilieren. Sie hielten sich nicht immer an die Richtlinien der Partei. Sie wollten als „Arbeitsgemeinschaft" mehr Rechte in der Partei eingeräumt bekommen und versuchten, eine von der Partei abweichende Öffentlichkeitsarbeit zu machen. JUSO – Gruppen nahmen Einfluss auf bestimmte Ortsvereine der SPD in Düsseldorf, in dem sie den Ortsverein – aufgrund einer Ausnahmeregel – wechselten.

Lenders empfand die oft schwierigen Auseinandersetzungen mit den Jungsozialisten über Formen der innerparteilichen Demokratie, dem „Theoriebedürfnis" und die Reformpolitik durchaus produktiv. [9)] Es gelang ihm, die Konflikte friedlich zu lösen. Schwere „ideologische Fraktionskämpfe" [10)] machten die Jungsozialisten nicht glaubwürdiger und manchmal unfähig „sachlich miteinander umzugehen." [11 a)] Die verschiedenen Flügel der Organisation der Jungsozialisten haben sich gegenseitig lahm gelegt, vor allem wenn es um Posten ging. Es gab selbstkritische Jungsozialisten, die derartige Probleme eindämmten.

Trotzdem kam es 1970 zu einem Parteiordnungsverfahren gegen den Vorstand der Jungsozialisten im Unterbezirk Düsseldorf. Im Oktober 1971 konnte der Streit geschlichtet werden. Drei der fünf Mitglieder des Vorstandes der „Jusos" wurden später Mitglieder des UB-Vorstandes der SPD Düsseldorf und schließlich Abgeordnete im Landtag oder Bundestag.

Helmut Lenders, der schon in Düsseldorf an der „Basis" alle Hände voll zu tun hatte, ließ sich als Bundestagsabgeordneter in Bonn von drei jungen sozialdemokratischen Akademikern helfen und beraten. Für ihn arbeiteten Frank Bertsch, Christof Henn und für eine kurze Zeit Dr. Gerhard Eisfeld.

Als Parlamentarischer Geschäftsführer der SPD – Bundestagsfraktion organisierte er in Bonn z.B. mit Christof Henn Treffen von Bundestagsabgeordneten der SPD und der Parteiführung mit Schülerredakteuren aus dem gesamten Bundesgebiet. Es war u. a. der Versuch, 1968 rebellierende Schüler und Studenten für die Mitarbeit an der repräsentativen Demokratie der Bundesrepublik zurück zu gewinnen.

4. „Erheblicher Nachholbedarf" in der „Frauenpolitik"

Vom 2. bis 9.9. 1948 fand in Wuppertal die erste sozialdemokratische Frauenkonferenz statt, die sich nachdrücklich für die Gleichberechtigung der Frauen aussprach und u. a. auf das Recht der Frauen auf Arbeit und gleichen Lohn sowie auf das Recht auf Wohnraum auch für alleinstehende Frauen bestand. Vorbereitet wurde die Konferenz vor allem von Herta Gotthelf, die von 1946 bis 1958 Frauensekretärin beim Bundesparteivorstand der SPD war. Die Ergebnisse der Konferenz wurden anschließend in den Parlamentarischen Rat, der das Grundgesetz für die Bundesrepublik vorbereitete, von den Sozialdemokratinnen Dr. jur. Elisabeth Selbert (Berlin) und Friederike Nadig eingebracht. Frau Nadig stellte den Antrag, den Satz „Männer und Frauen sind gleichberechtigt" in das Grundgesetz aufzunehmen. Das ist dann auch im Artikel 3, Absatz 2 des Grundgesetzes geschehen. [11 b)]

Erst in den sechziger und siebziger Jahren bildete sich in der Bundesrepublik eine breite Frauenbewegung. Es waren vor allem junge Frauen, die Abitur hatten und studierten, die ihr Verlangen nach Emanzipation einer breiten Öffentlichkeit bekannt machen wollten. Alice Schwarzer, eine langjährige Freundin der französischen Existenzialistin Simone de Beauvoir, der damals bekanntesten Feministin, hat später mit ihrer Zeitschrift „Emma" wesentlich in Deutschland dazu beigetragen. [12)]

Wie kam es dazu? Die Veränderung der Gesellschaft durch eine Zunahme der Erwerbstätigkeit von Frauen, der Trend zur Kleinfamilie, die Zunahme alleinstehender Mütter, die Entlastung der Frau im Haushalt durch technische Geräte, eine qualifizierte Ausbildung, eine verstärkte Demokratisierung und eine sexuelle Liberalisierung schafften Frauen größere Freiheitsräume und führten zu einem neuen Rollenverhalten.

Zunächst formierten sich die Frauen eigenständig im Sozialistischen Deutschen Studentenbund (SDS). 1968 entstand in Berlin ein „Aktionsrat zur Befreiung der Frauen." In den siebziger Jahren wurde vor allem der Abtreibungsparagraph 218 diskutiert. In Frankfurt sprach sich eine Frauenaktion 70 gegen den § 218 aus mit der Erklärung: „Mein Bauch gehört mir." In der Illustrierten „Stern" gestanden 1971 einige Frauen, dass sie abgetrieben hätten. [13]

1975 gab es die ersten Frauenbuchläden in München und Berlin. In Köln, Bremen und Berlin entstanden „Frauenhäuser", u. a. Zufluchtsorte für geschlagene und misshandelte Frauen, die teilweise auch Gewalt in der Ehe erlebt hatten. In vielen Städten begannen sich die Frauen ebenfalls zu organisieren, auch in den politischen Parteien.

1971 gaben sozialdemokratische Frauen in Düsseldorf ihrer „Frauenarbeit" einen organisatorischen Rahmen: Sie gründeten die Arbeitsgemeinschaft sozialdemokratischer Frauen (AsF). Sie organisierten eigene Veranstaltungen. In den meisten Düsseldorfer SPD-Ortsvereinen hatte es die AsF schwer, genügend Resonanz z. B. für ihre Gleichstellungsforderungen – zu finden. Generations- und Mentalitätsunterschiede führten zu Konflikten. Auf eine Regelung zum Schwangerschaftsabbruch und auf eine kommunale Gleichstellungsstelle einigten sich die Frauen. Gestritten wurde über die Frage, ob und wie der „Internationale Frauentag" am 8. März begangen werden sollte.

Mehrere Jahre wurde aber über die Frage verhandelt, ob eine Quotierung des Frauenanteils bei Funktionen und Mandaten eingeführt werden sollte.

1971 kam allein Marlies Smeets als Schriftführerin in den „Geschäftsführenden Unterbezirksvorstand." Nur Helmut Lenders und der Kassierer bekamen bei der Wahl mehr Stimmen als Frau Smeets, die auch bei der Wahl der Delegierten zur Bezirkskonferenz der SPD mit am besten abschnitt. Sie war im Unterbezirksvorstand mit für die Ortsvereine – die kleinsten Arbeitseinheiten in der SPD – und die Organisationsstruktur zuständig. [14]

Von 1979 bis 1981 waren drei Frauen im 13-köpfigen Unterbezirksvorstand, 1981 wurde eine weitere Frau in den UB-Vorstand gewählt. Trotz dieser mangelhaften Repräsentation der Frauen wurde eine Quotenregelung zunächst von den Frauen abgelehnt. Ein zwingender Frauenanteil wurde als diskriminierend empfunden. Später, als diese Frage auf Bundesebene breit diskutiert wurde und die Frauen immer weniger mit der Entwicklung in Düsseldorf einverstanden waren, sprachen sich die Düsseldorfer Frauen aber für einen „ heilsamen Zwang .... für eine Übergangszeit bis zur selbstverständlichen Gleichstellung von Frauen aus." [15]

Lenders schrieb noch 1988 zur „Frauenarbeit" in der Partei: „ Trotz August Bebel („Die Frau und der Sozialismus") und des Einsatzes der SPD für das Frauenwahlrecht hat die Partei in ihrem Verhältnis zu Frauen in Politik, Gesellschaft und Familie, im Bezug auf patriarchalische Entwicklung nach wie vor einen erheblichen Nachholbedarf. [16]

Lenders selbst hatte sich „sehr für die Frauen eingesetzt ", wie die Ehrenbürgermeisterin von Düsseldorf, Marie – Luise Smeets (SPD) 2007 berichtete. Seine Frau Inge begleitete und förderte „seine politische Arbeit ein ganzes Leben lang mit großem Interesse." [17]

In einem Interview mit der WZ, das am 20.7.2007 veröffentlicht wurde, lobte Frau Smeets die Fairness innerhalb der Partei und zwischen den politischen Parteien in den achtziger und neunziger Jahren in Düsseldorf.

Ein Beispiel für faires Verhalten war es z. B., dass sie als Vertreterin eines Minderheitenvotums auf einem UB-Parteitag der SPD auf Vorschlag von Helmut Lenders als Delegierte für den Bundesparteitag gewählt wurde. Das war eine „Kultur des Umganges" (Smeets), die lobenswert war. [18]

5. Marie – Luise Smeets setzte sich durch

Marie–Luise Smeets, 1936 in Düsseldorf geboren, ist ein Beispiel dafür, wie sich eine Frau in der Düsseldorfer SPD durchsetzen konnte, trotz der „Interessenlagen der Genossen und deren Gewohnheiten", die „damals noch sehr dominierend waren." [19]

Frau Smeets war keine sog. Quotenfrau. Schon während ihrer Ausbildung als Industriekauffrau bei der Düsseldorfer Rheinbahn war sie die erste weibliche Auszubildende. 1957 trat sie der SPD bei. Bereits 1971 vertrat sie als Delegierte des Unterbezirks „Niederrhein" der SPD auf dem Außerordentlichen Bundesparteitag der SPD in Bonn die Interessen der Düsseldorfer SPD. Sie forderte – gegen den Vorschlag der Antragskommission des Bundesparteitages – ein Antragsrecht für die Arbeitsgemeinschaften auf den entsprechenden Organisationsebenen. Sie hielt die Arbeitsgemeinschaften für „wichtige Gruppen in der Partei." Smeets: "Sie müssen meines Erachtens im Interesse einer direkten Diskussion die Möglichkeit haben, ihre Meinungen durch ein direktes Antragsrecht auf der entsprechenden Organisationsebene zum Ausdruck zu bringen, ohne einen Umweg über andere Gliederungen machen zu müssen." [20)]

1964 begann die kommunalpolitische Laufbahn von Frau Smeets, u. a. als Sachkundige Bürgerin. 1969 wurde sie Mitglied des Rats der Stadt Düsseldorf, dem sie 35 Jahre angehörte. 10 Jahre (1984 – 1994) war sie Fraktionsvorsitzende der SPD im Düsseldorfer Rat. 10 Jahre bekleidete sie das Amt der Bürgermeisterin der Landeshauptstadt Düsseldorf. Von 1994 bis 1999 war sie Oberbürgermeisterin. Helmut Lenders begleitete sie über viele Jahre mit Sympathie auf ihrem Wege.

Am 16.12. 2004 wählte sie der Stadtrat zur ersten Ehrenbürgermeisterin der Landeshauptstadt Düsseldorf. Im April 2005 verlieh ihr der CDU – Oberbürgermeister Joachim Erwin offiziell die Ehrenoberbürgermeisterwürde.

Er hob hervor, dass Frau Smeets nie eine „Alibi – oder Quotenfrau" war. 1964 bekam sie den Ehrenring des Rats der Stadt Düsseldorf, Sie den „Jan–Wellem–Ring." Der Bundespräsident verlieh ihr 1983 bzw. 1998 das Bundesverdienstkreuz „am Bande" und „Erster Klasse."

Helmut Lenders bekam von der Stadt Düsseldorf und Marlies Smeets, dem DGB und der SPD Unterstützung für seine bundesweite Verbraucherschutzpolitik.

Hinsichtlich einer Aussöhnung mit Polen unterstützten Marlies Smeets und Helmut Lenders auf unterschiedliche Weise die Öffnung nach Osten.

Marlies Smeets ehrte den polnischen Professor Dr. Wladyslaw Bartoszewski. Er bekam 1996 den Heinrich Heine Preis der Stadt Düsseldorf. Er wurde geehrt als Historiker, Publizist und als ehemaliger Außenminister der Republik Polen. Er war von den Nationalsozialisten und Kommunisten verfolgt worden. Besonders hob Frau Smeets seine Verdienste um die polnisch – deutschen Beziehungen im Rahmen einer gesamteuropäischen Verständigung hervor.

Helmut Lenders beteiligte sich als Bundespolitiker in Bonn an der Vorbereitung des Warschauer Vertrags und sammelte anlässlich einer Geburtstagsfeier privat Geld für eine Schule in Polen.

Helmut Lenders und Marlies Smeets haben vorgelebt, wie in einer Demokratie Politik von den Staatsbürgerinnen und Staatsbürgern in einer Stadt und von der zentralen Regierung mit gleicher Zielsetzung in guter Abstimmung – wenn auch unterschiedlich – gestaltet werden kann. Die Bedeutung der Städte für die europäische Verständigung nach dem 2. Weltkrieg ist nicht zu unterschätzen. Die zahlreichen Städtepartnerschaften sind von Bedeutung für das zukünftige weitere Zusammenwachsen der europäischen Staaten in der EU, für die weltweite Klimapolitik und u. a. für die Arbeitsmarkt- Kultur- und Freizeitpolitik.

6. Gibt es in Zukunft noch eine Vollbeschäftigung?

„Der technische Fortschritt führt zu einem immer hektischeren Wettlauf zwischen Hase und Igel – ein Arbeitsplatz wird neu geschaffen, drei vernichtet. Die makroelektronische Vernichtungsmaschinerie lebendiger Arbeitskraft ist immer schon am Ziele angekommen. Ernst zu nehmenden Analysen zu folge würde die konsequente Anwendung des höchsten Standes der heute verfügbaren Technik 9 Millionen Arbeitskräfte in Deutschland „freisetzen", bei 33 Millionen bestehenden Arbeitsplätzen also zu einer Arbeitslosigkeit von 38% führen. Selbst wenn diese Zahlen übertrieben sein sollten, ist die damit bezeichnete Tendenz doch nicht zu bezweifeln." (Oskar Negt, 1998) [21 a)]

1973/74 fanden in Düsseldorf vier Unterbezirksparteitage statt, die sich schwerpunktmäßig mit der Kommunalpolitik beschäftigten. Die Steuereinnahmen der Stadt reichten nicht mehr aus, um alle Aufgaben einer Großstadt erfüllen zu können: hierzu gehörten wachsende Umweltprobleme, Verkehrsfragen, ein wachsender Bedarf an Wohnungen, Freizeitprobleme und die öffentliche Daseinsvorsorge für sog. Problemgruppen des Arbeitsmarktes.

Im 1974 verabschiedeten kommunalpolitischen Grundsatzprogramm der SPD Düsseldorf bekam der Umweltschutz ein zunehmendes Gewicht.

Außerdem spielte die Frage der Vollbeschäftigung eine Rolle. Helmut Lenders hatte sich damit schon 1949 beschäftigt und intensiv die Studie „Das Problem der Vollbeschäftigung" von Joan Robinson studiert. Vollbeschäftigung wurde im „Godesberger Programm" der SPD 1959 gefordert. Die Sozialdemokraten waren der Meinung, „die zweite Industrielle Revolution schaffe Voraussetzungen, den allgemeinen Lebensstandard stärker als bisher zu erhöhen und die Not und das Elend zu beseitigen, die noch immer viele Menschen bedrücken." „Die Wirtschaftspolitik könnte auf der Grundlage einer stabilen Währung die Vollbeschäftigung sichern", die volkswirtschaftliche Produktivität steigern und den allgemeinen Wohlstand erhöhen.

Lenders teilte zunächst diesen Optimismus. Er glaubte, durch neue Umwelttechnologien würden genügend Arbeitsplätze geschaffen, um die hinwegrationalisierten Plätze zu ersetzen. 1983 hat sich Lenders in seinem Bericht an den Unterbezirksparteitag in Düsseldorf kritisch mit den wirtschaftspolitischen Zielen des Godesberger Programms auseinandergesetzt: „Ich glaube, dass Vollbeschäftigung im klassischen Sinne angesichts der technologischen Schübe, die wir z. Zt. unter dem Stichwort Mikroelektronik erleben, nicht wieder herzustellen ist. Was außerdem zu unseren bisherigen Vorstellungen dazukommen muss, um die Ausgrenzung von Menschen aus unserer Gesellschaft durch Arbeitslosigkeit zu überwinden...., das ist die eigentliche gesellschaftspolitische Aufgabe, vor der wir stehen. Ich bin sicher, dass die Düsseldorfer Partei zu diesen zentralen Fragen ihre Beiträge liefern wird." [21 b])

Lenders las in den letzten Jahren seines Lebens verstärkt Aufsätze und Bücher, die sich mit dem Abbau von Arbeitsplätzen beschäftigten. So z. B. das Buch von Johano Strasser „Wenn der Arbeitsgesellschaft die Arbeit ausgeht." Wegen dieser sich abzeichnenden Entwicklung wollte Lenders die Volkswirtschaft so organisieren, dass möglichst viele Arbeitnehmer beschäftigt werden können. Wichtig waren für ihn der faire Wettbewerb, Investitionskontrollen und Kontrollen marktbeherrschender Kräfte. Lenders vertrat offensiv folgende Thesen im Godesberger Programm: „Jede Zusammenballung wirtschaftlicher Macht, auch die in Staatshand, birgt Gefahren in sich. Deshalb soll das Gemeineigentum nach den Grundsätzen der Selbstverwaltung und der Dezentralisierung geordnet werden. In seinen Verwaltungsorganen müssen die Interessen der Arbeiter und Angestellten ebenso wie das Öffentliche Interesse und das der V e r - b r a u c h e r vertreten sein."

Allerdings war die Rolle des Verbrauchers für das Funktionieren der sozialen und ökologischen Marktwirtschaft für Lenders von größerer Bedeutung, als sie im „Godesberger Programm" ihren Niederschlag fand. Vor allem die Unterstützung des Verbrauchers durch die Förderung eines wirksamen Wettbewerbs brachte Lenders auf die Tagesordnung der Partei, der Fraktion und des Parlaments. Ein Beispiel hierfür ist das „Textilkennzeichnungsgesetz", dem ersten größeren Verbraucherschutzgesetzes, das vom Deutschen Bundestag 1969 angenommen wurde.

7. Energiepolitik: Haben die Atomkraftwerke noch eine Zukunft?

Energiepolitik hatte für Helmut Lenders selbstverständlich eine zentrale Bedeutung, hängen von ihr doch das Wirtschaftswachstum, die Arbeitsplätze, der Umweltschutz und die Sicherheit der Menschen ab.

Für ihn ging es vor allem um eine angebotsorientierte Energiepolitik. Sie fragt, wieviel Energie steht uns in Deutschland zu welchen Bedingungen zur Verfügung? So sollten vor allem die ökologischen Gesichtspunkte (Verstrahlungsgefahr, Reaktorsicherheit) angemessen berücksichtigt werden. Da die Energiewirtschaft in der Bundesrepublik nicht wie in Frankreich und Italien verstaatlicht ist, muss der Staat regulativ in die soziale Marktwirtschaft eingreifen, wenn z. B. Schäden und Gefahren Bürgerinnen und Bürgern drohen.

Deutschland musste die Energieversorgung 1992 mit 41,5% Mineralöl (Neue Länder 29,2%) und 18 % Erdgas (Neue Bundesländer 29,2%) sichern, vor allem mit Rohstoffen aus dem Ausland. Es gibt nur wenige eigene Energiequellen in lohnenswerten Umfang wie z. B. Steinkohle, Braunkohle, Kernenergie, während Solarenergie, Wind und Biomasse erst noch richtig erschlossen werden mussten. Dadurch blieb es bei der starken Abhängigkeit von Mineralöl und Erdgas.

Bereits 1973 und 1979 kam es in der Bundesrepublik zum ersten Ölpreisschock und zu Autofahrverboten an Sonntagen. Die ersten Bürger zogen daraus Konsequenzen: Sie siedelten sich in der Nähe von öffentlichen Verkehrsmitteln (Bahnhöfen und Bushaltestellen) an und versuchten auf unterschiedliche Weise Energie zu sparen.

Die SPD in Düsseldorf beschäftigte sich auf mehreren Unterbezirksparteitagen mit der zukünftigen Energiepolitik: mit erneuerbaren Energien, Kohle und vor allem Kernenergie. Dabei ging es um den steigenden Energiebedarf in der Bundesrepublik, die Energiepreise, Arbeitsplätze und vor allem um den Umweltschutz. Im Vordergrund stand die Reaktorsicherheit. Diskutiert wurde über den Reaktorunfall in Harrisburg/ USA und die Entsorgungsproblematik bei radioaktiven Abfällen.

1977 diskutierte die Düsseldorfer SPD auf einem Parteitag vier Stunden über die Energieprobleme. Die SPD beschloss mit Mehrheit, keine neuen Genehmigungen zum Bau von Kernkraftwerken zu erteilen. Der Beschluss wurde an den Hamburger Bundesparteitag der SPD, an die SPD – Bundestagsfraktion und an die Bundesregierung gerichtet.

Gefordert wurde auch ein Exportverbot für Atomkraftwerke und die dazugehörigen Technologien. Die im Bau befindlichen Kenkraftwerke sollten nur eine Betriebsgenehmigung nach Klärung der Lagerung der abgebrannten Elemente erhalten. Das bedeutete eine Denkpause für Atomkraftwerke in der Bundesrepublik Deutschland. [22)]

Helmut Lenders hat mehrere Bundestagsanfragen zur Reaktorsicherheit von Mülheim-Kärlich bei Koblenz gestellt. Sein Assistent Christof Henn, der eine Diplomarbeit über Mülheim – Kärlich geschrieben hat, beriet ihn eingehend.

Am 16.7. 2004 –über 2 Jahre nach Helmut Lenders Ableben – hat das zuständige Ministerium für „Umwelt und Forsten" in Rheinland – Pfalz die Genehmigung für die Stilllegung und die erste Abbauphase des Kernkraftwerks Mülheim – Kärlich erteilt. Das Kernkraftwerk war ins Gerede gekommen, weil es in einem Erdbebengebiet liegt. Zuletzt gab es Beben am 13.4.1992 und am 3.8.2007 mit 5,9 bzw. 3,9 auf der Richterskala.

8. Kampf gegen den Rechtsextremismus

Am 23.10.1952 wurde vom Bundesverfassungsgericht die Sozialistische Reichspartei (SRP) für verfassungswidrig erklärt. Diese rechtsradikale Partei hatte vor allem in Norddeutschland Erfolg. Sie vertrat nationalsozialistisches Gedankengut von Hitlers NSDAP.

Dieses Gerichtsurteil war unter den Demokraten umstritten. Es erhob sich die Frage, ob es für eine Demokratie wirkungsvoller sei, eine verfassungsfeindliche Partei zu verbieten oder sie offen zu bekämpfen. Aus rechtsstaatlichen Gründen war es aber klar, sobald ein Kläger auftrat, der ausreichendes verfassungsfeindliches Material vorlegt, musste die beklagte Partei vom Bundesverfassungsgericht für verfassungswidrig erklärt werden.

Die Rechtsradikalen, die aus dem Urteil gelernt hatten, gingen in den sechziger und siebziger Jahren des 20. Jahrhunderts hinsichtlich des Umgangs mit unserer Verfassung geschickter vor: Sie gründeten am 28.11. 1964 in Hannover eine neue rechtradikale Partei, die Nationaldemokratische Partei Deutschlands (NPD), die von 1967 bis 1971 von Adolf von Thadden geleitet wurde. Er hatte für die NPD einige Tausend Rechtsradikale gewonnen. 70 Splittergruppen sammelten sich in der NPD, darunter auch Mitglieder der verbotenen SRP. Die Partei versuchte, ein Sammelbecken für „antiliberale und autoritäre politische Haltungen" zu werden. Sie profitierte von der zunehmenden Arbeitslosigkeit unter der Grossen Koalition (1966 -1969) unter der Führung von Bundeskanzler Dr. Kurt Georg Kiesinger (CDU). Diese nationale Rechtspartei hatte ein geschätztes Wählerpotential von ca. 15 % in der Bundesrepublik Deutschland. [23]

1966 erreichte sie in Hessen 7,9% und in Bayern 7,4% der Stimmen bei Landtagswahlen. 1967 zog sie auch in die Landtagsparlamente von Schleswig – Holstein 5,8 %, Rheinlandpfalz 6,9 %, Niedersachsen 7,0 % und Bremen 8,8% ein. 1968 erhielt sie in Baden-Württemberg 9,8 % bei den Landtagswahlen. [24]

Bundeskanzler Kurt Georg Kiesinger lehnte einen Verbotsantrag beim Bundesverfassungsgericht ab, den der Bundesinnenminister Ernst Benda (CDU) vorgeschlagen hatte. Kiesingers Entscheidung, dessen Kanzlerschaft für den angesehenen Existenzphilosophen Karl Jaspers „eine Beleidigung" war [25], wurde so gedeutet, dass sich Kiesinger nicht mit den Nationaldemokraten anlegen wollte. Das machte den Ex-Nazi bei einigen Bürgern verdächtig.

Heinrich Böll, einer der damals bekanntesten deutschen Schriftsteller, vertrat die Ansicht, „die deutsche Presse in ihrer Gesamtheit hätte diesen Kanzler Kiesinger verhindern müssen." [26]

Als die Bundestagswahl 1969 bevorstand, wuchs die Nervosität auch in Düsseldorf. Die NPD hatte für den 19.7.1969, 18.00 Uhr, die Rheinhalle in Düsseldorf für eine Großkundgebung gemietet, um für die Bundestagswahl Stimmen einzufahren. Eine Klage der Stadt Düsseldorf gegen diese Kundgebung der NPD vor dem Bundesverwaltungsgericht blieb ohne Erfolg.

Der DGB rief unter dem Vorsitz von Helmut Lenders, der auch Bundestagsabgeordneter war, zu einer Gegendemonstration am 19.7.1969 um 14.00 Uhr ebenfalls in der Rheinhalle auf. Das Motto dieser Veranstaltung lautete: „Gegen den Rechtsradikalismus." Helmut Lenders rief auf Flugblättern „die gesamte Bürgerschaft zur Teilnahme auf: „Wir müssen den neonazistischen und rechtsradikalen Charakter der NPD deutlich machen, Düsseldorf hat dem Rechtsradikalismus eine Antwort zu geben." [27]

Rund 1500 Düsseldorfer kamen am 19. Juli zur Kundgebung des DGB. Sie unterstützten die Aussagen des früheren Düsseldorfer Oberstadtdirektors Dr. Walter Hensel, der am Vorabend des 20. Julis (20. Juli 1944 war das Attentat auf Adolf Hitler) mahnte: „Draußen, jenseits unserer Grenzen, hat man weniger vergessen, wie viel Unheil, Not und Elend durch den Nationalsozialismus und Rassismus in die Welt gekommen sind. "Der Vertreter des DGB – Bundesvorstandes, Gerd Muhr, forderte die Versammlung auf: „Bildet Initiativausschüsse gegen die NPD! Bleibt Demokraten und sorgt für eine stabile und fortschrittliche Politik in der Bundesrepublik." [28]

Helmut Lenders schloss um 15.15 Uhr die Veranstaltung. Zu dieser Zeit kursierten schon Handzettel mit der Aufforderung, im Saal zu bleiben. Etwa 1000 Teilnehmer der Kundgebung, darunter Kommunisten, folgten dieser Aufforderung. Sprechchöre riefen: „Damit der Adolf hier nicht hetzt, bleibt die Halle jetzt besetzt." [29]

Um 17.30 schlug der DKP-Funktionär und Mitglied des Kreisvorstandes des DGB in Düsseldorf, Peter Baumöller, vor, einen Marsch zum Schadowplatz zu machen. Er hatte die Gegenkundgebung im DGB – Vorstand u. a. angeregt. [30]

Baumöller schrieb 1998 in seinen Erinnerungen ausführlich über diese teilweise tumultartige Auseinandersetzung in der Düsseldorfer Rheinhalle zwischen Anhängern der NPD und der Kommunisten und „Linken."

Der Kommunist Peter Baumöller respektierte den Sozialdemokraten Helmut Lenders, den er aus seiner Gewerkschaftsarbeit kannte und den er wegen seiner Kompetenz und menschlichen Qualitäten außerordentlich schätzte. Baumöller kam am 20.1.2002 im Rollstuhl zur Beerdigung von Helmut Lenders.

Die Bemühungen, den Einzug der NPD in den Deutschen Bundestag zu verhindern, hatten Erfolg. Im Stuttgarter Programm der NPD hatten sie u.a. gefordert:

- keinen Verzicht auf geraubtes deutsches Land,

- keine völkerrechtliche Anerkennung der „DDR",
- keine deutsche Unterschrift unter den Atomvertrag [31 a)]

Die NPD erhielt bundesweit 1969 4,3%, 1972 bei der vorgezogenen Bundestagswahl nur 0,6%, 1976 sogar nur 0,3%. Mit der Wahlniederlage von 1969 begann ein jahrzehntelanger Niedergang der NPD. Das hatte mehrere Gründe. Es lag einmal an den innerparteilichen Richtungskämpfen bei der NPD.

Hinzu kam dass die CDU/CSU, die ab 1969 in Opposition gegenüber der sozial-liberalen Bundesregierung war, nach rechts rückte und so für einige NPD-Anhänger attraktiver wurde, die z.B. mit Hilfe der CDU/CSU Bundeskanzler Brandt stürzen wollten. [31 b)]

Außerdem setzte 1968 ein erneuter Wirtschaftsaufschwung ein. Die Wirtschaftspolitik von Bundeswirtschaftsminister Prof. Karl Schiller (SPD) und von Bundesfinanzminister Franz-Josef Strauß (CSU), kurz „Plisch und Plum" genannt, war erfolgreich.

1990, nach der Wiedervereinigung Deutschlands, hat die NPD vor allem in Sachsen wieder an Boden gewonnen. Ihr gelang das mit einem „revolutionärem antikapitalistischen" Programm. Vor der Wiedervereinigung hatte sie das mit einer „konservativ – antikommunistischen" Politik versucht. [32)]

9. Die Kunst des Kompromisses: Gibt es ein imperatives Mandat?

Es war eine der Aufgaben des Unterbezirksvorstandes der SPD in Düsseldorf, darüber zu wachen, dass die kommunalpolitischen Parteitagsbeschlüsse von der SPD- Ratsfraktion beachtet und im Rahmen der politischen Möglichkeiten umgesetzt wurden. In welchem Umfang das jeweils konkret geschehen konnte, darüber gab es zwischen der Partei (dem Unterbezirksparteitag), der Fraktion im Rat der Stadt Düsseldorf und innerhalb des Unterbezirksvorstands Meinungsverschiedenheiten.

Eine kontroverse Debatte gab es z. B. über den Verwaltungsneubau der Mannesmann AG. Hierfür sollten denkmalwürdige Jugendstilhäuser abgerissen werden. Auf diese Weise wollte die Leitung Arbeitsplätze sichern und bessere Arbeitsbedingungen schaffen.

Die Mehrheit der Partei hatte die Baumaßnahme abgelehnt. In der SPD- Ratsfraktion aber stimmten einige Mitglieder im Rat für die Baumaßnahme. Sie missachteten somit die Empfehlung der Partei (Parteitagsbeschluß) und unterstützten das Votum von CDU und FDP.

Das hatte noch ein „Nachspiel." Im April 1974 wurde das Verhalten einiger Ratsherren auf einem UB-Parteitag diskutiert. Der Antrag einiger Delegierter, die Minderheit der SPD- Ratsherren zu rügen, weil sie sich nicht an einen UB-Parteitagsbeschluß gehalten hatte, wurde abgelehnt.

Helmut Lenders, der UB-Vorstand sowie die Mehrheit des UB-Parteitages gingen dabei von dem Grundsatz aus, „die Ratsfraktion nicht …. in jeder ihrer Einzelentscheidungen an Parteitagsbeschlüsse zu binden." „Solche Meinungsverschiedenheiten" – so Lenders – „sind doch Ausdruck eines natürlichen Spannungsverhältnisses zwischen der Richtlinienfunktion der Partei und der Notwendigkeit für die Fraktion, sich unter tagespolitischen Aspekten im Rahmen bestimmter Mehrheitsverhältnisse entscheiden zu müssen." [33]

Lenders war natürlich bekannt, dass der Abgeordnete nach Artikel 38 des Grundgesetzes der Bundesrepublik Deutschland sich auf sein Gewissen berufen kann. Abweichende Voten sind daher möglich. Hierüber sollte aber der Partei Rechenschaft abgelegt werden, der ein Abgeordneter mehr oder weniger sein Mandat verdankt, vor allem wenn er über die Wahl – Liste der Partei ins Parlament gekommen ist. Nach Artikel 21 des Grundgesetzes wirken die Parteien an der Willensbildung des Volkes mit. Zwischen Artikel 38 und 21 gibt es ein Spannungsverhältnis. Im Konfliktfall neigen die Gerichte dazu, zugunsten des Artikels 38 zu entscheiden. Wenn eine Partei mit dem Stimmverhalten eines Abgeordneten nicht einverstanden ist, bleibt die Möglichkeit, ihn als sog. Abweichler bei der nächsten Kandidatenaufstellung für eine Wahl nicht wieder zu berücksichtigen.

Helmut Lenders sah seine Funktion als 1. Vorsitzender der SPD in Düsseldorf darin, neben der Leitungsfunktion auch eine I n t e g r a t i o n s f u n k t i o n auszuüben. Wenn eine Entscheidungsfindung schwierig wurde, bevorzugte Lenders – bevor er abstimmen ließ – eine ausführliche Diskussion, um eine Annäherung der Standpunkte zu erzielen, einen Kompromiss. Da im UB-Vorstand z. B. 1975 der Oberbürgermeister, Fraktionsvorsitzende und vier Mitglieder der Ratsfraktion vertreten waren und kommunalpolitische Sachthemen regelmäßig Bestandteil der Tagesordnung waren, konnten manchmal Konflikte schon im Vorfeld vermieden werden.

Kontrovers wurden in Vorstandssitzungen u. a. Themen wie die Neuabgrenzung der SPD – Ortsvereine, die Organisation z.B. einer politischen Bildungsreihe, die Einladung der Bundesvorsitzenden der Jungsozialisten und die Notwendigkeit eines außerordentlichen Parteitages zum Thema „innerparteiliche Demokratie" zu Beginn der siebziger Jahre diskutiert.

Helmut Lenders löste mit Ausdauer, Energie, einer gewissen Gelassenheit und aufgrund seiner intellektuellen Fähigkeit diese Konflikte, manchmal auch mit Humor und ironischen Bemerkungen. Am Ende gab es zwar manchmal noch unterschiedliche Meinungen. Helmut Lenders' geschicktes Vorgehen wurde aber menschlicher Respekt entgegengebracht, innerhalb und außerhalb der Partei.

Anmerkungen
Sechstes Kapitel:

[1 a)] NRZ, 18.11.1985
[1 b)] H. Lenders in: Die Kraft einer großen Idee, S. 189
[1 c)] Marie – Luise Smeets in einer Trauerrede am 28.1.2002, S.6 – Im Privatbesitz von Inge Lenders.
[2 a)] Dennis Meadows: Die Grenzen des Wachstums – Bericht des Club of Rome zur Lage der Menschheit, Hamburg 1973, S. 11
[2 b)] Brief von Georg Schulhoff /CDU) an Helmut Lenders am 11.8.1992, Privatbesitz Inge Lenders
[3)] Protokoll des UB – Parteitages vom 16.1.1976, Box 1 -24, AdsD – FESt und Bonner Almanach 1973, S. 335
[4)] Morgner, Franz /Kussmann, Andreas (HG): Die Kraft einer großen Idee, Düsseldorf 1988, S. 147
[5)] Protokoll des Mannheimer Parteitags vom 11. – 15.11 1975, S.47
[6)] H. Lenders in der Einladung zum UB – Parteitag am 4.6.1977, Bericht des Vorstands S. 9
[7)] so auch Ludwig Bußmann: Vom rheinischen Kapitalismus zur Berliner Neuen Mitte, Marburg 2 000, S.264 – 267, Hg von Jens, Uwe/Romahn, Hajo
[8)] Baumöller, Peter: ...es war nicht alles für die Katz..., Düsseldorf 1998, S.177,189 mit einer handschriftlichen Widmung: „Dem lieben Helmut, von dem ich unendlich viel gelernt habe ; an den ich mich immer gut erinnern werde ." P.B. 1.12.1998
[9)] H. Lenders in: Die Kraft einer großen Idee, S. 185
[10)] ebd. S. 186
[11 a)] ebd. S. 186
[11 b)] Zur Wuppertaler Konferenz 1948 siehe Vorwärts, Juli/August 2008, S.27/28
[12)] Görtemaker, Manfred: Geschichte der BRD, Frankfurt a. M. 2004, S.634
[13)] ebd.,S. 635
[14)] Protokoll des UB – Parteitages vom 19.5.1971, NL Box 13
[15)] H. Lenders in: Die Kraft einer großen Idee, S. 187
[16)] ebd. S. 186
[17)] Marlies Smeets, Rede am 28.1.2002, S.5, Privatbesitz I. Lenders
[18)] Gespräch des Autors mit Frau Smeets am 12.7.2007 in Düsseldorf
[19)] M. Smeets, Rede am 28.1. 2002, S. 5/6
[20)] Außerordentlicher Parteitag der SPD vom 18. – 20. 11. 1971 in Bonn, Protokolle S.172
[21a)] Oskar Negt: Warum SPD – 7 Argumente für einen nachhaltigen Macht- und Politikwechsel, 1998, S. 43, Die Schrift hat Lenders gründlich durchgearbeitet u. mit Anmerkungen versehen.
[21b)] H. Lenders in: Die Kraft einer großen Idee, S.189

22) H. Lenders: Gedanken zur Zeit, Düsseldorf 1971 – 1983: Bericht des Vorstandes- und in: Die Kraft einer großen Idee, S.184 u. RP vom 12.9.1977: Gegen neue Kraftwerke!
23) Maier / Bott: Die NPD – Struktur und Ideologie einer nationalen Rechtspartei, München 1968, S.8 und G. Berndt / R. Strecker: Polen ein Schauermärchen, 1971, S. 46
24) ebd. S. 7
25) Ziegler, Gerhard in Sternburg, W.v. (Hg): Die Deutschen Kanzler – von Bismarck bis Merkel, Berlin 2. Aufl., S. 555 – 557
26) ebd. S. 556
27) NRZ 12.7. 1969
28) RP 21.7. 1969
29) Baumüller, Peter: ...es war nicht alles für die Katz...", S.187
30) ebd., S.187
31a) NPD Kurier III/1969
31b) Staud, T.: Moderne Nazis – Die neuen Rechten und der Aufstieg der NPD, Köln 3.Aufl. 2006, S.34 – 38
32) ebd. S. 68
33) H. Lenders auf dem UB – Parteitag der SPD am 28.6.1975: Zur Arbeit des UB – Vorstandes, NL Box 13

Siebtes Kapitel
Der konstruktive Kritiker (1969 – 1984)

„*Echte Kritik ist Hoffnung*"
Rudolf Naujok [1)]

Helmut Lenders unterstützte – konstruktiv aber auch kritisch – führende Politiker wie Willy Brandt, Helmut Schmidt und Herbert Wehner, damit sie ihre Ziele durchsetzen konnten ! Nicht nur als Vorsitzender des SPD – Unterbezirks Düsseldorf vertrat er öffentlich und in Beratungen auch eigene Standpunkte. Er legte sich zum Beispiel mit der Automobilindustrie an, hinterfragte die Sicherheit des Atomkraftwerks Mülheim-Kärlich bei Koblenz, setzte sich mit der Kritik an den Ladenschlusszeiten auseinander und war gegen den Ausschluss des Düsseldorfer Sozialdemokraten Karl-Heinz Hansen aus der SPD.

1. Kritik an der Autowerbung

„*Gesellschaftliche Veränderungen beginnen bei den Kleinigkeiten.*" [2)]
Helmut Lenders 1973 zur Autowerbung

In einer Studie des Deutschen Verkehrssicherheitsrats über die deutsche Automobilwerbung war von Psychologen zu Beginn der siebziger Jahre nachgewiesen worden, dass Auto-Produzenten mit „Sportlichkeitswerbung" selbst relativ sicherheitsbewusste Autofahrer zu risikofreudigem, unfalltüchtigem Fahren verleiten könnten. Die Straße sei keine Rennpiste!

Opel, BMW und VW hatten nach Ansicht von Lenders Autowerbeanzeigen veröffentlicht, die zu sportlich formuliert waren wie z.B. „BMW lebt mit dem Motorsport." Opel schwärmte: „Der Ascona, sportlich ab Werk." VW gab seinen Autos die Namen von den lebhaften Winden „Passat" und „Blizzard", die falsche Vorstellungen wecken konnten. Lenders vertrat die Meinung, dass gesellschaftliche Änderungen bei Kleinigkeiten anfangen.

Er griff dieses Problem im Bundestag auf und fragte am 21.09. und auch 03.10.1973 die Bundesregierung, wie sie die Ergebnisse dieser Trendanalyse zur deutschen Automobilwerbung bewerte und was sie dagegen tun werde.

Die Bundesregierung erklärte hierzu am 21.9. 1973, sie habe unter andern im Unfallverhütungsbericht 1971 darauf hingewiesen, dass die heute noch von einzelnen Automobilherstellern betriebene „sportliche Werbung" nicht vereinbar ist mit dem „Leitbild des erfahrenen Kraftfahrers, der sich im Straßenverkehr partnerschaftlich gelassen und rücksichtsvoll verhält und unnötige Risiken meidet."

Die von der Automobilindustrie organisierte Selbstkontrolle unterstütze die Bemühungen der Bundesregierung. Außerdem war vorgesehen, dass im Programm zur Verbesserung der Sicherheit im Straßenverkehr die Bundesregierung hierzu eindeutig Leitlinien festlegen wollte. Auch sollten höhere Mittel für die Verkehrserziehung eingesetzt werden. Falls das alles nicht ausreichte, war die Bundesregierung bereit, zu prüfen, ob „eine gesetzliche Einschränkung dieser zu beanstandenden Werbeaussagen anzustreben ist."

Lenders fragte weiter, welche Wirkung – nach Auffassung der Bundesregierung -eine besonders sportliche Aufmachung von Kraftfahrzeugen auf das Fahrverhalten habe: z. B. eine.Kriegsbemalung wie Rallyestreifen, schwarze Motorhauben, Spiegelbeschriftung, „Turbo 2002" am Spoiler. [3]

Hierzu erklärte die Bundesregierung, ob es einen nachweisbaren Zusammenhang zwischen „sportlicher" Aufmachung des Fahrzeuges und dem Unfallgeschehen gäbe, müsse noch abschließend von Experten untersucht werden.

Für diese und andere Fragen wurde Lenders von der Wirtschaftswoche in einem Artikel mit der Überschrift „Verzicht auf Kriegsbemalung" vom 19.10.1973 als „spießiger Einzelkämpfer" bezeichnet, der befürchtete, die Deutschen könnten die Straße mit einer Rennpiste verwechseln. [4]

Das Thema „Sicherheit im Auto" hatte der „Spiegel" 1973 aufgegriffen mit der Frage, wird sie von der Industrie gebremst ? [5]
Lenders wurde aufgrund seiner parlamentarischen Anfragen zur Autowerbung fälschlicherweise als Autokritiker bezeichnet. Ihm ging es aber vor allem um die Sicherheit im Autoverkehr und um den Umweltschutz.

Lenders sagte zur Kritik an der von ihm beanstandeten Autowerbung: "Die Branche kann ruhig über mich lachen." [6]

Er hatte als 33 jähriger seinen Führerschein gemacht und fuhr selbst einen BMW. In seiner Jugend hatte er eine Lehre in einer Autozubehörfirma absolviert.

1973 fragte die Zeitschrift „Playboy" Helmut Lenders: „Alle reden von den Vorteilen des Massenverkehrs und den Nachteilen des Autos ...aber was kommt nach dem Auto?" [7]

Lenders gab „Playboy" am 05.11.1973 freimütig eine Antwort. Die Frage: "Was kommt nach dem Auto?", sei falsch. Richtig müsste die Frage lauten: „Was kommt neben dem Auto?"
„Sicher würde das Auto für viele Zwecke das wirtschaftlich und technisch bestgeeignete Verkehrsmittel bleiben. Dies trifft besonders für ländliche Gebiete zu. In Ballungsgebieten muss die Autobenutzung notwendigerweise sofort reduziert werden.

Dem öffentlichen Personennahverkehr muss der absolute Vorrang zukommen." [8]

Er begründete das wie folgt: „18.793 Getötete und 528.248 Unfallverletzte im Straßenverkehr 1972, Emissionen verschiedener Art (Abgase, Lärm, Abfälle), immer stärkere Inanspruchnahme der knapper werdenden Ressourcenvorräte – insbesondere an Boden und Energie – sowie soziale und politische Planungsprobleme zwingen zu einer Überprüfung des Systems Auto." [9]

Unzweifelhaft hatte das Auto viel zu einer Erhöhung des Lebensstandards beigetragen. Es war die Hauptstütze und der Motor unseres wirtschaftlichen Wachstums und hatte die geographische Mobilität entscheidend erhöht. Fast kein sozialer, ökonomischer, ökologischer oder ideologischer Bereich unserer Gesellschaft ist unbeeinflusst geblieben.

Als ein gewisses Vorbild sah Lenders Verkehrsregeln in

Oman an. Die Höchstgeschwindigkeit betrug dort generell 120 km/h, was auch auf Autobahnen galt. Innerhalb von Ortschaften wurde die Höchstgeschwindigkeit übergangslos auf 40 km/h herabgesetzt. Die osmanische Polizei verfügte über eine große Zahl moderner Radargeräte, die dauernd im Einsatz waren. Übertretungen der Tempolimits kosteten viel Geld. Schon allein deshalb, weil alle Fahrzeuge mit einem Warnsignal ausgerüstet waren, das sich bei einer Geschwindigkeitsüberschreitung sofort bemerkbar machte. So konnte jeder den Verstoß gegen die Geschwindigkeitsbegrenzung selbst wahrnehmen. In viele LKWs wurden Benzindrosseln eingebaut. Wer die Höchstgeschwindigkeit überschritt, dem wurde die Benzinzufuhr automatisch für eine halbe Stunde unterbrochen. [10]

2008 überlegt die EU – Kommission in Brüssel, wie die Autowerbung zukünftig eingeschränkt werden kann. Umweltkommissar Stavos Dimas und seine Kollegen wollen vorschreiben, dass nicht mehr mit Freude am Fahrspaß, Sportlichkeit oder Eleganz geworben werden darf und die Abgaswerte in jeder Anzeige und jedem Fernsehspot angegeben werden müssen.

Wie bereits 1973 für Helmut Lenders so gab es auch jetzt heftige Kritik, wie der Bonner General Anzeiger am 14.5.2008 berichtete. Die Autowerbung, die Helmut Lenders vor 35 Jahren beanstandete, ist also auf der Tagesordnung der Politik geblieben.

2. Wie sicher ist das Atomkraftwerk Mülheim-Kärlich bei Koblenz?

Helmut Lenders hat sich bereits zu Beginn der siebziger Jahre um die Sicherheit von Kernkraftwerken gekümmert. So fragte er zum Beispiel am 07.05.1976 die Bundesregierung, ob Leasinggesellschaften zur Finanzierung von Kernkraftwerken einer atomrechtlichen Genehmigung bedürften. Er stellte diese Frage, weil das Leasingkonzept für Kernkraftwerke eine immer bedeutendere Rolle spielte und nur Kraftwerke genehmigt werden durften, die nach den bundesrepublikanischen Gesetzen sicher waren.

Lenders interessierte sich besonders für die nahe bei Bonn gelegene Atomkraftanlage in Mülheim-Kärlich bei Koblenz, mit deren Bau 1975 begonnen wurde. 11)

Der wichtigste Kritikpunkt an dieser Anlage war, dass sie nicht auf erdbebensicheren Boden stand. Er fragte die Bundesregierung nach mehreren Aspekten einer Genehmigung. Seine erste Anfrage beschäftigte sich mit der Finanzierung von Kernkraftwerken. Der Parlamentarische Staatssekretär im BMI, Dr. Jürgen Schmude, antwortete, dass die Länder als Bundesauftragsverwaltung für die atomrechtliche Genehmigung und die Gewährleistung des Sitzes einer Leasing-Gesellschaft zuständig wären. Eine Allgemeine Verwaltungsvorschrift, die einheitliche Grundsätze für die Beurteilung von Leasing – Vereinbarungen für Kernkraftwerke festlegen sollte, würde vorbereitet. 12)

Bereits einige Monate später stellte Lenders am 18.11.1976 die Frage: „Besitzen alle bisherigen genehmigten Standorte für Kernkraftwerke Mindestsicherheitsabstände.., und wenn nein, welche Kernkraftwerke entsprechen in welchen Bereichen nicht diesen Bestimmungen?"

Der Parlamentarische Staatssekretär Gerhard Baum aus dem Bundesministerium des Innern antwortete unter andern, „dass hinsichtlich der baulichen Auslegung bereits alle Kernkraftwerke, die ab 1970 zur Entscheidung anstanden, einer Richtlinie 13) entsprachen." Grundsätzlich stellte die Richtlinie eine Vorsorgemaßnahme dar, mit dem Zweck, in Anbetracht der fortschreitenden Kerntechnik das Restrisiko, obwohl es als klein aber unvermeidlich eingeschätzt wurde, weiter zu vermindern. Nach Auffassung der Bundesregierung brauchten bereits bestehende Kernkraftwerke daher nicht verändert zu werden, weil das Restrisiko nicht als unmittelbare Gefahr angesehen wurde. Selbstverständlich überprüfte man ständig hinsichtlich von Nachrüstungsmaßnahmen ältere Anlagen.

Am 7. März 1980 fragte Lenders, „Wie ist der Standort des Kernkraftwerkes Mülheim-Kärlich nach den Standortbewertungsdaten des Bundesinnenministers (1975) bewertet, und wie ist der Vergleich mit den Bewertungsdaten für die anderen KKW-Standorte in der Bundesrepublik Deutschland?."

Für die Bundesregierung antworteten die zuständigen Bundesminister für Bildung und Wissenschaft (1972) und der Bundesminister des Innern (1974). Sie erhoben 1972 und 1974 gegen das Konzept und den Standort des Kernkraftwerkes Mülheim-Kärlich keine Bedenken. Die für das Kernkraftwerk geplanten Sicherheitseinrichtungen und Schutzmaßnahmen wurden als „ausreichend" „bewertet" und „die Sicherheit der Bevölkerung sei gewährleistet", behauptete die Bundesregierung. Die Mitte 1975 veröffentlichten Bewertungsdaten für Kernkraftwerksstandorte „wiesen den Standort Mülheim–Kärlich im Nahbereich in Klasse III und im Fernbereich in Klasse I aus." Die Klasseneinteilung basierte auf der mittleren Bevölkerungsdichte in der Bundesrepublik. Damit fiel der Standort Mülheim – Kärlich im Nahbereich „im Vergleich zu anderen KKW- Standorten in die ungünstigste Kategorie ", andererseits wurde der „Fernbereich als günstig " bezeichnet. [14]

Das Atomkraftwerk Mülheim – Kärlich arbeitete von 1986 bis 1988 mit Unterbrechung, knapp zwei Jahre.

Einige Jahre später zeigte sich, dass Lenders mit seinen ständigen Fragen auf der richtigen Spur war. 1998 bestätigte das Bundesverwaltungsgericht in Berlin in letzter Instanz die Aufhebung der ursprünglich erteilten Baugenehmigung. [15]

Durch Gerichtsbeschluss wurde die Abschaltung und der Abbau des Kernkraftwerkes Mülheim-Kärlich eingeleitet.

Am 16.07.2004 wurde vom Ministerium für Umwelt und Forsten in Rheinland-Pfalz dem Betreiber – das RWE in Essen – die Genehmigung für die Stilllegung erteilt. [16]

Seit Juli 2002, einige Monate nach dem Ableben von Helmut Lenders, war die Anlage bereits kernbrennstofffrei.Ungefähr 3,6 Milliarden Euro hatte der Bau und Betrieb des Kernkraftwerkes Mülheim – Kärlich gekostet. Bis zum Jahre 2012 wird der Rückbau, dessen Kosten auf 650 Millionen Euro geschätzt werden, abgeschlossen. [17]

3. Kritiker und Vermittler bei der Debatte um die Ladenschlusszeiten

1983/84 wurde in der Öffentlichkeit und in den Verbraucherverbänden (AgV) eine Debatte über optimale Ladenschlusszeiten geführt. 1969 hatte eine Untersuchung des „Instituts für angewandte Verbraucherforschung" (IFAV) noch das Ergebnis eines" relativ hohen Zufriedenheitsgrades" mit den bestehenden Ladenöffnungszeiten gebracht.

Andere Untersuchungen rechneten in den 60er und 70er Jahren bei ausgedehnten flexiblen Öffnungszeiten mit einem steigenden Einzelhandelsumsatz, mit hoher Flächen- und Personalproduktivität, einem zunehmenden Preiswettbewerb und damit verbunden mit sinkenden Einzelhandelspreisen.

In den achtziger Jahren ging man nicht mehr von steigenden Einzelhandelsumsätzen aus, die sich nur innerhalb des Handels verlagern würden Jetzt wurden zusätzliche Personalkosten und steigende Preise erwartet. Man rechnete mit einer zunehmenden Konzentration auf die „Großen" und mit negativen Auswirkungen auf die „Versorgungsstruktur und Preisgestaltung für die Verbraucher."

So wurde auch grundsätzlich die Frage diskutiert, ob Marktwirtschaft prinzipiell eine Reglementierung der Ladenöffnungszeiten vertrage. Denn Ladungsöffnungszeiten beschränkten das Freiheitsrecht der Konsumenten, überall und jederzeit einkaufen zu können. Und die Geschäftsinhaber konnten den Wettbewerb nicht durch für sie geeignete Öffnungszeiten zu ihren Gunsten verbessern.

Die Ladenschlusszeiten aber waren 1961/62 vom Bundesverfassungsgericht in ihrer sozialen und wettbewerblichen Schutzfunktion nicht beanstandet worden.

Von geplanten Neuregelungen waren drei Personengruppen betroffen: Verbraucher, Einzelhändler und die Verkäuferinnen und Verkäufer.

Die Verbraucher – vor allem die Berufstätigen und berufstätigen Mütter – möchten vor oder nach der Arbeit ohne Stress einkaufen können. Während der Grundbedarf für viele Bürgerinnen und Bürger z. B. auch wöchentlich mit dem PKW besorgt und in einer Tiefkühltruhe aufbewahrt werden konnte, zogen einige Bürger beim Kauf von Gebrauchsgütern (z. B. Wohnungseinrichtungen, Fahrzeuge) längere Öffnungszeiten vor. Auch Bürger auf dem Lande setzten sich für andere Öffnungszeiten ein und manche Großstädter lobten das Freizeitvergnügen eines Einkaufsbummels.

Helmut Lenders war skeptisch, ob durch eine Änderung des Ladenschlussgesetzes mehr Beschäftigung – z. B. durch zusätzliche Teilzeitarbeitsplätze – zu erreichen sei. Er machte auch aufmerksam auf den zukünftigen Einkauf über den Bildschirmtext vom Wohnzimmer aus als Konkurrenz für den Einzelhandel. Er befürchtete eine Verschlechterung der sozialen Situation der Verkäuferinnen und Verkäufer durch eine teilweise Verlagerung der Arbeitszeit in die Abendstunden. „Eingriffe in den Freizeitraum von Menschen" wollte er weitgehend verhindern, weil diese Zeit benötigt würde für Familie, Gesellhigkeit und öffentliche Veranstaltungen. Die Beschäftigten müssten dann wenigstens für andere Arbeitszeiten entsprechend besser bezahlt werden und einen attraktiven Freizeitausgleich angeboten bekommen. Lenders „zweifelte" daran, dass weitere Befragungen der beteiligten Gruppen „weiterführen" würden.

Er schlug vor, einen „repräsentativen Modellversuch" in Anlehnung an einen Vorschlag des Verbraucherbeirates beim Bundesminister für Wirtschaft vom November 1983 durchzuführen. Dieser sah u. a. vor, auf Zeit und in geeigneten Regionen „die Ladenöffnungszeiten mindesten an zwei Abenden pro Woche über 18.30 Uhr zu verlängern" „verknüpft mit dem Verzicht auf den langen Samstag" bei „größtmöglicher Wahlfreiheit für den einzelnen Händler."

Helmut Lenders, Präsident der Verbraucherverbände, hatte sich zur Änderung der Ladenöffnungszeiten – eines stark umstrittenen Problems – für eine pragmatische, einvernehmliche Lösung ausgesprochen.[18]

4. Der NATO – Doppelbeschluss und Karl-Heinz Hansen

In den siebziger Jahren gab es im Unterbezirk Düsseldorf der SPD sowie in der ganzen Bundesrepublik Deutschlands eine lebhafte Diskussion über den sog. NATO – Doppelbeschluss.

Der „Warschauer Pakt" – das Bündnis osteuropäischen kommunistischen Staaten unter der Führung der Sowjetunion – bedrohte nach westlicher Sicht Westeuropa verstärkt mit nuklearen Waffensystemen. Die Sowjetunion stationierte immer mehr SS – 20 Raketen.

Daher beschloss die NATO am 12.12.1979 572 nukleare US-Gefechtsköpfe in Westeuropa aufzustellen, auch in der Bundesrepublik. Auf diese Weise sollten das Gleichgewicht der Kräfte wiederhergestellt werden und die Chancen für einen dauerhaften Frieden und eine Wiedervereinigung Deutschlands verbessert werden. Ebenfalls wurde die Bereitschaft zu neuen Verhandlungen über die Begrenzung des Raketenpotenzials beschlossen. So sprach man vom N A T O – D o p p e l b e s c h l u ß! Gegen diesen Doppelbeschluß gab es sowohl in der Bundestagsfraktion der SPD als auch in weiten Teilen der Bevölkerung Widerstand und Proteste.

In der damaligen Bundeshauptstadt Bonn fand daher am 10.10.1981 mit ca. 250 000 Teilnehmern die bisher größte Friedensdemonstration der Bundesrepublik statt. Bundeskanzler Helmut Schmidt (SPD), der sich energisch für den Doppelbeschluss einsetzte, verlangte von Sozialdemokraten, nicht an der Demonstration teilzunehmen.

Gegen einzelne Beamte der Bundesregierung wurden Verfahren beim Bundesminister des Innern eingeleitet, weil sie an der Friedensdemonstration teilgenommen hatten. Sie blieben ohne Erfolg. Beamte hatten als Privatpersonen daran teilgenommen, nicht in ihrer dienstlichen Funktion. Weitere Untersuchungen wurden eingestellt. Das war ein gutes Zeichen für unsere junge Demokratie, die es jedem Bürger erlaubt, auch einem Staatsbeamten, auf einer angemeldeten und genehmigten Demonstration friedlich seine Meinung zum Ausdruck zu bringen.

Abb. 7: H. Lenders mit Hans – Jürgen Wischnewski (SPD – MdB), Dr. Manfred Gessner (MdB, SPD Düsseldorf) und Studiendirektor Karl–Heinz Hansen (MdB, SPD Düsseldorf)
NRZ – Foto Göllner 1980

Die Sozialdemokraten Oskar Lafontaine und Erhard Eppler waren die bekanntesten Gegner des NATO – Doppelbeschlusses. [19)]

Auch in Düsseldorf wurde gegen den NATO – Doppelbeschluss protestiert. Dort fand vom 15. – 22.10. 1983 eine „Friedenswoche" statt, an der 20 Düsseldorfer Friedensgruppen teilnahmen. [21)]

Die Düsseldorfer SPD sagte „Nein" zum NATO – Doppelbeschluss. Der Unterbezirksvorsitzende Lenders grenzte sich dabei von der Friedensbewegung ab. Es gab keine organisatorische Verbindung. Er legte Wert darauf, „dass der Gehorsam gegenüber der Rechtsordnung als Ganzes" gewahrt blieb.

Im August 1983 distanzierte sich Lenders von einem Beschluss des SPD – Ortsvereins Unterrath – Lichtenbroich im Unterbezirk Düsseldorf, der gefordert hatte," keine NATO- Manöver auf dem Zivilflughafen Düsseldorf – Lohausen abzuhalten." Lenders beklagte aber die mangelnde Abstimmung „zwischen NATO–Stab, Bund, Land und den Flughafen–Gesellschaften." Dagegen bezeichnete der CDU–Bundestagsabgeordnete Wolfgang Schulhoff die Landung von 3.500 US – Soldaten auf dem Flughafen als „völlig normale Sache."

Angeheizt wurde die Diskussion im Juni 1983 durch eine Anzeige des sog. „Krefelder Appells", die überschrieben war: „Der Atomtod bedroht uns alle. Keine Atomwaffen in Europa." Eine Bürgerinitiative „ Düsseldorfer gegen Atomraketen" „appellierte an die Bundesregierung, die Zustimmung zur Stationierung von Pershing II–Raketen und Marschflugkörpern in Mitteleuropa zurückzuziehen." Generalmajor a. D. Gert Bastian, Petra Kelly von den „Grünen", Pastor Martin Niemöller und Prof. Dr. H. Ridder forderten die Bürger auf, für die Beendigung des Wettrüstens in Ost und West zu demonstrieren.

Der Düsseldorfer Bundestagsabgeordnete Karl-Heinz H a n s e n (SPD) unterstützte diesen Appell. Er war einer der heftigsten Gegner des Nachrüstungsbeschlusses.

Hansen kritisierte Bundeskanzler Helmut Schmidt und provozierte den für ihn zuständigen Bezirksvorstand der SPD am Niederrhein.

Der Unterbezirksvorstand der SPD in Düsseldorf konnte im Februar 1981 unter dem Vorsitz von Helmut Lenders ein drohendes Parteiordnungsverfahren gegen Hansen abwenden, schließlich aber ein im Mai 1981 vom SPD- Bezirksvorstand Niederrhein erneut eingeleitetes Parteiordnungsverfahren gegen den Bundestagsabgeordneten Hansen nicht verhindern. [22]

„Der Unterbezirks – Vorstand hatte sich nicht unkritisch gegenüber Karl-Heinz Hansen verhalten, aber sich doch eindeutig gegen den Versuch gewandt, „ihn mit einem Parteiordnungsverfahren zu überziehen." Am 6.2.1981 beschloss aber der Bezirksvorstand der SPD eine scharfe Rüge gegen Hansen: Für den nicht näher bezeichneten „Wiederholungsfall" wurden Sofortmaßnahmen mit dem Ziel des Parteiausschlusses angekündigt. [23]

Am 8.5.1981 kritisierte Hansen auf einer Veranstaltung der Jungsozialisten des Bezirks Nordrhein die Regierung Schmidt: „In dieser Frage – gemeint war der NATO-Doppelbeschluss – auf Leben und Tod kann man auch nicht weiter in Fragen Sicherheitspolitik, Verteidigungspolitik eine Art Geheimdiplomatie gegen das eigene Volk betreiben." [24]

Am 13.5. 1981 veröffentlichte die „Frankfurter Rundschau" einen Artikel über Hansens Haltung zum Doppelbeschluss. Bundeskanzler H. Schmidt warf Hansen „groben Unfug" vor. Hansen vertrat die Ansicht, die UdSSR verfolge eine „Kriegsvermeidungsstrategie." Die USA wollten aufrüsten, um wieder ein militärisches Übergewicht zu erhalten, das sie seit 1945 anstrebten. [25]

Der Sozialdemokrat Dietmar Gatzmaga, Jungsozialist im Bezirk Niederrhein, warf dem Bezirksvorsitzenden der SPD Hans-Otto Bäumer in einem offenen Brief vor, in der Frage der Friedens- und Entspannungspolitik die „guten" von den „schlechten" Sozialdemokraten zu scheiden. „Die schlechten sollen hinausgedrängt, zumindest aber mundtot gemacht werden."

Bäumer glaubte, dass im Interesse der SPD tun zu müssen. Für ihn ging es vor allem um die vom Sozialdemokraten Helmut Schmidt geführten Bundesregierung.

Helmut Schmidt war besorgt über „die wachsende Disziplinlosigkeit und den zunehmenden Hang zur Selbstdarstellung in der Regierungskoalition." [26]

Helmut Schmidt stellte am 5.2.1982 die Vertrauensfrage im Deutschen Bundestag, die er mit Sparbeschlüssen, einem Beschäftigungsprogramm und dem NATO – Doppelbeschluss verband. Alle Abgeordneten der SPD und FDP stimmten bis auf die Sozialdemokraten Hansen und Coppik zu, die nicht an der Abstimmung teilnahmen. [27]

Die Linken am Niederrhein versicherten aber, dass die Bundesregierung mit der Loyalität der SPD am Niederrhein weiterhin rechnen könne, nicht aber mit der „kritiklosen Unterstützung ihrer Politik."

Im Mai 1983 beschloss der Unterbezirksparteitag der SPD in Düsseldorf: "Die SPD lehnt die Stationierung von Pershing II und Marschflugkörpern auf dem Gebiet der Bundesrepublik ab." [29]

Marie -Luise Smeets (geb.1936), zu dieser Zeit für die SPD Mitglied des Rates und von 1994 bis 1999 Oberbürgermeisterin der Stadt Düsseldorf, die dem Doppelbeschluss zugestimmt hatte, wurde mit Unterstützung des Vorsitzenden Helmut Lenders als eine von drei Delegierten zum SPD Bundesparteitag geschickt. Es war bezeichnend für Helmut Lenders, dass er Gegner und Befürworter des NATO-Doppelbeschlusses miteinander versöhnen wollte. So dominierten auf dem Bundesparteitag zwar die Düsseldorfer Gegner des Doppelbeschlusses, welche die Mehrheit der Düsseldorfer SPD vertraten, aber die Düsseldorfer „Minderheiten-Meinung" war auch vertreten. Marie-Luise Smeets, heute Ehrenoberbürgermeisterin von Düsseldorf, lobt diese menschlich honorige Vorgehensweise, um zu einer „Aussöhnung" in einer „angespannten" Lage in der SPD – Düsseldorf zu kommen. [30]

Am 16.5.1981 hatte der SPD- Unterbezirk Düsseldorf unter seinem 1. Vorsitzenden Helmut Lenders eine Presseerklärung zum Fall Hansen veröffentlicht und erklärt: „Ein Ausschlussverfahren hält der Unterbezirksvorstand für den falschen Weg, weil er zur Polarisierung in der Partei führt und eine politische Klärung verhindert." „Kritische Positionen dürften nicht „unterbunden" werden. „Unserer Partei muss es möglich sein, sich auch mit der SPD geführten Bundesregierung kritisch auseinanderzusetzen. Dies gilt insbesondere dann, wenn die Partei Themen aufgreift, die eine wachsende Zahl von Menschen in unserer Bevölkerung mit Angst und Sorge erfüllt." „ An einer Politik, die auf überlegene militärische Stärke abzielt, werden wir uns nicht beteiligen, auch nicht durch die Bereitstellung deutschen Territoriums für die Stationierung neuer eurostrategischer Waffen."..."Die SPD wird diese Diskussion weiterführen." … „Wir wenden uns daher mit allem Nachdruck gegen alle

Versuche, die Diskussionsteilnehmer in Gegner und Anhänger von Bundeskanzler Schmidt einzuteilen." [31]

Unterstützung bekam Hansen vom Rechtsanwalt Gerhard Schröder, dem späteren Bundeskanzler der Bundesrepublik Deutschland. Für Schröder war „der sog. Fall Hansen ein Lehrstück für den Versuch, einen unliebsamen Kritiker der Regierungspolitik mit Hilfe der Parteistatuten zu disziplinieren." [32]

Schröder, berief sich auf Paragraph 55 Abs.3 des Organisationsstatuts der SPD, der besagte, dass auf Ausschluss nur dann erkannt werden könne, wenn der Betroffene „erheblich" gegen die Grundsätze der Partei verstoßen habe und dadurch der Partei schwerer Schaden entstanden sei. Das wäre aber hier nicht der Fall gewesen. [33]

Mit dem Vorwurf der „Geheimdiplomatie gegen das eigene Volk" hatte Hansen eine Praxis insbesondere im Verteidigungsministerium bezeichnet, bei der in „ wahrhaft inflationärer Weise " der Geheimstempel geschwungen wurde. Dadurch wäre das Informationsrecht der Volksvertreter „ ad absurdum" geführt worden.[34] Hansen habe sich „eines Verstoßes gegen die Ordnung bzw. gegen Grundsätze der Partei nicht schuldig gemacht."[35]

Trotz dieser und einiger anderer Verteidigungsanstrengungen im Fall Hansen – wie z. B. von Bundesbildungsminister Björn Engholm – hat die Schiedskommission des SPD Bezirks Niederrhein am 20.7.1981 Karl-Heinz Hansen aus der SPD ausgeschlossen.

Der endgültige Parteiausschluss erfolgte durch das Votum der Bundesschiedskommission der SPD im Dezember 1981. In der „Kleinen Geschichte der SPD von Susanne Miller und Heinrich Potthoff" wird nur darauf hingewiesen, dass die Bundestagsabgeordneten Manfred Coppik und Karl-Heinz Hansen nach „jahrelangen Auseinandersetzungen" die SPD verließen und isolierte Außenseiter wurden. „Ihr Versuch einer Parteigründung (Demokratische Sozialisten) schlug fehl." [36]

Helmut Lenders hat sich vergeblich für seinen Kollegen Hansen eingesetzt, mit dem er zu Beginn der 70er Jahre in einem gemeinsames Abgeordnetenbüro im „Langen Eugen" saß. Lenders hatte immer betont, dass die Düsseldorfer SPD Hansen „in der

Sache meistens nahe stand." Hansens Ausdrucksweise, die er – je nach Publikum – variierte, stieß allerdings bei Düsseldorfer Sozialdemokraten oft auf Ablehnung." Wir wollten uns aber mit ihm politisch und persönlich auseinandersetzen und sahen dafür auch eine reelle Chance. Der Unterbezirk Düsseldorf hat sich nicht kritiklos hinter Hansen gestellt, aber den Parteiausschluss einmütig verworfen." [37]

Lenders hatte ein Gespür für den richtigen Umgang mit Menschen, die „ Schwierigkeiten" machten. Er pflegte einen freundlichen Umgang und erwartete von seinem Gegenüber ebenfalls Haltung und Toleranz.

Karl–Heinz Hansen war im Mai 1997, an seinem 70. Geburtstag, wieder in die SPD eingetreten. 16 Jahre nach dem Rauswurf hat ihn der SPD – Ortsverein Düsseldorf / Oberbilk wieder aufgenommen. Lenders hob einen entsprechenden „Spiegel –Artikel" auf. [38]

Anmerkungen
Siebtes Kapitel:

[1] Hans – Horst Skupy: Zitate, 1993 S. 531
[2] Der Spiegel 19. 10. 1973
[3] Protokolle des Deutschen Bundestages, 7. Wahlperiode, 52. Sitzung am 21.9. 1973 und Anlage 35
[4] Wirtschaftswoche Nr. 43 vom 19.10.1973
[5] Der Spiegel, Sept. 1973: Titelgeschichte „Sicherheit im Auto – Von der Industrie gebremst ? "
[6] Wirtschaftswoche 19.10. 1973, S. 24
[7] NL Box 1- 24:Brief vom „Playboy" an H. Lenders am 24.10.1973
[8] NL Box 1- 24: Brief von H. Lenders an den „Playboy" am 5.11.1973
[9] ebd.
[10] Hermann Georg Pobb: Oman – Reiseführer, 1996
[11] GA 12.4. 2008-04-28
[12] Protokolle des Deutschen Bundestages, 7. Wahlperiode, 239. Sitzung vom 7.5. 1976, S. 16765, Anlage 18

[13] Bundesanzeiger Nr. 179 vom 22.9. 1976, GMBL 1976, S.442
[14] Protokolle des Deutschen Bundestages, 7. Wahlperiode, Drucksache 7/5941 vom 18.11.1976
[15] GA 12.4.2008
[16] Pressemitteilung des Ministeriums für Umwelt und Forsten in Rheinland – Pfalz vom 16.7. 2004
[17] GA 12.4.2008
[18] H. Lenders: Ein Beitrag zur Ladenschluss–Diskussion, Manuskript 1984 NL Box 1-24
[19] Peter Borowsky: Deutschland 1969 – 1982, S. 220
[20] Düsseldorfer Stadtpost vom 28. 9. 1983 NL Box 19
[21] Düsseldorfer Stadtpost, 22.8. 1983, NL Box 19
[22] H. Lenders: Gedanken zu Zeit – Beiträge zu Parteitagen des SPD – Unterbezirksvorstandes Düsseldorf 1971 -1983, Parteitag 1981
[23] ebd.
[24] Gatzmaga, D./ Piecyk, W. (HG): Karl – Heinz Hansen, Bornheim 1981, S. 32
[25] ebd. S.34
[26] ebd. S. 36
[27] P. Borowsky: Deutschland 1969 – 1982, S.218
[28] ebd. S.219
[29] H. Lenders in. Die Kraft einer großen Idee, S.184
[30] Gespräch von Marlies Smeets mit G. Eisfeld am 12.7.2007 in Düsseldorf
[31] Gatzmenga / Piecyk: Hansen S. 121 f
[32] ebd. S. 51
[33] ebd. S.54
[34] ebd. S.56
[35] ebd. S. 59
[36] Miller / Potthoff: Kleine Geschichte der SPD, S.241
[37] Morgner/ Kussmann: Die Kraft einer großen Idee, S.188
[38] Der Spiegel, 23 / 1997 NL Box 1 – 24

Achtes Kapitel
Die SPD auf dem Weg von der Planwirtschaft zur sozialen Marktwirtschaft mit genügend Gestaltungsmöglichkeiten für den Staat
(1945 – 1989)

„Wettbewerb so weit wie möglich, Planung so weit wie nötig."
Karl Schiller, Bochum 1953 [1)]

„Der Himmel über der Ruhr muss wieder blau werden."
Willy Brandt, 1961 [2 a)]

„Zunächst einmal bin ich der Auffassung, dass es eine e x i s t e n t i e l l e Aufgabe ist, der Zerstörung der natürlichen U m w e l t Einhalt zu gebieten ......
Eine These: Ich bin der festen Überzeugung, dass die Gebrauchstauglichkeit und der Gebrauchsnutzen eines Gutes in Z u k u n f t prinzipiell nicht mehr ohne die Umweltwirkung gedacht oder bewertet werden können."
Helmut Lenders am 11.1. 1985 [2 b)]

„Für Deutschland bestehe... die Herausforderung darin, Wege zu einer erfolgreichen Wirtschaft zu finden, in der Menschen weiterhin gut behandelt werden, und nicht dadurch konkurrenzfähiger werden, dass man die Menschen schlecht behandelt."
John Kenneth Galbraith, 1993 [2 c)]

1. Sozialdemokratische Wirtschaftspolitiker 1945 – 1974:
Von Viktor Agartz (1897-1964) und Erik Nölting 1892 -1953 –
zu Heinrich Deist (1902-1964), Helmut Lenders (1922 – 2002),
Karl Schiller (geb. 1911 -1994) und Helmut Schmidt (geb.1918)

Die SPD trat beim Neuaufbau der Wirtschaft in den westlichen Besatzungszonen und Ländern nach 1945 zunächst dafür ein, dass die Verfassungen der Länder Bestimmungen zu einer staatlichen Planung der Wirtschaft bekommen sollten. [3]

Der SPD-Vorsitzende Kurt Schumacher (1895 – 1952) setzte den marxistischen Theoretiker Viktor A g a r t z, der von 1948 bis 1955 Geschäftsführer beim wirtschaftswissenschaftlichen Institut des DGB in Köln war, als verantwortliches Vorstandsmitglied im SPD-Vorstand für die Wirtschaft ein.

„Marktwirtschaft und Wettbewerb als positive Begriffe tauchen erst später in der Programmatik der SPD nach Schumachers Tod u. a. im „Godesberger Programm" auf. Helmut Lenders kritisierte 1972 das „Godesberger Programm: Es sei in ihm „der marktwirtschaftliche Wettbewerb als Element und nicht als Grundlage sozialdemokratischer Wirtschaftspolitik genannt." [4]

Viktor Agartz bekam auf dem SPD-Bundesparteitag am 11.5.1946 nach Schumacher (mit 245 Stimmen) die zweithöchste Stimmenzahl (242). Er hielt das wirtschaftspolitische Hauptreferat.

Die SPD teilte nach 1945 nicht die Auffassung von Ludwig Erhard (Direktor der Verwaltung für Wirtschaft in der britischen und amerikanischen Zone – Bizone), dass der Markt an sich sozial ist und nicht... sozial gemacht werden muss. Je freier die Wirtschaft sei, desto sozialer sei sie auch. Erhard hatte damals aber auch sozialdemokratische Bewunderer. Für Hans–Jochen Vogel (dem späteren Bundesvorsitzenden der SPD) war Erhard „wohl der erste Name eines deutschen Politikers", der sich ihm „einprägte." Er bewunderte den „Mut" den Erhard hatte, als er „gestützt auf die Freiburger Schule bedeutender Wirtschaftswissenschaftler, die auch Kontakt zum „Kreisauer Kreis" gehabt hatten, die Soziale Marktwirtschaft einführte, für die es noch keine Mehrheit in der Bevölkerung gab." [5]

Die SPD – Führung und vor allem Viktor Agartz waren der Meinung, ohne behutsame staatliche Eingriffe könnte die soziale Marktwirtschaft nicht gelingen. Die Vertreter der SPD wählten Ludwig Erhard nicht mit zum Direktor der Verwaltung für Wirtschaft (1948).

Kurt Schumacher, der Vorsitzende der SPD, plädierte für eine Planwirtschaft und Verstaatlichung der Schlüsselindustrien. Viktor Agartz, den die Engländer zum Leiter des Zentralamtes für Wirtschaft der britischen Zone in Minden gemacht hatten, sprach sich ebenfalls für eine Verstaatlichung von Industriezweigen aus. Das Ziel war, die Macht der Großindustrie zu brechen, die dem Diktator Hitler in den Sattel geholfen hatte. Nach dem verlorenen Krieg von 1945 sollte ein demokratisches und sozialistisches Gemeinwesen entstehen.

Auch in der CDU/CSU gab es nach 1945 starke antikapitalistische Strömungen Sie wurden sichtbar im sog. Ahlener Programm (1947) der CDU in der britischen Besatzungszone. Ludwig Erhard, der Ende 1945 bayrischer Wirtschaftsminister im Kabinett des Sozialdemokraten Wilhelm Hoegner wurde, setzte sich aber nach und nach vor allem gegen die Engländer, die SPD und die antikapitalistischen Bestrebungen in der CDU durch.

Im September 1946 verhinderte er maßgeblich, dass Viktor Agartz (SPD), der auf Vorschlag der Engländer zum Leiter des Verwaltungsamtes der Wirtschaft in der britischen u n d amerikanischen Besatzungszone gewählt werden sollte, dieses Amt bekam. [6]

Im März 1947 setzte sich Erhard, nach Gesprächen mit führenden FDP und CDU Politikern gegen die SPD als Direktor der Verwaltung für Wirtschaft in den Bizonen durch. Er trat das Amt am 2.4.1948 in Frankfurt am Main an. Dem Beirat der Verwaltung gehörten Walter Eucken und Alfred Müller- Armack (geb. 1901) an. Müller Armack benutzte als „erster Theoretiker" den Begriff „soziale Marktwirtschaft", „der von Erhard sofort übernommen und schließlich Bestandteil des Wahlprogramms der CDU zur ersten Bundestagswahl 1949 wurde." [7]

Auch die Sozialdemokraten Gerhard Weisser und Prof. Dr. Karl Schiller gehörten dem Beirat an. Schiller hat später auch

Vorstellungen von Ludwig Erhard als Bundeswirtschaftsminister in den Regierungen von Kurt Georg Kiesinger (1966 – 1969) und Willy Brandt (1969 – 1973) umgesetzt. „Wirtschaftsplanung und staatliche Intervention betrieb er aber stärker als Erhard." [8]

Erhards Arbeitsstab gehörte auch der Sozialdemokrat Leonhard Miksch an, der viele Ansichten Erhards teilte. Leonhard Miksch erarbeitete mit Ludwig Erhard ein Gesetz zur Freigabe der Preise. Er vertrat die Meinung, Planwirtschaft sei eine Gefahr für die Demokratie.[9] Der freie Markt aber funktioniere nicht von allein, eine staatliche Aufsicht sei notwendig. Er verlangte die Abschaffung von Monopolen. In einer Denkschrift für die Verwaltung für Wirtschaft (Februar 1948) hat er Grundsätze für die Wirtschaft für die Zeit nach der Währungsreform im Juni 1948 vorgeschlagen:

Jedem Deutschen sollten 60 DM (40 + 20) und 5 % Sparbucheinlagen zunächst zur Verfügung gestellt werden. 80 % der Kaufkraft wurden so vernichtet[10] Das war ein großer Gewinn für die Sachwertbesitzer.

Der Literaturnobelpreisträger Günter Grass hat in seinem stark autobiographischen Roman „Beim Häuten der Zwiebel" (2006) die W ä h r u n g s r e f o r m literarisch anschaulich aus seiner Sicht wie folgt dargestellt: „Dann kam die Währungsreform (21.6.1948). Ihr Datum trennte davor und danach. Sie setzte ein Ende und versprach Anfang für jedermann. Sie entwertete und prahlte mit neuem Wert. Aus vielen Hungerleidern filterte sie bald einige Neureiche. Sie grub dem Schwarzmarkt das Wasser ab. Sie versprach freien Markt und verhalf dem Reichtum wie der Armut zu dauerhaften Aufenthalt. Sie heiligte das Geld und machte uns allen zu Konsumenten. Und insgesamt belebte sie das Geschäft, so auch die Auftragslage der Steinmetzbetriebe …, wo bisher der Tausch- und Naturalienhandel die Preise bestimmte." [11]

Mit der Währungsreform sollte die Marktpreisbildung hergestellt werden. Erhard schlug eine Preisobergrenze vor, um die Verbraucher zu schützen. In der Übergangsphase sollte der Staat den Schwachen helfen, in dem er die Marktpreise für u. a. Grundnahrungsmittel, wichtige Konsumgüter, Textilien und Mieten beaufsichtigte.

Der Staat sollte eingreifen, wenn es aus sozialen Gründen notwendig war und um Missbrauch des Marktes zu verhindern. Die Regierung sollte auch dafür sorgen, die Löhne so stabil wie möglich zu halten. Miksch setzte sich für einen „sozialverantwortlichen Einstieg in die strengen Gesetze des freien Marktes ein." [12]

Erhard gelang es mit Hilfe der Alliierten, die Währungsreform, die Marktliberalisierung und Steuersenkungen durchzusetzen. Die Auseinandersetzung über die Erhardsche Wirtschaftspolitik reichte aber bis in die siebziger Jahre. Zweimal stellten die Sozialdemokraten 1948 im Wirtschaftsrat ein Misstrauensvotum gegen Erhard. Die SPD und sogar die CSU forderten seinen Rücktritt. [13]

In der Umstellungsphase der Wirtschaft waren die Preise gestiegen, die Löhne stagnierten und die Arbeitslosigkeit stieg. So wurde sogar ein eintägiger Generalstreik von den Gewerkschaften und der SPD ausgerufen, um Erhard zu stürzen [14], was aber nicht gelang.

Am 14.11.1948 führte Erhard mit Erik Nölting (SPD) ein öffentliches Rededuell. Nölting war von 1946 bis 1950 Wirtschaftsminister in NRW. Er bemühte sich um ein Ende der Industrie-Demontagen der Siegermächte. Von 1946 bis 1953 gehörte er dem Landtag in NRW an und saß von 1949 bis 1953 im Bundestag. Nölting war 1948 ein führendes Mitglied des „wirtschaftspolitischen Ausschusses beim SPD-Parteivorstand."[15]

Nölting lobte die Vorzüge einer staatlichen Wirtschaftsplanung. 1947 hatte er auf dem SPD-Parteitag erklärt, „Lenkungswirtschaft und Sozialisierung bedeute die Verwirklichung der sozialistischen Ideen auf wirtschaftlichem Gebiet." Er wollte einen „neuen Ordnungsrahmen für die Volkswirtschaft" schaffen. [16]

Die Grundstoffindustrie sollte sozialisiert und die Finanzinstitute staatlich kontrolliert werden. Nölting war – wie Agartz – einer der wichtigsten Berater des Bundesvorsitzenden der SPD, Kurt Schuhmacher, der 1952 starb. Agartz und Nölting waren Marktskeptiker. [17]

Dr. Kurt Schumacher, 1. Vorsitzender der SPD nach dem 2. Weltkrieg, den die Nationalsozialisten neun Jahre ins KZ eingesperrt hatten, verurteilte Erhards Verwaltung für Wirtschaft als „Instrument des Klassenkampfes von Oben." „Die Armen würden ärmer und die Reichen reicher gemacht." [18]

Außerdem wollte er die entmachten, die Hitler an die Macht gebracht hatten, z.B. durch die Enteignung ihrer Betriebe. Schumacher hatte Sorge, dass sich „der Rest-Kapitalismus in Westdeutschland zu erholen beginne." [19]

Zunächst machte die SPD nach dem Kriege eine Fundamentalopposition gegen die Soziale Marktwirtschaft Ludwig Erhards.[20] Damit war auf Dauer kein Staat zu machen, brauchte man doch Bündnispartner im bürgerlichen Lager –in der Mitte – um regieren zu können. Vor allem zeigten sich auch erste Erfolge der Sozialen Marktwirtschaft.

Prof. Dr. Karl Schiller (SPD), der sich vor allem an dem britischen Volkswirt John Maynard Keynes (1883 -1946) orientierte, von dem er gelernt hatte, durch Staatsinterventionen den Kapitalismus abzumildern, „ohne dabei das Prinzip des freien Marktes abzuschaffen." [21] Schiller wollte die SPD mit der Marktwirtschaft versöhnen. [22]

Aber erst nach Schuhmachers Tod 1952 wurde Schiller „außergewöhnlich rasch zu einem der ersten Propagandisten der marktwirtschaftlichen Öffnung der Partei."[23] Wie es zu dieser klaren Richtungsentscheidung kam, „ist nicht eindeutig zu klären" [24], da Schiller sehr zurückgezogen lebte und nicht ausreichend mit Parteimitgliedern, Parteigremien und Wissenschaftlern kooperierte. Schiller hielt aber auch an Elementen der Planung fest. Er wollte eine „Zentralplanungsstelle" einrichten, die sich auf „Investitionsvolumen, Beschäftigungsgrad, Volkseinkommen und Ein- und Ausfuhr beschränken" sollte. [25]

Die Verwendung des Begriffs Planung war problematisch, weil Anfang der 50er Jahre Planung für viele Menschen „Zwangswirtschaft" bedeutete. 1952 in Dortmund, 1953 auf einer wirtschaftspolitischen Tagung der SPD in Bochum und auf einer weiteren entsprechenden Tagung der Partei in Essen, konnte Schiller verstärkt Einfluss auf die SPD nehmen. Er wurde Nachfolger des in der SPD beliebten wirtschaftspolitischen

Sprechers Heinrich Deist, der 1964 starb. Klaus – Dieter Arndt (SPD) wurde sein engster Berater.

Schiller versuchte, die Vereinbarkeit von Wettbewerb und Planung den Genossen klar zu machen: „Wettbewerb soweit wie möglich, Planung so weit wie nötig." [26] Das bedeutete keine völlige Anpassung „an die Politik Ludwig Erhards." [27] Schillers „vorrangiges Ziel" war die „Gewährleistung wirtschaftlichen Wachstums." [28] Diese Politik sagte nichts über die Verteilung des Wachstums aus. Das „Wachstum war bereits das Ziel an sich." [29]

Helmut Lenders orientierte sich vor allem an den notwendigen Bedürfnissen der Bürger, sein Ziel war die soziale Gerechtigkeit. Ihm ging es in den sechziger und siebziger Jahren um ausreichenden Unterhalt der Menschen und um Vollbeschäftigung. Um diese Ziele zu erreichen, musste die freie und soziale Marktwirtschaft und eine Wachstumspolitik gegebenenfalls durch weitere staatliche Maßnahmen ergänzt werden.

Die Wende in der Wirtschaftspolitik der SPD, die sich auf Tagungen der Partei in Dortmund, Bochum und Essen angekündigt hatte, wurde erst deutlich im „Godesberger Programm " der SPD 1959 wahrgenommen. [30]

„Viele" von Prof. Schillers wirtschaftspolitischen Vorstellungen hatten dort Eingang gefunden. Schiller wird heute häufig als einer der Väter von „ Godesberg" bezeichnet. [31]

Zusammen mit der außenpolitische Rede von Herbert Wehner mit dem Bekenntnis zur Westintegration (1960) begann die Wende der SPD von der Arbeiterpartei zur Volkspartei und damit zu einem möglichen Koalitionspartner der bürgerlichen Parteien von CDU/CSU und FDP.

Heinrich D e i s t (1902 – 1964) war Verfasser des Wirtschaftsteils des Programmentwurfs zum Godesberger Programm.[32] Heinrich Deist war seit 1949 geschäftsführendes Mitglied der Stahltreuhändervereinigung, wo er sich für die Mitbestimmung der Arbeitnehmer in der Grundstoffindustrie einsetzte. Deist bekleidete die Ämter des Sprechers der parlamentarischen Opposition in Wirtschaftsfragen und seit 1958 auch des stellvertretenden Fraktionsvorsitzenden der SPD im Deutschen Bundestag.

Auf dem Stuttgarter Parteitag der SPD gelang Deist, der in der Partei beliebter war als Schiller, der Durchbruch in Richtung „Godesberg." Dort formulierte er eine aktive Wirtschaftspolitik, die vor allem V o l l b e s c h ä f t i g u n g sichern sollte, gerechtere Einkommens- und Vermögensverteilung und eine bessere Kontrolle von Macht und Machtmissbrauch in Wirtschaft und Gesellschaft.

Nach Meinung von Karl Schiller hatte Deist früh erkannt, dass eine parteipolitische Idee kein Dogma sein dürfte, sondern dem sich wandelnden Lebensstrom entsprechen müsse. Deist vertrat die Ansicht, dass die Vielfalt der heutigen Wirtschaftsprobleme nicht durch eine magische Formel, sondern nur durch eine sachgerechte und praktische Gestaltung der Wirtschaft zu lösen sei.

Am Kurswechsel innerhalb der SPD von einer Partei der demokratischen und sozialen Planwirtschaft zu einer freien, sozialen und vom Staat her mitgestalteten Marktwirtschaft war auch Helmut Lenders beteiligt, der Sprecher für die Wirtschaftspolitik der SPD-Bundestagsfraktion am Ende der 60er und in den 70er Jahren. Starken Einfluss auf die veränderte Wirtschaftspolitik hatten der Volkswirt Helmut Schmidt, Fraktionsvorsitzender der SPD während der Zeit der Grossen Koalition, Karl Schiller, der Wirtschaftsminister in der Grossen Koalition (1966 – 1969) unter der Führung von Kurt Georg Kiesinger (CDU) und in der Kleinen Koalition unter Willy Brandt (SPD), in der Schiller später Superminister (Finanz- und Wirtschaftsminister) wurde.

Ihre Vor- bzw. Mitkämpfer waren u. a. die Sozialdemokraten Heinrich Deist und der Unternehmer Georg Kurlbaum (1902 – 1988), Chef der Metrawatt AG in Nürnberg.

Diese trafen sich – mit weiteren Sozialdemokraten – in den fünfziger und sechziger Jahren in den Sitzungswochen des Bundestages im Gasthaus „Schaumburger Hof" in Bonn am Rhein zum Abendessen, wo man im Freundeskreis (darunter. auch Lucie Beyer, Käthe Strobel, und Erwin Schoettle, Vorsitzender des Haushaltsausschusses) „über langfristige und grundsätzliche Fragen des Staates und der SPD sprach." Es nahmen auch

Fritz Erler, der Vorgänger von Helmut Schmidt als Fraktionsvorsitzender der SPD – Bundestagsfraktion, und manchmal Carlo Schmid, von 1947 – 1973 Mitglied des SPD Parteivorstandes, teil.

„Das war", nach Einschätzung von Helmut Schmidt, „keine Seilschaft, wo man sich gegenseitig zu irgendwelchen Pöstchen und Wahlämtern verhalf. Es war auch kein Klüngelclub, in dem innerparteiliche, taktische Schachzüge ausgeknobelt worden wären, es war auch keine Gruppe von gleicher ideologischer Färbung oder Gesinnung – ganz anders, als das Jahrzehnte später in meiner Partei üblich geworden ist! Sondern man unterhielt sich ohne vorausgesetzte Barrieren und zwar über sehr verschiedene Themen. Sei es ….über die Rolle von Markt und Wettbewerb in unserem zukünftigen Programm – Godesberg lag noch ein halbes Jahrzehnt in der Zukunft – oder z.B. über das gleichfalls noch erst zu erarbeitende Bundesbankgesetz." [33]

Prof. Dr. Karl Schiller (1911 – 1994), der führende Volkswirtschaftler in der SPD, hatte 1936 promoviert über das Thema „ Arbeitsbeschaffung und Finanzordnung." [34]

1944 wurde er Professor in Rostock, 1946 in Kiel und 1947 in Hamburg. 1946 schloss er sich der SPD an. Er war 1947 bis 1961 Direktor des Instituts für Außenhandel, Überseewesen und Sozialökonomie. Als Senator für Wirtschaft und Verkehr in Hamburg (1948 – 1953), Rektor der Universität Hamburg (1956 – 1958), Senator für Wirtschaft in Berlin (1961 – 1965) und Bundeswirtschaftsminister in der ersten Großen Koalition der Bundesrepublik (1966-1969) und in der Kleinen Koalition unter Willy Brandt (1969 – 1974) und seit 1971 auch als Bundesfinanzminister hatte er entscheidenden Einfluss auf die Wirtschaftspolitik der SPD. 1965 wurde Schiller Vermittler zwischen einem Wahlkontor deutscher Schriftsteller (Redeschreibern) und der SPD. [35]

Eng verbunden war er auch zunächst mit Helmut Schmidt (geb. 1918), der früher bei ihm studiert hatte und in einem Seminar ein Referat über den Volkswirt John Maynard Keynes hielt. Schiller war ein großer Kenner dieses berühmten Wirtschaftswissenschaftlers, der für wirtschaftliche Depressionszeiten Maßnahmen der öffentlichen Arbeitsbeschaffung, ggf. im Wege der Defizit-Finanzierung gegen die Arbeitslosigkeit einsetzen wollte. Keynes Hauptwerk lautete: „Die allgemeine Theorie der Beschäftigung des Zinses und des Geldes" (1936). Für Keynes hängt die Höhe der Beschäftigung von einer effektiven Nachfrage ab. Schiller orientierte sich an Keynes in seiner aktiven Zeit als Senator und Minister.

Helmut Schmidt, der seine Karriere als Persönlicher Referent des Senators für Wirtschaft in Hamburg (Prof. Karl Schiller) begann, war beeindruckt von Schiller, weil er „ökonomische Theorien mit der Analyse ihrer Anwendungsmöglichkeiten in der Praxis verband." [36]

Schmidt hatte Schiller in theoretischer Hinsicht wie beim beruflichen Aufstieg „einiges zu verdanken." [37]

Auf dem Bundesparteitag der SPD Ende September 1952 in Dortmund hielt Schiller das Referat „Thesen zur praktischen Gestaltung der Wirtschaftspolitik aus sozialistischer Sicht." [38]

Ein von Heinrich Deist 1953 ausgearbeiteter Gesetzentwurf zur Sozialisierung der Grundstoffindustrie wurde weder veröffentlicht, noch in den Bundestag eingebracht. Die Führung der SPD war zu der Einsicht gekommen, dass diese Wirtschaftspolitik nicht zeitgemäß war und mit ihr auch keine Wahlen mehr gewonnen werden konnten. [39]

Die Entwicklung zur Volkspartei und zur sozialdemokratischen Marktwirtschaft war nicht mehr aufzuhalten.

Schiller trat 1972 nach einer stürmischen Kabinettsitzung als Superminister zurück. Sein Nachfolger wurde Helmut Schmidt. [39/1].

Die Gründe hierfür waren u. a. „Finanzierungswünsche" der Bundesminister Josef Ertl (FDP), Helmut Schmidt und die „Fehlentwicklungen in der mittelfristigen Finanzplanung" (eine jährliche Finanzierungslücke bis 1976 von 2o,8 Milliarden DM) und die Freigabe des Pfundes durch die englische Regierung, der Schiller mit „marktkonformen Maßnahmen" begegnen wollte. [39/2]

Der Bundesbankchef Karl Klasen schlug dagegen dirigistische Eingriffe nach § 23 des Außenwirtschaftsgesetzes (AWG) vor, kurzfristig ein gemeinsames Floaten der EWG- Staaten und damit faktisch eine Aufwertung der DM. Schiller lehnte Devisenkontrollen ab.[39/3)] Klasen fand Unterstützung im Bundeskabinett und Schiller bekam „Klassenkeile." Auch Bundeskanzler Willy Brandt, der Schillers Arbeit schätzte, konnte seinen Rücktritt nicht mehr verhindern. [39/4)]

Ende September 1972 trat Schiller auch aus der SPD aus und verhandelte mit der CDU. [39/5)] Schließlich machte er mit Ludwig Erhard (CDU) Wahlkampf gegen die SPD. Beide warben für den Erhalt der Sozialen Marktwirtschaft gegen Zweifler und falsche Propheten. [39/6)]

1980 fand er mit Mühe einen Ortsverein der SPD in St. Johann/ Saarland, der ihn wieder in die SPD aufnahm. In Hamburg war ihm das nicht gelungen. [39/7)]

Als Pensionär machte Prof. Schiller in seiner wirtschaftspolitischen Theorie einen Schwenk von der Nachfragepolitik (Keynes) zur Angebotspolitik von M i l t o n F r i e d m a n (1912 – 2006). Friedman, der 1976 den Nobelpreis für Wirtschaftswissenschaften bekam, hielt Eingriffe der Politik in den Konjunkturverlauf für wirkungslos. [39/8]

Er befürwortete u. a. stetiges Geldmengenwachstum zur Verhinderung der Inflation, freie Wechselkurse, den Wegfall staatlicher Handelsbeschränkungen und eine R e d u k t i o n s t a a t l i c h e r F ü r s o r g e.

Für Friedman gab es eine „n a t ü r l i c h e A r b e i t s l o s e n q u o t e ", die durch Strukturreformen reduziert werden könne. Eine Geldpolitik mit dem Ziel der Vollbeschäftigung war nach seiner Ansicht nicht möglich. Er bezeichnete in seinem Werk „Free to Choose" (1980) die Inflation und den Wohlfahrtsstaat als die größten Feinde der Wirtschaft. Paul Krugmann nennt diese Thesen einen „ Laissez – faire – Absolutismus." [39/9.]

Lenders vollzog keine Wende zu einer rein liberalen Wirtschaftspolitik.

Abb. 8: Willy Brandt und Helmut Lenders, o. J.
Privatphoto: Inge Lenders

2. Lenders macht Vorschläge zur Stärkung der marktwirtschaftlichen Ordnung von Ludwig Erhard, die 1957 auf „halbem Wege" stehen geblieben war: Die Novellierung des Kartellgesetzes

> „*Wirtschaften im Sinne des ‚Laissez – faire, laissez passer'* – *auch Erhardscher Prägung* –*hat zu Wellen der Konzentration und zu wirtschaftlichen Machtballungen geführt.*"[40)]
> Willy Brandt, 1974

Bundeswirtschaftsminister Prof. Karl Schiller war stolz darauf, mit Willy Brandt verhindert zu haben, „dass der Schlendrian der Wirtschaftspolitik, das Treibenlassen" und die „ bloßen Maßhalte – Appelle nach freischaffender Künstlerart ", fortgesetzt werden konnten.[40 a)]

Deutschland war schon vor dem ersten Weltkrieg das klassische Land der Kartelle. Ein Kartell ist ein Zusammenschluss juristisch und weitgehend auch wirtschaftlich selbständig bleibender Unternehmen der gleichen Wirtschaftsbranche, das den Wettbewerb beschränken soll. Die Beschränkung kann z.B. durch eine Vereinbarung geschehen, zu bestimmten Preisen zu verkaufen (Preiskartell), oder u. a. durch ein Gebietsschutzkartell, das den Markt regional zwischen den Mitgliedern des Kartells aufteilt. Das sind Methoden, um den Markt auf Kosten von anderen Unternehmen und den Verbrauchern monopolistisch zu beherrschen.

Die bisherige Aufsicht gegen Missbräuche hatte sich in der „Weimarer Republik" nicht bewährt. Es gab über 2000 Kartelle in Deutschland. Die Nationalsozialistische Partei Deutschlands (NSDAP) schuf 1933 ein „Zwangskartellgesetz" und versuchte, mit Kartellen die Wirtschaft zu lenken. 1945 erließen die westlichen Besatzungsmächte ein Kartellverbot, um den Wettbewerb zu stärken.

Am 27.7.1957 wurde das Besatzungsrecht abgelöst durch das „Gesetz gegen Wettbewerbsbeschränkungen (GWB)", das am 1.1.1958 in Kraft trat. Hierfür hatten sich Ludwig Erhard und die SPD stark gemacht. Der Bundesverband der deutschen Industrie (BDI) mit seinem Präsidenten Fritz Berg war der ärgste Gegner von Ludwig Erhard. Berg arbeitete mit Bundeskanzler Konrad Adenauer (CDU) eng zusammen. Über 17 Gesetzentwürfe Erhards scheiterten vor allem am BDI. [41]

Berg wandte sich gegen ein Kartellverbot. Als wichtigsten Grund gab er an, dass auf der Basis der Vertragsfreiheit und der Eigentumsrechte freie Märkte beschränkt werden dürften.

Erhard hielt es für grotesk, mit Hilfe der Vertragfreiheit den freien Wettbewerb zerstören zu können. Unsere Verfassung schütze zwar das Eigentum, aber sie verbinde es auch mit der Pflicht zum sozialen Handeln. „Eigentum muss, wo es für das Gemeinwohl notwendig ist, jenen Nutzungseinschränkungen unterworfen werden, die der Verfassung gemäß sind."[42]

Berg warf Erhard vor, er sei eine Marionette der Amerikaner, da er weitgehend die wirtschaftspolitischen Ansichten der Amerikaner teile.

Berg hielt Kartelle für notwendig: Sie könnten Unternehmen Sicherheit geben, sie schützten. Besonders effiziente und innovative mittlere Unternehmen würden Arbeitsplätze erhalten. Für Erhard schadeten Kartelle dem Markt, ohne Marktwirtschaft könnte es kein freies Unternehmertum geben und nicht ausreichende Arbeitsplätze.

Berg glaubte auch, ein Missbrauchsgesetz könne die mittleren Unternehmen schützen und den Verbrauchern nützen. Er hielt Kartelle auch für ein Instrument der europäischen Integration. Mit diesem Argument wollte er vor allem den Europäer Adenauer gewinnen. Schließlich verlangte er von Adenauer, das Kartellgesetz fallen zu lassen. [43]

Erhard bekam von einigen Unternehmen Unterstützung, z.B. von Firmen wie Robert Bosch, Klöckner und Salamander.

Bei den abschließenden Beratungen des Gesetzentwurfes konnte der BDI Ausnahmen vom Verbot von Kartellen durchsetzen. Adenauer, der die volle Souveränität der Bundesrepublik anstrebte, wollte möglichst schnell noch vor den Bundestagswahlen im September 1957 das Gesetz gegen Wettbewerbsbeschränkungen (GWB) durchsetzen. Es wurde am 3.7.1957 verabschiedet. Erhard war enttäuscht vom Gesetz, weil es zwar den Grundsatz festlegte, dass Kartelle illegal waren, aber von diesem

Verbot viele Ausnahmen gemacht wurden. Die Zahl der Kartelle nahm daher zu. [44)]

Helmut Lenders lehnte die „interessenverstrickte" Politik der CDU / CSU ab. Er erkannte aber den historischen Versuch Erhards an, die „marktwirtschaftliche Ordnung durch die Schaffung einer mit Eingriffsmöglichkeiten ausgestalteten Wettbewerbsbehörde (Bundeskartellamt) zu sichern und zu fördern." Erhard aber hatte sich nicht genügend gegen die einseitig „interessenverstrickte Politik" von Adenauer und der CDU / CSU in den fünfziger Jahren durchsetzen können. [45)]

Erhard hatte auch sonst Probleme mit Adenauer. Als z.B. 1959 ein Kandidat für das Amt des Bundespräsidenten gesucht wurde, schlug der Bundesinnenminister Dr. Gerhard Schröder (CDU) dem Bundeskanzler den damals populären Ludwig Erhard vor. Adenauer war nicht begeistert, er musste sich erst einmal „diese Anregung durch den Kopf gehen lassen." [46)] Erhard wurde nicht Bundespräsident.

Diese „interessenverstrickte Politik" der CDU / CSU hatte sich seit 1957 nicht geändert. So empfahl Lenders 1969 Bundeskanzler Willy Brandt im „Gesetz gegen Wettbewerbsbeschränkungen" (GWB) das Wettbewerbsrecht auszubauen. Das Kartellverbot war für Lenders durch die vielen Umgehungsmöglichkeiten „längst zu einer Farce" geworden. [47)] Eine Missbrauchsaufsicht über marktbeherrschende Unternehmen hatte praktisch nicht stattgefunden. Lenders wollte gesetzlich festlegen, w a n n eine Marktbeherrschung vorliegt. Die SPD bestand auf einer „präventiven Fusionskontrolle" bevor ein Zusammenschluss vollzogen wird. Mit der Novellierung des GWB sollte „ das Gleichgewicht in sich, die Ausgewogenheit zwischen kleinen, mittleren und Grossunternehmen durch ein …. Wettbewerbsrecht erhalten und Konzentrationsvorgänge bei Grossunternehmen wettbewerbspolitisch gesteuert werden. [48)]

Im Godesberger Programm der SPD von 1959 hieß es, „freier Wettbewerb und freie Unternehmerinitiative sind wichtige Elemente sozialdemokratischer Wirtschaftspolitik." Der Staat sei „verantwortlich für eine vorausschauende Konjunkturpolitik" und solle sich „im wesentlichen auf Methoden der mittelbaren

Beeinflussung der Wirtschaft beschränken." Der wirtschaftspolitische Teil des Programms endete mit dem einprägsamen Satz: „Wettbewerb so weit wie möglich und Planung soweit wie nötig." [49]

Prof. Karl Schiller erfand diese Formel, der zusammen mit Willi Eichler und Heinrich Deist das Programm erarbeitet hatte. [50] Er versuchte bereits Ende 1965 den „Erhard Mythos" anzugreifen. [51] „Schiller kritisierte nicht Erhards Kurs in der Wirtschaftspolitik, sondern stellte gleich gänzlich in Abrede, dass ein solcher Kurs überhaupt existiere." Schiller forderte eine „antizyklische Wirtschaftspolitik", um die Preisentwicklung in den Griff zu bekommen. Erhard setzte auch nicht eine notwendige „mittelfristige Finanzplanung" ein, es gab keine „Gesamtkonzeption." [52]

3. Helmut Lenders kämpft für die Realisierung des Rechts auf Arbeit

Während seiner Zeit als Bundestagsabgeordneter gehörte Lenders dem Wirtschaftsausschuss an. In der 6.Wahlperiode (1972 – 1976), als Lenders Parlamentarischer Geschäftsführer der SPD Bundestagsfraktion war, arbeitete er als stellvertretendes Mitglied in diesem Ausschuss mit.

1967 war er beteiligt an der Vorbereitung und Durchführung des „Gesetzes zur Förderung der Stabilität und des Wachstums der Wirtschaft", das am 8.6.1967 im Deutschen Bundestag verabschiedet wurde. [53] Dieses Gesetz hatte das Ziel, dass Bund und Länder bei ihren wirtschafts- und finanzpolitischen Maßnahmen die Erfordernisse des „gesamtwirtschaftlichen Gleichgewichts" beachten sollten. Um dieses Ziel zu erreichen, wurden im Rahmen der marktwirtschaftlichen Ordnung gleichzeitig die „Stabilität des Preisniveaus", ein „hoher Beschäftigungsstand", „außenwirtschaftliches Gleichgewicht" und ein „stetiges und angemessenes Wirtschaftswachstum" angestrebt. [54]

Nach § 2 dieses Gesetzes legt die Bundesregierung im Januar eines jeden Jahres dem Bundestag und dem Bundesrat einen „Jahreswirtschaftsbericht" vor, der eine Stellungnahme zu einem „Jahresgutachten des Sachverständigenrates zur Begutachtung der gesamtwirtschaftlichen Entwicklung" sowie eine Darstellung der Ziele der Wirtschafts- und Finanzpolitik enthält.

Am 3.6.1970 wurde über den bisherigen Erfolg dieses Gesetzes im Bundestag gestritten. Helmut Lenders griff in die Debatte als Sprecher der SPD – Bundestagsfraktion ein, an der sich auch Wirtschaftsminister Prof. Karl Schiller, Dr. Stoltenberg (CDU) und Kienbaum (FDP) beteiligten. Lenders setzte sich für eine möglichst gemeinsame Politik von Regierung und Opposition ein, so z.B. in Währungsfragen im Rahmen der europäischen Währungsunion.

Er lobte die „Konzertierte Aktion", die 1970 funktioniert habe. Nach § 3 des Stabilitätsgesetzes stellt die Bundesregierung im Falle der Gefährdung eines Zieles des Gesetzes „Orientierungsdaten für ein gleichzeitiges aufeinander abgestimmtes Verhalten (Konzertierte Aktion) der Gebietskörperschaften, Gewerkschaften und Unternehmensverbände" zur Verfügung.

In der Debatte wurde auch darüber diskutiert, wie die Preise stabil gehalten werden können. Die Opposition störte vor allem die Erhöhung der Postgebühren um ungefähr 40%. Lenders lehnte es ab, die Preiserhöhung durch Subventionen zu verhindern. Er verwies in diesem Zusammenhang auf die Erhöhung der Einkommen um 8 % (1970), das war „die höchste Einkommenssteigerung pro Kopf der Arbeitnehmer seit der Währungsreform." [55)]

Vor allem setzte sich Lenders für V o l l b e s c h ä f t i g u n g ein. Eine Politik, die eine hohe Arbeitslosigkeit nicht verhindere – wie z.B. in den USA – lehnte er entschieden ab. Das war für ihn eine der schlechtesten ökonomischen Welten. Um Vollbeschäftigung zu erreichen, müsse ständig die gesamte Wirtschaft modernisiert werden. Er forderte „Investitions- und Innovationsbereitschaft und eine Reform des Bildungswesens": „In einer arbeitsteiligen Wirtschaftsgesellschaft ist eine Wirtschaftspolitik der Vollbeschäftigung die Voraussetzung für die Realisierung des Rechts auf Arbeit der Masse der Menschen ...." Die Koalition von SPD und FDP hatte sich für die „Vollbeschäftigung verbürgt", für eine Politik „des hohen Beschäftigungsstandes", wie sich Lenders vorsichtig ausdrückte. Lenders nannte auch eine Lösungsmöglichkeit gegen konjunkturelle Schwierigkeiten: „Sollte in privaten Unternehmen der Wirtschaft ein gravierender Nachfragerückgang eintreten, würde dieser durch erhöhte Haushaltsausgaben auf vielen Gebieten von Bund, Ländern und Gemeinden kompensiert werden. Das heißt, im Falle eines Abschwungs starten wir durch. Kein Arbeitnehmer braucht aus konjunkturellen Gründen um seinen Arbeitsplatz bangen."

Lenders hatte sich bereits schon seit langer Zeit mit der Arbeitslosigkeit beschäftigt. Er setzte sich mit Joan Violet Robinson (1903-1983) auseinander, der berühmten englischen Ökonomin, die 1975 für den Nobelpreis in den Wirtschaftswissenschaften vorgeschlagen wurde und als Professorin in Cambridge lehrte. Sie bekämpfte die Arbeitslosigkeit, später auch die Umweltbelastung. In ihrer Schrift „Das Problem der Vollbeschäftigung" die 1949 ins Deutsche übersetzt wurde und im Bund-Verlag in Köln erschien, fand Lenders folgenden Hinweis zur Arbeitslosigkeit, der ihn beeindruckte: „Wenn ein Arbeiter keine Arbeit finden kann, so wird ihm damit bedeutet, dass er für die Gesellschaft ohne Nutzen ist, und das ist eine persönliche Katastrophe, die zur Demoralisierung führt, abgesehen von den großen volkswirtschaftlichen Verlusten für die Gesamtheit." [56]

Frau Robinson gehörte mit John M. Keynes zum esoterischen Gesprächskreis „Cambridge – Circus." Keynes hatte in seiner Veröffentlichung „Allgemeine Theorie der Beschäftigung, des Zinses und des Geldes" 1936 den Nachweis geführt, das Marktwirtschaften aus eigener Kraft nicht Vollbeschäftigung sichern können. Die effektive Nachfrage, so Keynes, bestimmt kurzfristig das Niveau der Produktion und Beschäftigung. Wo der Markt versagt, muss der S t a a t einspringen. Auch wegen der möglichen negativen Auswirkungen des technischen Fortschritts auf die Beschäftigung forderte Lenders eine stärkere Anpassung der Arbeitnehmer an die neuen beruflichen Anforderungen.

Auch in diesem Zusammenhang hielt er es für „vordringlich", „die gesellschaftliche Position des Arbeitnehmers durch E r -

w e i t e r u n g der M i t b e s t i m m u n g im betrieblichen und überbetrieblichen Bereich zu verbessern."[57]

Helmut Lenders betonte die Bedeutung der Mitbestimmung. Die sozialliberale Koalition verständigte sich dann 1973 / 1974, den Ausbau der Mitbestimmung voranzutreiben. Zwischen SPD und FDP war besonders das Wahlverfahren der Arbeitnehmervertreter (durch Wahlmänner oder durch eine Direktwahl) stark umstritten. Hierzu gab es unterschiedliche Parteitagsbeschlüsse, welche die Koalitionspartner festzulegen versuchten. Helmut Lenders erklärte hierzu: „Parteitagsbeschlüsse sind eine Sache, aber Kompromisse, notwendige Kompromisse in der Koalition, eine andere Sache." [58]

4. Lenders warnt in den achtziger Jahren mit Michael Müller, Paul J.Crutzen und Umweltverbänden vor Klimaveränderungen und fordert eine ökologische Marktwirtschaft

1973 warnten die Chemiker Maria Molina und Sherwood Rowland vor den vermeintlichen harmlosen FCKW (Fluorchlorkohlenwasserstoff)-Molekülen, welche die Ozon-Schicht zerstören. Im Juni 1974 veröffentlichten sie ihre Ergebnisse in „Science."

Bereits 1975 hatte Lenders angesichts der drohenden Klimaveränderungen , die „alle bisher bekannten Umweltkatastrophen übertrafen", darauf reagiert. [59]

Als Mitglied der Arbeitsgemeinschaft der Verbraucherverbände (AgV) und als Bundestagsabgeordneter forderte er die Verbraucher zum Umdenken auf. Sie sollten z.B. FCKW-haltige Sprays „zumindest solange meiden", bis eine endgültige „Klärung" potentieller Gefahren erreicht sei." Er mahnte eine „ökologische Vorsorge" an.[60]

Zwischen 1975 und 1985 stieg die FCKW – Freisetzung an der Erdoberfläche um 360 %. 1984 werden in „Nature" diese Ergebnisse veröffentlicht und 1985 von der Weltraumbehörde NASA /USA bestätigt. Am „Treibhauseffekt", der zur Erwärmung der Erde führt, war der Fluorchlorkohlenwasserstoff (FCKW) zu 11% beteiligt, CO2 zu 59%. FCKW wurde seit ungefähr 1928 verwendet. Er wurde u. a. eingesetzt bei Kühlschränken, als Treibmittel für Deodorants und bei der Herstellung von Styropor. Das Chlor aus dem FCKW zerstört die Ozonschicht der Stratosphäre und wirkt in der Troposphäre als extrem starkes Treibhausgas. 1987 wurde der Einsatz von FCKW in den Industriestaaten durch das sog. Montreal-Protokoll verboten. Einigen Staaten wie z.B. China wurde eine Übergangsfrist bis 2010 gewährt. Das FCKW – Protokoll wurde seit 1987 mehrfach verschärft.

Lenders verlangte gesetzliche Änderungen im Artikel 36 des EG-Vertrages (Schutz der Gesundheit und des Lebens), eine Novelle des Chemikaliengesetzes und „eine neue Ethik des Wirtschaftens." [61] „Pflanzliche Nahrungsmittel aus dem ökologischen Landbau sollten bevorzugt gekauft werden"[62]. Massentierhaltung sei umweltschädlich. Tropische Produkte (Kaffee, Tee, Bananen, Kiwis) usw. sollten ökologisch angebaut und bevorzugt eingekauft werden. Da 59% der Stickoxyd – Emissionen durch den Autoverkehr hervorgerufen würden, verlangte er eine umweltverträgliche Verkehrspolitik: „Für kurze Entfernungen in der Stadt sei der Weg zu Fuß, mit dem Fahrrad oder mit öffentlichen Verkehrsmitteln eine umweltfreundliche Maßnahme."[63] Noch immer lägen „39 % aller Autofahrten unterhalb einer Entfernung von 3 km." [64] Flugzeuge schädigten mit ihren Emissionen die Atmosphäre. Außerdem setzte er sich für das Sparen von Energie ein und forderte Solaranlagen. Helmut Lenders veröffentlichte 1989 seinen Artikel „Auch der Verbraucher muss umdenken" in dem Buch „ Das Ende des blauen Planeten? – Der Klimakollaps- Gefahren und Auswege." Es wurde herausgegeben von seinem Freund Michael Müller, Bundestagsabgeordneter der SPD und damals Mitglied der Enquete – Kommission ‚Vorsorge zum Schutz der Erdatmosphäre' des Deutschen Bundestages. Mitherausgeber war der niederländische Chemiker Paul Josef Crutzen, Direktor der Abteilung für Chemie der Atmosphäre am Max – Planck – Institut Chemie in Mainz und Professor an der Universität Chicago, USA, der 1995 zusammen mit M.Molina und S. Rowland den Nobelpreis für Chemie bekam. Paul Crutzen konnte erklären, warum sich das Ozon (Schutzschild der Erde) schneller abbaut als bisher erwartet war. [64a)]

Lenders beschäftigte zu Beginn der siebziger Jahre einen Bundestagsassistenten, der ebenfalls in einem veröffentlichten Aufsatz „Erwürgt uns die Umwelt" in der Zeitschrift für „ Zukunfts- und Friedensforschung " auf die drohende Umwelt- bzw. Klimakatastrophe hingewiesen hatte. [65)]

5. Die weltweite Energiekrise 1973/ 1974 und die Konsequenzen für die Zukunft

> *„Verzicht auf Planung ist nicht freies Spiel der Kräfte, sondern Chaos. Planlosigkeit ist keine Antwort auf die von außen aufgedrängten Probleme, wie z.B. die Energieverknappung."*
> Willy Brandt [66)]

1973, nach dem Sieg Israels im Yom – Kippur – Krieg gegen die arabischen Nachbarn, drosselten die Erdöl exportierenden arabischen Staaten ihre Ölförderung um 25%. Außerdem leiteten sie vor allem gegen die USA und die Niederlande einen Lieferboykott ein und die „OPEC" vervierfachte bis Anfang 1974 die Rohölpreise.1974 zahlte die Bundesrepublik 17 Milliarden DM mehr für die Erdöleinfuhren als 1973.

„Die Verteuerung der Erdölprodukte um etwa dreihundert Prozent und der gesamten Rohstoffe um zweihundert Prozent drückte den Preisindex um gut zwei Prozent nach oben." [67)]

Diese Preisexplosion und Verknappung des Angebots konnte die Bundesrepublik, die zwei Drittel der Energie einführen musste, nicht verkraften. Daher wurde vom Deutschen Bundestag am 9.11.1973 ein Energiesicherungsgesetz beschlossen, um Verbrauchsbeschränkungen bei Mineralöl und Erdgas einführen zu können.

So wurde für 4 Sonntage im Nov./Dez. 1973 ein allgemeines Fahrverbot vom Bundeswirtschaftsminister erlassen. Das löste einen heilsamen Schock in der Bevölkerung aus: die Ruhe auf den Strassen und die möglichen Konsequenzen, die sich auch zukünftig aus dem Energiemangel ergeben könnten. [68]

Die Bürger fingen an sich zu überlegen, ob sie noch preisgünstig auf dem Lande bauen sollten, oder besser in einem Ort mit Eisenbahn- und guten Busverbindungen, wo man ohne eigenes Auto auskommt. Die Warnungen des „Club of Rom" vor den Grenzen des Wachstums waren bisher überhört bzw. nicht ausreichend wahrgenommen worden. Schon vorher hatte Gordon Rattray Taylor 1970 über „Das Selbstmordprogramm – Zukunft oder Untergang der Menschheit" z. B. auch über den möglichen Klimaumschwung gesprochen.

Die Energiepolitik gewann an Bedeutung. Lenders stellte Anfragen im Bundestag: zu den Erdgaspreisen, zur Entwicklung des Kraftfahrzeugsantriebs mit Flüssiggas, zu Energiesparmaßnahmen im Wohnungsbereich.

Dr. Carsten Rohwedder, Staatssekretär im Bundeswirtschaftsministerium, erklärte am 24.7.1974, dass die Erdgaspreise den erhöhten Erdölpreisen folgen. Er wies aber daraufhin, dass trotz wettbewerbsrechtlichen Prüfungen der Einfluss der Bundesregierung auf die Öl- und Gaspreise aufgrund der Bezugsbedingungen auf den internationalen Märkten und der immer stärkeren Abhängigkeit der Bundesrepublik von mehr Erdgas gering sei. Der Gaspreis hatte sich durchschnittlich für den Endverbraucher um 15% erhöht. [69]

Lenders beobachtete weiterhin hartnäckig die Preiserhöhungen für Erdgas und stellte erneut hierzu eine Anfrage, die am 13.11.1974 von der Bundesregierung u. a. mit dem Hinweis beantwortet wurde, wie enorm die Kostensteigerungen sind, die „durch entsprechendes Vorhalten von Erdgas für die Zukunft entstehen."

Interessant sind auch die Anfragen von Helmut Lenders zur Entwicklung des Kraftfahrzeugsantriebs mit Flüssiggas (1973), um die Umwelt zu schonen, und zu weiteren möglichen Energieeinsparungen im Wohnungsbereich (1978). Die Bundesregierung erklärte am 18.5.1973, „dass die Verwendung verflüssigter Gase zum Betrieb von Kraftfahrzeugmotoren technisch gelöst ... und ohne besondere Gefahren möglich sei." [70)]

Für eine „merkliche Verringerung der Umweltbelastung, die von den Kraftfahrzeugen ausgeht, könnten diese Gase aber nicht in Betracht gezogen werden." Auch die beim „Erdgasbetrieb für Nutzfahrzeuge" anfallenden Kosten ständen in keinem Verhältnis zum Nutzen für die Umwelt gegenüber dem Dieselantrieb."

Eine Umrüstung der Nahverkehrsomnibusse von Dieselantrieb auf Erdgasbetrieb wurde daher abgelehnt.

1978 setzte sich Lenders für weitere Energiesparmaßnahmen im Wohnungsbereich ein, z.B. in den bundeseigenen Wohnungen. Die Bundesregierung hatte bereits seit 1971 im Rahmen gezielter Modernisierungsprogramme auch energiesparende Maßnahmen durchgeführt. Im Haushaltsjahr 1978 stellte sie 52 Millionen DM für die Modernisierung von Bundesmietwohnungen zur Verfügung. Dabei wurden – wie in den folgenden Jahren – den Energie einsparenden Maßnahmen nach § 4 Abs.3 des „Modernisierungs- und Energieeinsparungsgesetzes (Mod. Eng.) ein besonders hoher Stellenwert eingeräumt.

Lenders hat immer auf den Zusammenhang zwischen Wirtschaftswachstum, Umweltschutz, die Begrenztheit der Rohstoffe und die Energieprobleme aufmerksam gemacht. [71)]

Er wies schon früh auf die sich abzeichnenden weltwirtschaftlichen Veränderungen mit ihren Auswirkungen auf die deutsche Wirtschaft hin. Die zunehmende „Konkurrenz der Entwicklungsländer", die „Abgabe von Arbeitsplätzen in Bereichen mit niedrigen Technologien" machten es erforderlich, „Arbeitsplätze mit höheren Technologien" in der Bundesrepublik zu schaffen, um international wettbewerbsfähig zu bleiben. Die Rohstoffpreise, die dritte industrielle Revolution durch die Mikroprozessoren, die sinkende Bevölkerungszahl in der Bundesrepublik, die Energiepolitik mit den Problemen der Kernkraftwerke und dem Ausbau der heimischen Steinkohle machten die Gestaltung der Wirtschaftspolitik mit stabilen Preisen, Vollbeschäftigung, Wirtschaftswachstum und einem gesamtwirtschaftlichem Gleichgewicht immer schwieriger. [72)] Es führe nicht weiter, wenn die CDU/CSU – Opposition immer nur auf die erfolgreiche Wirtschaftspolitik 1948/49 und zu Beginn der fünfziger Jahre hinweise und der SPD immer wieder „sozialistische Experimente" vorhalte. Helmut Lenders sah die Probleme der Zukunft, die jetzt verstärkt gelöst werden mussten. Hierzu gehörte vor allem die steigende Arbeitslosigkeit.

6. Vollbeschäftigung und Automation

Lenders beschäftigte sich – z.B. durch die Lektüre zahlreicher Fachbücher – mit der Frage, wie eine Vollbeschäftigung bei zunehmender Automation gesichert werden kann. Er hoffte, dass durch neue Technologien (z. B. Umwelttechnologien) genügend neue Arbeitsplätze geschaffen werden könnten. Das Thema einer „Politik des hohen Beschäftigungsstandes" beschäftigte ihn noch, als er schon nicht mehr Bundestagsabgeordneter und bereits Präsident der Verbraucherverbände in der Bundesrepublik war. Er las auch noch das 1999 erschienene Buch „Wenn der Arbeitsgesellschaft die Arbeit ausgeht" von Johano Strasser. Strasser zitiert in seiner Schrift aus dem Buch „The human Condition" (1958) von Hannah Arendt: „Wir wissen bereits, ohne es uns recht vorstellen zu können, dass die Fabriken sich in wenigen Jahren von Menschen geleert haben werden und dass die Menschheit der uralten Bande, die sie unmittelbar an die Natur ketten, ledig sein wird, der Last der Arbeit… Was uns bevorsteht, ist die Aussicht auf eine Arbeitsgesellschaft, der die Arbeit ausgegangen ist…" Strasser fügte hinzu, die Zeitgenossen, die vor 40 Jahren diese Prognose lasen, dachten wohl kaum daran, dass dies einmal, wohlmöglich noch in ihrer eigenen Lebenszeit ein akutes Problem werden könnte. Rationalisierung und Automation waren schon nicht mehr Science – Fiction, sondern Wirklichkeit. Die Konsequenzen für die Gesellschaft und die Befindlichkeit der Menschen waren noch nicht konkret erfahrbar." [73)]

Obwohl das Sozialprodukt gewachsen war, das Volumen des Welthandels zugenommen hatte, stieg in der Bundesrepublik die Zahl der Arbeitslosen seit über 20 Jahren kontinuierlich an. Wenn also produktive Arbeit in Zukunft immer weniger zur Verfügung steht für immer weniger Menschen: Was gibt dann dem Leben Sinn und hält dann die Gesellschaft zusammen? Fragen, die von immer mehr nachdenklichen Menschen wie Lenders gestellt wurden.

7. 1970 Kandidat für das Amt des Parlamentarischen Staatssekretärs im Bundeswirtschaftsministerium als Vertreter von Prof. Dr. Karl Schiller

Helmut Lenders war schon in den sechziger Jahren als guter Wirtschaftspolitiker aufgefallen. Er hatte genügend Rückhalt in den Gewerkschaften, der SPD auf Orts- Landes- und Bundesebene und bei seinen Wählern in der Region Düsseldorf. Als Schillers Parlamentarischer Staatssekretär Klaus Dieter Arndt „unter ungeklärten Umständen 1970" zurücktrat [74], war es keine Überraschung, dass Bundeswirtschaftsminister Prof. Schiller, zunächst Helmut Lenders fragte, ob er sein Vertreter – also Parlamentarischer Staatssekretär werden wolle. Das lehnte Lenders aus gesundheitlichen und persönlichen Gründen ab. Menschlich passten beide Politiker nicht zusammen, wie sein Assistent beobachtete, den Lenders auch nach seiner Meinung fragte. [75]

Der Bundesrepublik ging es im Herbst 1969 gut: 7,5% Wachstum, Preissteigerungsrate 2%, positiven Finanzierungssaldo von 2,5 Milliarden DM und eine Arbeitslosenquote von nur 0,8%. Es war u. a. ein Erfolg des Wirtschaftsministers Schiller. [76] Schiller „erschien" jetzt „noch arroganter und abgehobener als zuvor." Er war ein „Musterbeispiel für die Eitelkeit und Egozentrik des eigenen Berufsstandes." [77]

Helmut Lenders und Karl Schiller waren zwei recht unterschiedliche Menschen, die aber in ihren wirtschaftspolitischen Vorstellungen nicht weit auseinander waren. Schiller hatte – noch bevor er als Soldat eingezogen wurde – eine hervorragende Ausbildung an der Universität absolviert und promoviert. Helmut Lenders, der elf Jahre später geborene, bekam nicht mehr die Chance, sich genügend vor seinem Ostfront-Einsatz auszubilden.

Schiller war als Professor der Ökonomie der große Theoretiker der Marktwirtschaft, der die Meinung vertrat, mit der Verwissenschaftlichung der Politik seien ökonomische Probleme zu lösen. Mit „Planung und Wettbewerb" wollte er Wirtschaftswachstum erreichen.[78] Als unideologischer Fachmann kam ihm u. a. 1963 die Etablierung des „Sachverständigenrates zur Begutachtung der gesamtwirtschaftlichen Entwicklung" wie gerufen. Zur Arbeiterbewegung und zur SPD als Partei hielt er stets Distanz. Georg Leber (SPD), Bundesverteidigungsminister, hat einmal im Scherz gar an seiner Parteizugehörigkeit gezweifelt. [79]

Torben Lütjen, der in seiner 2007 erschienenen Schiller – Biographie Lenders nicht erwähnt, schreibt zur Suche nach einem Parlamentarischen Staatssekretär: „Erstaunlich" war, „dass Schiller im Sommer 1970 der Idee verfiel, Philipp Rosenthal zum Parlamentarischen Staatssekretär zu machen."… In der Partei war er kein Insider, „Stallgeruch" verströmte er ebenso wenig wie sein Dienstherr." Die SPD-Bundestagsfraktion konnte nicht verstehen, wie ein Unternehmer das „schwierige Verhältnis", das es zwischen dem Minister und der Fraktion gab, „verbessern" sollte. [80] Das wurde nicht besser, als Schiller nach dem Rücktritt des Bundesfinanzministers Alex Möller im Mai 1971 Superminister für Finanzen und Wirtschaft wurde. [81]

Bereits im November 1971 scheiterte der Porzellan-Unternehmer. Er warf Schiller vor, dass er verhindert habe, die „Eigentumslosigkeit der deutschen Arbeitnehmer zu überwinden." Er hatte sich erfolglos für die „Vermögensbildung in Arbeitnehmerhand" eingesetzt. Am 16.11, 1971 trat Rosenthal als Parlamentarischer Staatssekretär zurück. [82]

Lenders ging nicht von einer Theorie, sondern von den Menschen aus, die er – mit Hilfe von volkswirtschaftlichen Konzepten – mit Arbeit und einem ausreichenden Unterhalt versorgen wollte. Er setzte ebenfalls die soziale Marktwirtschaft als „Instrument " dafür ein, aber dem Staat sollten genügend

Einflussmöglichkeiten gelassen werden, um „soziale Gerechtigkeit" verwirklichen zu können.

Lenders war ein Mann der SPD, aber kein dogmatischer Ideologe, sondern ein Pragmatiker. Die Mitglieder der SPD unterstützten ihn zum größten Teil mit Wohlwollen und teilweise mit großer Sympathie, da er sich im Rahmen seiner Möglichkeiten immer persönlich um ihre Anliegen kümmerte. Er war recht tolerant gegenüber Andersdenkenden, mit denen er sich fair und sachlich auseinandersetzte. Den wirtschaftlichen Sachverstand holte er sich nach dem Kriege durch ein Selbststudium im Rahmen der Weiterbildung. Hinzu kam, dass er sich mit Beratern umgab, die gut ausgebildet waren und ein Studium absolviert hatten. Frank Bertsch, Referent in der SPD-Bundestagsfraktion, war ein Wirtschaftsexperte. Lenders hätte Schiller einen stärkeren Rückhalt in der SPD verschaffen können, wenn er sein Stellvertreter geworden wäre. Die Hochachtung für den Wirtschaftspolitiker Helmut Lenders wurde auch 1980/81 bei seiner Verabschiedung aus dem Deutschen Bundestag deutlich. Es wurde für ihn eine „Dankschrift" „Wirtschaft von Morgen – Ängste von Heute" von Wolfgang Roth herausgegeben. [83] Das Vorwort hierzu schrieb der als „Weltökonom" bezeichnete Bundeskanzler Helmut Schmidt und der Fraktionsvorsitzende der SPD, Herbert Wehner, zwei Spitzenpolitiker, die Helmut Lenders aus einer engen und vertraulichen Zusammenarbeit gut kannten.

Helmut Lenders gehörte u. a. zur Gesprächsrunde mit dem Bundeskanzler am Montagmorgen, wo mit einigen anderen Politikern – wie z.B. auch dem Fraktionsvorsitzenden der SPD – die Aktivitäten (Themen, Abstimmungen) im Parlament und in der Kabinettssitzung vorbereitet wurden. Die Dankschrift enthält Darstellungen zu „weltwirtschaftlichen Verteilungskonflikten", die „dritte industrielle Revolution", zur „energiepolitischen Bewährungsprobe" und zu den „Herausforderungen des Deutschen Weges." Beiträge schrieben u.a. Uwe Holtz, Karl-Otto Pöhl, Friedhelm Farthmann, Volker Hauff, Erich Wolfram, Karl-Heinz Sohn und Frank Bertsch. [84]

Friedhelm Farthmann, der von 1975 bis 1980 Minister

für Arbeit, Gesundheit und Soziales des Landes Nordrhein-Westfalen war, machte 1980 bereits aufmerksam auf den Stellenabbau durch die verstärkte Nutzung der Neuen Technologien z.B. in der Druckindustrie, bei der Post, den Zeitungen und der Citybank. Er wies darauf hin, dass ähnliche dramatische Veränderungen bei den Sparkassen, Reisebüros, Verwaltungen und beim Bahnhofspersonal bevorstünden: Allein im Dienstleistungssektor stellte die Gewerkschaft HBV die Prognose, dass in 10 Jahren drei Millionen Arbeitsplätze wegfallen würden. Helmut Lenders, der sich leidenschaftlich für Vollbeschäftigung eingesetzt hatte, sah immer deutlicher, dass dieses Ziel nicht mehr nur mit dem bisherigen Instrumentarium der sozialen Marktwirtschaft von Ludwig Erhard zu erreichen war.

8. Frank Bertsch (geb.1937): Wirtschaftspolitischer Berater von Helmut Lenders, der SPD- Bundestagsfraktion und der Bundesregierung

Frank Bertsch, der in Wien an der Hochschule für Welthandel und an der Universität Hamburg Volkswirtschaft studiert hatte, war Exportkaufmann und schließlich wirtschaftspolitischer Berater von Helmut Lenders. Er war ein exzellenter Ökonom, der nicht nur nationalstaatlich und europaweit über wirtschaftspolitische Probleme nachdachte und Konzepte entwickelte, sondern schon immer weltweit dachte, bevor die Globalisierung allgemein erkannt wurde. Über die weltwirtschaftlichen Bedingungen zu Beginn der 80er Jahre des 20. Jahrhunderts schrieb er in der „Dankschrift" für Lenders.

Frank Bertsch setzte sich u. a. für Vollbeschäftigung, ein Strukturprogramm zur Förderung von Selbständigen, ein effektives Innovationsgesetz und für die Förderung der Familie ein. Er war u. a. später im Bundesministerium für Jugend, Familie und Gesundheit Leiter des Planungsreferates „Wirtschaftliche Fragen der Familien- und Jugendpolitik." [86]

Frank Bertsch, der Familie Lenders gut kannte, hat 1992 auf einer Geburtstagsfeier für Helmut Lenders einen kurzen Vortrag

Abb. 9: Inge Lenders, Frank Bertsch (früherer Fraktionsassistent bei der SPD-Bundestagsfraktion und Anke Martiny-Glotz 1987 beim 65. Geburtstag von H. Lenders 1987 in Düsseldorf
Privatphoto: Inge Lenders

über das „Lenders – Prinzip – Eine demokratische und partnerschaftliche Führungsstruktur" gehalten. [87]

Am Beispiel von Lenders, der viele Jahre wirtschaftspolitischer Sprecher der SPD-Bundestagsfraktion und der von ihm geleiteten Arbeitsgruppe Wirtschaft der SPD war, zeigte Bertsch, wie eine demokratisch – partnerschaftliche Führung verwirklicht werden kann. Die von Lenders nicht „patriarchalisch" geführte Gruppe führte zu einer „Optimierung politischer Entscheidungsfindung und Lösungsumsetzung."

Anmerkungen
Achtes Kapitel:

[1] Karl Schiller: Produktivitätssteigerung und Vollbeschäftigung durch Planung und Wettbewerb in: Der Ökonom und die Gesellschaft. Das freiheitliche und soziale Element in der modernen Wirtschaftspolitik, Stuttgart 1964, S. 122

[2 a] Willy Brandt im Bundestagswahlkampf 1961

[2 b] Helmut Lenders: Eingangstatement zum Colloquium Umweltschutz und Konsumverhalten unter besonderer Berücksichtigung des vergleichenden Warentests, Berlin 11.1.1985, Manuskript im Besitz von Inge Lenders

[2 c] J. K. Galbraith, Handelsblatt vom 21.6.1963

[3] Alfred C. Mierzejewski: Ludwig Erhard – Der Wegbereiter der Sozialen Marktwirtschaft, Pößneck 1. Aufl. 2006, S. 78

[4] NL, Box 1- 24: Brief von H. Lenders vom 29.7.1972 an den SPD – Parteivorstand

[5] B. Vogel/H. J. Vogel: Deutschland aus der Vogelperspektive – Eine kleine Geschichte der Bundesrepublik Deutschland, Freiburg 2007, S. 34

[6] A. Mierzejewski,: L. Erhard,S. 88

[7] Andreas Platthaus: Alfred Herrhausen, S. 64/65

[8] A. Mierzejewski: L. Erhard, S. 319

[9] ebd. S.108

[10] ebd. S. 114

[11] G. Grass: Beim Häuten der Zwiebel, Göttingen 2006, S. 319

[12] A. Mierzejewski: L. Erhard, S. 109

[13] ebd. S. 121

[14] ebd. S. 121

[15] Protokolle des SPD Bundesparteitages 1947, S. 158 – 161

[16] Susanne Miller: Die SPD vor und nach Godesberg, Bd.2, S.16

[17] Torben Lütjen: Karl Schiller, „Superminister " Willy Brandts, Bonn, S. 139

[18] A. Mierzejewski: L. Erhard, S.122

[19] G. Scholz: Kurt Schuhmacher, Rastatt 1993, S.177

[20] T. Lütjen: K. Schiller, S. 135

[21] ebd. S.135

[22] ebd. S.134

[23] ebd. S. 136

[24] ebd. S.136

[25] ebd. S. 137

[26] ebd. S. 140

[27] ebd. S. 140

[28] T. Lütjen: K. Schiller, S.141

[29] ebd. S. 142

30) ebd. S. 179
31) ebd. S. 163
32) Susanne Miller: Die SPD vor und nach Godesberg Bd.2,S.37
33) Uwe Jens (HG):Georg Kurlbaum, Bonn 2002, S.7 und H.Schmidt: Fritz Erler ein Vorarbeiter auf dem Wege der Sozialdemokratie zur Reformpartei, S. 10
34) T. Lütjen: K. Schiller, S. 57
35) ebd. S. 196
36) Hartmut Soell: Helmut Schmidt, München 2003, S. 218 und 173
37) ebd. S. 224
38) „Marktwirtschaft von Links", Handelsblatt 1.8. 1952
39) H. Soell: H. Schmidt, S.231
39/1) H. Lütjen: K. Schiller, S. 334 u. 343
39/2) ebd. S. 337
39/3) ebd. S.338 f.
39/4) ebd. S. 340
39/5) ebd. S. 356
39/6) ebd. S.357 f.
39/7) ebd. S. 378
39/8) ebd. S. 379; siehe auch M. Friedman: Kapitalismus und Freiheit, Chicago 1962 – deutsche Ausgabe 2007
39/9) Paul Krugman:Auf eine Reformation folgt eine Gegenreformation. Über Milton Friedman, 2007,Zs. Merkur 61. Jg. Heft 698 S.521
40) W. Brandt: Über den Tag hinaus, 1974, S.297
40a) Protokolle der Bundeskonferenz der SPD vom 13. – 15.11. 1967 in Bad Godesberg: Die SPD in der Regierungsverantwortung S. A3, Bonn 1967
41) A Mierzejewski: L. Erhard, S. 178
42) W. Brandt: Über den Tag hinaus, S. 297
43) A. Mierzejewski: L. Erhard, S. 178 ff
44) ebd. S. 215 f
45) H. Lenders: Wettbewerb und Unternehmerinitiative, S.14
46) K. Adenauer: Erinnerungen 1955 – 1959, Frankfurt a. M./Hamburg, 1969, S. 498
47) H. Lenders: Wettbewerb und Unternehmerinitiative, S.15
48) ebd. S.14
49) Vorstand der SPD (HG): Grundsatzprogramm der SPD, Bad Godesberg/Bonn 1959, S. 13 f.
50) Peter Koch: W. Brandt, S. 244
51) T. Lütjen: K. Schiller, S. 201
52) ebd. S.204 f
53) BGBl I, 1967, S.582
54) Alex Möller: Kommentar zum Gesetz zur Förderung der Stablität und des Wachstums der Wirtschaft, Hannover 1968, S. 24 ff

[55)] Sitzung des Deutschen Bundestages am 3.6. 1970, 6. Wahlperiode, 55. Sitzung
[56)] Joan Robinson: Das Problem der Vollbeschäftigung, Bund - Verlag,Köln 1949, S.4
[57)] H. Lenders in: Pressemitteilung der SPD vom 6.2. 1968
[58)] Informationen der SPD im Deutschen Bundestag vom 6.1. 1975, NL, Box 5
[59)] Müller, Michael/Crutzen, Paul: Das Ende des blauen Planeten? Der Klimakollaps - Gefahren und Auswege, München 1989, S.1 und Bonner General - Anzeiger vom 9.2.2008- Journal
[60)] ebd., S.251: Lenders: Was können die Verbraucher tun ?
[61)] ebd. S. 251
[62)] ebd. S. 256
[63)] ebd. S. 257
[64)] ebd. S. 257
[64 a)] Bonner General Anzeiger - Journal - 9.2. 2008
[65)] G. Eisfeld in: Zeitschrift für Zukunftsforschung und Information 70, Hannover 1971, S.89
[66)] W. Brandt: Über den Tag hinaus, S.297
[67)] ebd. S. 274
[68)] M. Görtemaker: Geschichte der Bundesrepublik, Frankfurt a. M. 2004, S. 572
[69)] Deutscher Bundestag, Drucksache 7 / 2465 vom 24.7.1974
[70)] Protokolle des Deutschen Bundestages, 7 Wahlperiode, 34. Sitzung
[71)] H. Lenders vor dem Deutschen Bundestag am 24.3.1977
[72)] ebd.
[73)] J. Strasser: Wenn der Arbeitsgesellschaft die Arbeit ausgeht, S.11
[74)] T. Lütjen: K. Schiller, S. 311
[75)] Gespräch von H. Lenders mit G. Eisfeld 1970
[76)] T. Lütjen: K. Schiller, s. 277
[77)] ebd. S. 248
[78)] ebd. S.181 f, Anmerkung 41
[79)] Arnulf Baring: Machtwechsel S. 793
[80)] T. Lütjen: K. Schiller, S.311
[81)] ebd. S. 304
[82)] ebd. S. 313
[83)] W. Roth (HG): Wirtschaft von morgen –Ängste von heute ? - Dankschrift für Helmut Lenders, Köln 1981
[84)] ebd.
[85)] ebd. S. 63 und S.67
[86)] ebd. S. 241
[87)] NL, Box 1-24

Neuntes Kapitel
Parlamentarischer Geschäftsführer der SPD-Bundestagsfraktion 1972 – 1976

„Parlamentarischer Geschäftsführer ... ist eine einflussreiche Tätigkeit ,die allgemein als Sprungbrett gilt und den, der sie ausführt, in Trab hält ..."
Sibylle Krause –Burger, Journalistin, 1997 [1]

„Für meine Laufbahn, die im üblichen Sinne keine war, war charakteristisch, dass das galt, was ein Autograph für sich seinem Lebensweg vorausschickte: ‚Es gibt Menschen, die nie werden wollten, was sie wurden.'"
Helmut Lenders [2a]

„Ich bin nicht für das Gräben schaufeln, ich fühle mich immer als Mann des Brückenschlags"
Helmut Lenders [2b]

„In Bonn bestimmten schon damals Hektik, ständige Machtkämpfe und Anonymität das politische und leider auch das zwischenmenschliche Klima."
Hildegard Hamm – Brücher, 1969 Staatssekretärin im BMBW [3a]

„ `Spiegel`: Gerade unter Unionspolitikern (CDU / CSU) gehört es noch heute zum guten Ton, die 68er zu verdammen." „Ich kann mich einem solchen Urteil nicht anschließen, sondern halte es für eine unbegründete Verallgemeinerung."
Kurt Biedenkopf, CDU, 28.01.2008 [3b]

„Ich verstehe die 68er Schelte heute nicht. In meiner Studentenzeit ging es um elementareFragen: Was ist Freiheit? Was ist Gleichheit? Was bedeutet Demokratie?
Ulrich Wickert, ehemaliger Tagesthemen-Moderator, 2008 [3c]

1. Von den jungen Reformern in der Fraktion ins Amt gedrängt

Nach der Bundestagswahl vom 28.09.1969 und der Bildung der sozialliberalen Koalition unter Willy Brandt kam es in der Geschichte der Bundesrepublik auf Bundesebene erstmals zu einer Regierung ohne Beteiligung der CDU.

Voraus ging 1966 in Nordrhein-Westfalen die Bildung einer sozial-liberalen Koalition unter dem Sozialdemokraten Heinz Kühn. Außerdem war 1969 der Justizminister der Großen Koalition (1966 – 1969), Gustav Heinemann (SPD), zum Bundespräsidenten (1969 – 1974) gewählt worden. Er hatte im Kabinett von Konrad Adenauer (CDU) nach dem Kriege das Amt des Bundesinnenministers bekleidet. 1952 gründete er die GVP und trat 1956 der SPD bei.

Es herrschte eine gewisse Aufbruchstimmung im Parlament, der Regierung und im Lande. Die sozialliberale Koalition war – vor der Wiedervereinigung der beiden deutschen Staaten 1990 – der „wichtigste Einschnitt in der Geschichte der Bundesrepublik" nach dem 2. Weltkrieg. [4]

Das machte die Regierungserklärung vom 28. Oktober 1969 von Willy Brandt deutlich. Sie gipfelte in der Forderung: „Wir wollen mehr Demokratie wagen. Wir werden unsere Arbeitsweise öffnen und dem kritischen Bedürfnis nach Information Genüge tun." [5]

In einer Zeit, in der die Jugend rebellierte, gab Brandt das Versprechen ab, sich mit seiner Regierung ständig darum zu bemühen, dass sich die begründeten Wünsche der gesellschaftlichen Kräfte und der politische Wille der Regierung vereinen lassen. Er kündigte im Innern Reformen an: „Bildung und Ausbildung, Wissenschaft und Forschung stehen an der Spitze der Reformen. Die Schule der Nation ist die Schule. Die Bildungsplanung – hierfür war von der Großen Koalition der Artikel 91b in das Grundgesetz eingefügt worden – sollte entscheidend dazu beitragen, die soziale Demokratie zu verwirklichen.

In der Wirtschaftspolitik wollte er dafür sorgen, einen wirksamen Wettbewerb nach innen und nach außen auszubauen. Das Gesetz gegen Wettbewerbsbeschränkungen sollte daher durch eine vorbeugende Fusionskontrolle verbessert werden. Ein „verbessertes Kartellgesetz" sollte zum Instrument einer wirksamen und fortschrittlichen Mittelstandspolitik werden. Helmut Lenders arbeitete als K a r t e l l e x p e r t e eng mit Willy Brandt zusammen.

In der O s t p o l i t i k, die im Wahlkampf hart umstritten war, ging es Brandt um die Absicherung einer europäischen Friedensordnung vor allem durch Verträge mit der Sowjetunion, der Volksrepublik Polen, der CSSR und der Deutschen Demokratischen Republik (DDR).

Wichtig in diesem Zusammenhang war der Verzicht auf Anwendung oder Androhung von Gewalt. Die Verbesserung der Lage Berlins war Willy Brandt – dem ehemaligen Regierenden Bürgermeister von Berlin – ein besonderes Anliegen. Das Nordatlantische Bündnis (NATO) sollte auch in Zukunft die Sicherheit gewährleisten.

Die Forderung nach Beendigung des Krieges der USA gegen das kommunistische Vietnam durch eine politische Lösung fand besonders bei den Schülern und Studenten der Außerparlamentarischen Opposition (APO) Beifall, die hierfür auf die Straße gegangen waren.

„Die Regierung kann in der Demokratie nur erfolgreich wirken, wenn sie getragen wird vom demokratischen Engagement der Bürger", schloss Brandt seine erste Regierungserklärung.

Er sprach aber auch Themen an, die in ihrer Bedeutung noch nicht genügend erkannt waren: Den „Schutz der Natur", den Verbraucherschutz und die technologische Entwicklung – Themen die auch Helmut Lenders immer wieder ins Spiel gebracht hatte. Willy Brandt gab zur Förderung der technologischen Entwicklung bereits am 25. August 1967 auf der 25. Deutschen Funkausstellung in Berlin als Bundesaußenminister und Vizekanzler der Großen Koalition z. B. den Start für das Farbfernsehen, das bis zu diesem Zeitpunkt nur in den USA, Kanada und Japan ausgestrahlt wurde. Die DDR begann damit am 3.10.1969.Ihr 2. DDR-Fernsehprogramm wurde ebenfalls in Farbe gesendet. [6]

Brandt machte 1969 nachdrücklich auf „technologische Lükken" in der Bundesrepublik aufmerksam vor allem im Bereich der „Computertechnik:." „Man übertreibt nicht, wenn man der Computertechnik eine katalytische Wirkung nicht allein für die gesamte wissenschaftlich-technische Entwicklung, sondern weit darüber hinaus auch für die industrielle Produktion, die Verwaltung und andere Bereiche" zuspricht. [7] „Grundlegende Reformen in Bildung und Forschung" waren für Brandt zugleich Bedingungen für die zukünftige Wettbewerbsfähigkeit der Bundesrepublik, zumal sie nicht über genügend Rohstoffe und Energie verfügt.

In der Parlamentsfraktion der SPD wehte ein frischer Wind. Den hatte der erfolgreiche Wahlkampf Brandts 1969 mit ausgelöst. Fast jeder dritte sozialdemokratische Abgeordnete kam 1969 als Neuling ins Parlament. Das hatte Folgen für die Strukturen und Machtverhältnisse innerhalb der SPD -Fraktion. Die Jungparlamentarier, wie z.B. Björn Engholm (Schriftsetzer und Diplom-Politologe), Dietrich Sperling (Lehrer), die deutlich ihre Meinung in der Fraktion vortrugen, gerieten in Konflikt mit den sog. „Kanalarbeitern" unter der Führung des Niedersachsen Egon Franke, eines eher konservativen Sozialdemokraten, der aber ein entschiedener Antifaschist unter Hitler gewesen war. [8a]

Zu den „Kanalarbeitern" gehörte auch Annemarie Renger (1919 – 2008), die zunächst Privatsekretärin und Vertraute des Antifaschisten Kurt Schuhmacher wurde, des ersten sozialdemokratischen Parteivorsitzenden nach dem 2. Weltkrieg, der viele Jahre im KZ gesessen hatte und schwer behindert war.

Nach Schuhmachers Tod (1952) war Annemarie Renger von 1953 bis 1990 Bundestagsabgeordnete, 1969 bis 1972 auch Parlamentarische Geschäftsführerin der SPD Bundestagsfraktion. Als erste Frau wurde sie Bundestagspräsidentin (13.12.1972 bis 13.12.1976). Sie forderte eine Abgrenzung der SPD von linken „Randgruppen", lehnte den Integrationskurs von Willy Brandt teilweise ab, der für sie zu großes Verständnis für die 68er aufbrachte. Dagegen verehrte sie Helmut Schmidt und setzte sich für seine Nachrüstungspläne ein. [8b]

Ihr Nachfolger in der SPD – Bundestagsfraktion als Parlamentarischer Geschäftsführer wurde Helmut Lenders. Egon Franke beherrschte damals die Fraktion zusammen mit dem

Fraktionsvorsitzenden Herbert Wehner. Wer zum sog. „Linken Flügel" gehörte, hatte weniger Chancen, Einfluss auf die Politik der SPD – Fraktion zu nehmen.

Die sog. meist jungen „Linken" kamen sich in einer Wohngemeinschaft-einer sog. „Abgeordneten-Kommune" – in der Hausdorffstraße in Bonn persönlich näher, um sich dann später als Gruppe zu konstituieren, die um Mitsprache in der Fraktion rang. Zunächst trafen sich die „Linken" in einer Kneipe bei einem Spanier. Viele von ihnen, die sich dort begegneten und auch zusammen Ausflüge machten, hatten ein Büro in der 16. Etage des Abgeordnetenhochhauses in Bonn, das „L a n g e r E u g e n" hieß, benannt nach dem ehemaligen Bundestagspräsidenten E u g e n Gerstenmaier (CDU), der „klein" war. Die 16. Etage wurde Anlaufstelle für alle die glaubten, man müsse mehr für den demokratischen Staat tun und ihn „kontrollierfähig" machen. [9]

Mit dieser „Linken" kooperierten Jungsozialisten, Studenten vom Sozialdemokratischen Hochschulbund (SHB)u. dem Verein Deutscher Studenten (VDS), Gewerkschafter und viele andere Gruppen, auch aus der Außerparlamentarischen Opposition (APO). Die Abgeordneten der 16. Etage trafen sich regelmäßig am Donnerstag, es war der sog. „Donnerstagskreis." Aus dieser Gruppe bildete sich schließlich der sog. „Leverkusener Kreis." Nach der Bundestagswahl 1972 konstituierte sich diese Gruppierung mit ungefähr 30 Bundestagsabgeordneten. [10]

Zu dem „Leverkusener Kreis" gehörten u. a. Jochen Steffen aus Schleswig-Holstein, der Studiendirektor a. D. Karl-Heinz Hansen aus Düsseldorf, der Juso-Vorsitzende Wolfgang Roth, die Staatssekretäre Volker Hauff, Fred Zander und Hans Matthöfer sowie die späteren Bundesminister für Bildung und Wissenschaft – Rechtsanwalt Dr. Jürgen Schmude und der ehemalige Schriftsetzer und Politologe Björn Engholm.

Helmut Lenders fühlte sich wohl in diesem Kreis. Seit er im Bundestag war, hatte er sich daran gestört, dass in der SPD-Fraktion und ihren Gremien wenig diskutiert wurde. „Dafür aber gab es Zettel mit Hinweisen auf das Abstimmungsverhalten."

„Die Organisatoren der Zettelwirtschaft waren die „Kanalarbeiter" mit Egon Franke an der Spitze."[11] Die Bundestagsabgeordnete Lenelotte von Bothmer (geb. 1915) beantwortete die Frage, ob sie an den politischen Entscheidungen innerhalb ihrer Fraktion wirklich beteiligt wurde, mit „Nein!" [12]

Diese Bundestagsabgeordneten achteten Egon Franke, der sich in der Nazi-Zeit für die SPD und die Demokratie in Deutschland engagiert hatte. Aber bei allem Respekt, Lenders hielt die „Zettelwirtschaft" für „einfach nicht mehr zeitgemäß." Lenders gab als einen der wichtigsten Gründe für die Entstehung des „Leverkusener Kreises" von „sog. Linken oder Halblinken" an, eine Möglichkeit zu bekommen, wichtige Personal- und Sachentscheidungen in der Fraktion „vorher ausführlich beraten und diskutieren" zu können. [13]

Von einem gewählten Sprecher wurden die Diskussionsabende so organisiert, dass sie sich in den Rhythmus der Parlaments- und Fraktionsarbeit einpassten. Gabi Witt, Persönliche Referentin eines Bundestagsabgeordneten, fertigte Protokolle an. Da die „Linken" für Transparenz und Offenheit waren, informierten sie selbstverständlich den Fraktionsvorsitzenden Herbert W e h n e r über diese Gruppenbildung. „Seine Vorbehalte galten den Gefahren einer Fraktionsspaltung." [14]

Wehner sagte zur Gruppenbildung in der SPD –Bundestagsfraktion in einem „Zeit – Interview" am 4.7.1975, als es neben den bereits genannten Gruppen den „Tübinger Kreis", den „Lahnsteiner Kreis" und den „Frankfurter Kreis" gab: „Ich selbst gehöre keinem Kreis an; ich darf das nicht, ich will das auch nicht. Andererseits bin ich alt genug um zu wissen, dass es sinnlos ist, über solche Kreisfreudigkeiten zu nörgeln oder zu donnern. Meine Aufgabe war und bleibt die Fraktion handlungsfähig zu erhalten und sie nicht zerfasern zu lassen."

Als nach der Wahl 1972 die SPD-Bundestagsfraktion die stärkste Fraktion im Bundestag war, wurde die Parlamentarische Geschäftsführerin Annemarie Renger (SPD) zur Präsidentin des Deutschen Bundestages gewählt. Somit musste die SPD-Fraktion einen neuen Parlamentarischen Geschäftsführer wählen, der zum wichtigen geschäftsführenden Vorstand der Fraktion gehörte und Einfluss auf die politische Meinungsbildung und

Organisation der Fraktion hatte. Die „Leverkusener" wollten diese wichtige Position mit einem ihrer „Anhänger" besetzen. Da sie meinten, Helmut Lenders, als „gemäßigter Linker", habe die größten Chancen, auch wirklich gewählt zu werden, schlugen sie ihn vor.

Bereits bei den Fraktionsvorstandswahlen hatte Lenders nach der Bundestagswahl von 1969 von 24 Abgeordneten (6 im engeren Vorstand, 18 Beisitzer) das 5. beste Ergebnis mit 183 von 211 möglichen Stimmen erreicht. Nur ein Beisitzer – der Landwirtschaftsexperte Dr. Martin Schmidt / Gellersen – hatte mit 184 Stimmen eine Stimme mehr bekommen.

Herbert Wehner erhielt bei der Wahl zum Vorsitzenden 198 Stimmen. [15]

Helmut Lenders hatte zunächst Bedenken wegen seines Gesundheitszustandes. Er willigte aber in eine Kandidatur ein, als ihm seine Schwester Gisela, die Heilpraktikerin war, empfahl, die Herausforderung anzunehmen. Der geschäftsführende Fraktionsvorstand der SPD-Bundestagsfraktion mit Herbert Wehner an der Spitze, dem auch Lenders angehörte, schlug aber mehrheitlich vor, den Landgerichtsrat a. D. Dr. Hans de With zu wählen. [16]

Anschließend wurden die Mitglieder des Fraktionsvorstandes gefragt, ob es weitere Vorschläge gäbe. Da keiner von den „Linken", die Lenders unterstützten, Mitglied des Vorstandes waren, sah sich Lenders gezwungen, was ihm überhaupt nicht lag, sich selbst vorzuschlagen, um sein Versprechen gegenüber dem „Leverkusener Kreis" einzuhalten." Schließlich hatte er den „Linken" auf Bitten zugesagt, zu kandidieren. In einer Kampfabstimmung im geschäftsführendem Vorstand verlor Lenders, so dass der Vorschlag des Fraktionsvorstandes an die Gesamtfraktion der SPD war, Hans de With zu wählen. In der dann folgenden Sitzung der Bundestagsfraktion der SPD wurde also Helmut Lenders vom Vorstand nicht vorgeschlagen! Wie im „Leverkusener Kreis" aber geplant, benannten ihn aus der Mitte der Fraktion die Schleswig-Holsteiner als Kandidat. Gegen die Empfehlung des geschäftsführenden Vorstandes wählte dann schließlich die Fraktion Helmut Lenders für vier Jahre zum Parlamentarischen Geschäftsführer der SPD-Bundestagsfraktion. Lenders bekam Unterstützung aus der Mitte und von „ weiter Links." Das erklärte Lenders wie folgt: „Ich bin einfach offen und gehe überall dahin, wo über Sachprobleme gesprochen wird. Ich bin nicht für das Gräben schaufeln, ich fühle mich immer als Mann des Brückenschlagens." [17 a)]

Qualifiziert hatte sich Lenders u. a. als Vorsitzender der Arbeitsgruppe Wirtschaft (seit 1970) als Nachfolger von Carl Ravens und als stellvertretender Vorsitzender des Bundestagsbeirates für handelspolitische Vereinbarungen (1969 – 1972). Sein besonderes Interesse galt seit seinem Eintritt in den Deutschen Bundestag 1965 der Wirtschaft, der Verbraucherschutzgesetzgebung, der Selbständigenpolitik, dem Stabilitäts- und Kartellgesetz und der Ost- und Friedenspolitik. 1964 hatte er sich auf dem SPD-Bundesparteitag 8 mal zu Wort gemeldet: u.a. auch zur Mitbestimmung und zu einer gerechten Vermögensstreuung in der Bundesrepublik. [17 b)]

Am 14.02 1973 schrieb Lenders in einem Brief an die Evangelische Akademie Loccum, dass er nach seiner Wahl zum Parlamentarischen Geschäftsführer seine früheren Aufgaben im Wirtschaftsausschuss unter Einschluss der Federführung für die Wettbewerbsgesetzgebung abtreten musste. Dr. Uwe Jens, Diplomvolkswirt, der von 1967–1972 Referent des Arbeitskreises Wirtschaftspolitik der SPD-Bundestagsfraktion war, wurde als Bundestagsabgeordneter Nachfolger Lenders für die Betreuung der Kartellgesetznovelle. [18)]

Helmut Lenders hatte nicht nur nach Ansicht des Rheinischen Merkur sehr gute Voraussetzungen für diese organisatorische und politische Unterstützung des Fraktionsvorsitzenden und der gesamten Fraktion. Der Rheinische Merkur schrieb am 12.08.1976 in einem Kurzportrait: „Helmut Lenders ist unprätentiös, sein Ergeiz ist sachbezogen: er will Leute zu gemeinsamen Tun zusammenbringen, Dinge voranbringen."

Helmut Lenders war als Parlamentarischer Geschäftsführer für Fragestunden des Parlaments zuständig. Über seinen Tisch gingen alle Fragen von Abgeordneten der SPD-Fraktion, die er nicht immer für passend hielt. Durch seine Kritik machte er sich daher nicht unbedingt beliebt bei allen seinen Kolleginnen und Kollegen.

Als Geschäftsführer organisierte er Kontakte zum DGB und den Verbänden. So bemühte er sich besonders um die Mitarbeit der organisierten Jugend am weiteren Aufbau des demokratischen Staates Bundesrepublik mit seiner freiheitlichen, demokratischen und sozialen Verfassung.

Er kümmerte sich um Kongresse, an denen SPD-Bundestagsabgeordnete teilnahmen und um Delegationen der SPD-Fraktion, die andere Länder besuchten. [19]

Er vertrat auch schon mal Herbert Wehner im Bundeskabinett unter der Führung von Bundeskanzler Helmut Schmidt.

2. Unterschiedliche Einflussmöglichkeiten und „Machtverhältnisse" unter den Parlamentarischen Geschäftsführern

„Natürlich fehlt mir Karl Wienand, was nicht heißt,
dass es nicht auch andere gibt, die wie er tätig sein können...
Ich war es nicht, der ihn entdeckt hat. Wienand war
Fraktionsgeschäftsführer unter meinem Vorgänger,
und ich habe mit ihm loyal und gut zusammengearbeitet."
Herbert Wehner, Vorsitzender der SPD – Bundestagsfraktion 1975 [20 a]

„Das Stasi-Unterlagen-Gesetz will die h i s t o r i s c h e,
politische und juristische Aufarbeitung der Tätigkeit des
Staatssicherheitsdienstes ... gewährleisten und ... fördern
(§ 1, Abs.3). Ohne eine grundlegende ethische Orientierung
aber kann diese Aufarbeitung nicht in einem zukunfts-
trächtigen Sinn geschehen." „Ein Ethos kompromissloser
Wahrheitsverpflichtung ist uns von daher eine Grundbe-
dingung wissenschaftlicher Arbeit, gerade im Hinblick auf
die Staatssicherheitsdienst – Akten."
Prof. Dr. theol. Wolf Krötke, Humboldt – Universität Berlin [20 b]

Der Gewerkschaftssekretär Helmut Lenders war einer der vier Fraktionsgeschäftsführer der SPD–Bundestagsfraktion, neben dem Juristen Manfred Schulte aus Unna und der Dozentin an der Akademie der Arbeit in Frankfurt a. M., Dr. Helga Timm. [21]

Karl Wienand war schon 1967 Parlamentarischer Geschäftsführer des Fraktionsvorsitzenden Helmut Schmidt geworden und hat später besonders eng mit Herbert Wehner zusammengearbeitet. Er galt damals als der wichtigste Parlamentarische Geschäftsführer der SPD Fraktion. Der Historiker Rupps bezeichnet Wienand als „Drahtzieher" im Hintergrund. [22]

So auch die Überschrift eines Artikels im Bonner General-Anzeiger am 15.12. 2006 zu Wienands 80. Geburtstag. Er war u. a. für die Tagesordnungen der Plenarsitzungen des Deutschen Bundestages, Gesetzgebungsfragen, für Kontakte zu anderen Fraktionen zuständig.

Für Helmut Lenders war Wienand ein schwieriger Kollege, mit dem er die Fraktionsarbeit bewältigen musste.

Karl Wienand (geb. 1926) war schon ein erfahrener Politiker. Der Gemeindedirektor a. D. wurde bereits 1953 Bundestagsabgeordneter und bezog bald gemeinsam mit Helmut Schmidt ein MdB – Büro im Bundeshaus in Bonn. Er war viele Jahre Mitglied des Verteidigungsausschusses des Deutschen Bundestags, seit 1963 als Nachfolger von Fritz Erler als stellvertretender Vorsitzender des Ausschusses. Unter dem Fraktionsvorsitzenden Helmut Schmidt, dem späteren Bundeskanzler, wurde er 1967 Parlamentarischer Geschäftsführer, eine Position, die er unter dem Fraktionsvorsitzenden Herbert Wehner bis 1974 behielt. „Wehner verschaffte Wienand die Rolle seines Lebens, in dem er ihn mit mehr Machtfülle ausstattete, als jedem Parlamentarischen Geschäftsführer zuvor und danach." [23]

Er war 1969 auf einem außerordentlichen Bundesparteitag der SPD auch Delegierter des Parteivorstandes. [24]

Wienand war Wehner bis zuletzt dankbar und besuchte noch den achtzigjährigen kranken Herbert Wehner. [25]

Die Staatssicherheitsdienst (STASI) der DDR stand im Kontakt mit Karl Wienand, dem Kollegen von Helmut Lenders. Karl Wienand wurde bereits 1959 vom Staatssicherheitsdienste der

DDR auf einer Karteikarte der Hauptabteilung II (Aufklärung, Parteien, Organisationen und Kirchen der BRD) erfasst. [26)]

Sein Deckname war „Streit." [27)] Das ist erst seit wenigen Jahren öffentlich bekannt. Die Akten hierzu wurden 2003 vom CIA in Washington nach mühsamen Verhandlungen an Deutschland zurückgegeben. Der Verfassungsschutz nannte sie „Rosenholz – Kartei." Die Bundesbeauftragte für die Unterlagen des Staatssicherheitsdienstes der ehemaligen Deutschen Demokratischen Republik hat seit dieser Zeit diese Unterlagen zur historischen Aufarbeitung „auch Wissenschaftlern nur äußerst selten Zugang gewährt", wie die Süddeutsche Zeitung am 31.5.2008 berichtete.

Auf einem Statistikbogen der HVA wurden die „Objekte" „SPD Parteivorstand / Präsidium" genannt, für die sich der Staatssicherheitsdienst der DDR interessierte. [28)]

Es wurde ein „IM–Vorgang mit Arbeitsakte" „Streit" angelegt. [29)]

Eine derartig angelegte Akte deutete nach der Interpretation von Joachim Gauck allgemein auf eine „IM–Vorlauf Akte" hin. Gauck war der erste Sonderbeauftragte der Bundesregierung für die personenbezogenen Unterlagen des ehemaligen Staatssicherheitsdienstes der DDR nach der Wiedervereinigung. „Bevor eine Person inoffizieller Mitarbeiter des MfS wurde, nahm die Stasi ihn oftmals über lange Zeit ins Fadenkreuz." Es wurde überprüft, „ob sich die Anwerbung für das Ministerium lohnen würde." [30)] Es ging der Stasi vor allem darum, ‚Details' zu erfahren und die ‚Vertrauenswürdigkeit' zu überprüfen.

Für angeblich 501 „Informationen" von „Streit" in der Zeit von 1969 bis zum Ende der DDR (1989) hatte die Staatssicherheit eine Liste mit den Titeln von Informationen erstellt: So z.B. zur „Ostpolitik", über die „Haltung führender SPD-Kreise zum Abschluss des Vertrages über die Regelung der Beziehungen zwischen der DDR und der BRD", über „erste interne Reaktionen auf die Verhaftung des Mitarbeiters im Bonner Bundeskanzleramt Guilleaume" , „konzeptionelle außenpolitische Vorstellungen des SPD – Vorsitzenden Brandt in Vorbereitung seiner Reise in die UdSSR " und zu den „Beziehungen USA – BRD." [31)]

Außerdem enthielt die Liste von „Informationen" zahlreiche

Hinweise auf Politiker: z.B. auf Hans Joachim Vogel, Helmut Schmidt, Egon Franke, Carsten Voigt, Jürgen Schmude, Herbert Wehner, Kurt Biedenkopf, Bundeskanzler Kohl und weitere Bundespolitiker. [32)]

Verkürzte Protokolle (5 bis 27 Seiten) der Stasi über Treffen und telephonische Kontakte einer Person der Staatssicherheit der DDR mit „Streit" zur Zeit des Beginns der Sozialliberalen Koalition unter der Führung von Willy Brandt liegen für folgende Zeiten vor: 23./24.2.1969, 21.10.1970, 29.10.1970, 5.11.1970, 20.11.1970, 2.12.1970. Die Vermerke wurden dem Genossen Minister Behrend (DDR) zur „Entscheidung über Auswertung", „Mit der Bitte um Kenntnisnahme und Orientierung des Genossen ...über unsere Linie..", „Genosse Minister persönlich... vorgelegt vom Spionagechef der DDR Markus Wolf." Der „Spiegel" hat 1993 behauptet, „Wienand" sei möglicherweise mit Markus Wolf zusammen getroffen. Der Sozialdemokrat bestritt aber „entschieden jeglichen wissentlichen Kontakt zum MfS": Wienand: „Das ist absoluter, dummer Quatsch, das ist abstrus." Auch Markus Wolf habe er nie persönlich gesehen oder gesprochen.[33)]

Bei einem von der Stasi aufgezeichneten Gespräch am 23./24.2. 1969 ging es vor allem um die Durchführung der B u n d e s v e r s a m m l u n g zur Wahl eines Bundespräsidenten in Westberlin. Der grundsätzliche Standpunkt der Bundesregierung und der parlamentarischen Opposition war, Westberlin gehört zur Bundesrepublik Deutschland und ist nicht eine selbständige Einheit, wie es die DDR und die UdSSR behaupteten. Es ging dabei in erster Linie um den Schutz der Freiheit der Westberliner, die im Zentrum der von den Kommunisten beherrschten DDR lebten (Insel – Lage). Daher sollte dort auch 1969 der Bundespräsident der Bundesrepublik Deutschland gewählt werden.

Neun Tage vor dem Zusammentritt der Bundesversammlung traf sich – nach den Aufzeichnungen der STASI – Wienand mit einem Mitarbeiter des Staatssicherheitsdienstes in Bad Honnef. Wienand berichtete über eine Kabinettsitzung in Bonn, auf der die Durchführung der Bundesversammlung in Westberlin besprochen wurde. Daran hatte der Außenminister der Großen Koalition (1966 – 1969), Willy Brandt, nicht teilgenommen. Herbert Wehner nahm als persönlicher Vertreter Brandts teil. Wienand nahm auf Bitten von Helmut Schmidt teil. Die Bundesversammlung sollte entweder in Bonn oder in Frankfurt a. M. stattfinden, wenn die DDR bereit wäre, zu Ostern, Pfingsten und Weihnachten 1969 in Westberlin Passierscheine auszustellen – und zwar von Mitarbeitern der Deutschen Post und nicht von Angehörigen des Ministeriums des Innern der DDR.

Außerdem wurde über eine Unterredung zwischen dem sowjetischen Botschafter Zarapkin und Bundeskanzler Kiesinger gesprochen. [34]

Willy Brandt bestätigte in seinen „Erinnerungen", „Ende Februar 1969, vor der geplanten Wahl Heinemanns zum Bundespräsidenten am 5.3.1969, habe Bundeskanzler Kiesinger dem sowjetischen Botschafter erklärt, die Bundesrepublik sei zum Verzicht auf die Wahl des Bundespräsidenten in Berlin bereit, wenn sich die Sowjetunion im Gegenzug dafür verwende, den West-Berlinern den Besuch im Ostteil der Stadt zu ermöglichen." [35]

Wienand soll sich persönlich gegenüber dem Stasivertreter dafür ausgesprochen haben, die Bundesversammlung nicht in Westberlin durchzuführen. Er wies daraufhin, dass die „SP-Führung" dieser Meinung sei. Außerdem wäre Präsident „Nixon (USA) froh, wenn es eine Lösung ohne Berlin in der Frage der Bundesversammlung gäbe und die ganze Angelegenheit auf das humanitäre Gleis geschoben werde."

Bundestagspräsident Gerstenmaier habe mit der Einberufung der Bundesversammlung in Berlin Außenminister Brandt „überfahren." [34]

Die Bundesversammlung fand dann aber am 5.3.1969 in West – Berlin statt. Gustav Heinemann wurde auf Vorschlag der SPD zum Bundespräsidenten mit 512 von 1023 Stimmen gewählt. Sein Gegenkandidat, der Bundesverteidigungsminister Dr. Gerhard Schröder (CDU) erhielt 506 Stimmen. Die „äußeren Umstände " dieser Veranstaltung waren „unerträglich", wie Helmut Kohl sich erinnerte. Die Proteste der Sowjetunion gegen

Westberlin als Ort der Bundespräsidentenwahl hatten eine „bedrohliche Form angenommen: Sowjetische Kampfjets donnerten über den Messehallen hinweg. Dramatischer hätte die Wahl nicht verlaufen können." [36]

Es bleibt offen, inwieweit Wienand im Auftrag seiner Partei handelte. Da die Gespräche – nach den Aufzeichnungen der STASI – meistens mit Herbert Wehner, aber wohl nicht immer mit Brandt abgesprochen waren, könnten das aber auch inoffizielle Gespräche gewesen sein. Wienand soll auch persönliche Wünsche geäußert haben.

Wienand hatte nach Angaben der STASI „ausschließlich Wehner informiert", der wie Brandt heute nicht mehr gefragt werden kann. Herbert Wehner aber hatte 1953 in einem Brief an Bundeskanzler Dr. K. Adenauer eine Kollaboration von Sozialdemokraten mit den Kommunisten in der Sowjetzone strikt ausgeschlossen und hatte „die Notwendigkeit der Gemeinsamkeit des Handelns der demokratischen Parteien in den grundlegenden Fragen von nationalpolitischer Bedeutung" betont. [37]

Ob der Stasi-Mann zuverlässig die Gespräche aufgezeichnet hat, kann noch nicht abschließend beurteilt werden." Der Spiegel behauptete 1993, der Gesprächspartner Wienands war „eine hochrangige Quelle, eigentlich zuverlässig." Das hätte die Einschätzung eines Sicherheitsexperten der Bundesregierung ergeben. [38]

Aus den „Stasi-Vorlauf Akten" (1969 – 1970) ist zusammenfassend zu entnehmen, dass Wienand „ausgehorcht" wurde, ohne das immer deutlich erkennbar war, dass er sich dagegen gewehrt hat.

Für den Historiker ist von Bedeutung, ob durch diese „Abschöpfung" in Kontaktgesprächen wesentlich die Entscheidungen eines demokratischen Staates beeinflusst worden sind. [39a]

Eine weitere delikate Frage, für die sich die Staatssicherheit der DDR interessierte, war die Ost-Grenze der DDR, die O d e r - N e i ß e - L i n i e. Im 2. Weltkrieg wurden die Ostgebiete Polens der Sowjetunion zugeschlagen, die Deutschen verloren ihre Ostgebiete jenseits von Oder und Neiße an die Polen.

Das beschloss die Konferenz der Großen Drei (Roosevelt/USA, Stalin/UdSSR und Churchill/England.) vom 28.11. bis 1.12.1943 in Teheran.

Am 5.11.1970 sprach die Staatssicherheit mit Wienand u. a. über die Ostpolitik der neuen sozialliberalen Bundesregierung. Es ging um die Verhandlungen zur Vorbereitung von Verträgen mit der Sowjetunion, der Volksrepublik Polen, der CSSR und schließlich der DDR (Grundlagenvertrag). Auch die Botschaftergespräche der Siegermächte über West – Berlin wurden kurz erörtert. Wienand soll einen guten Kontakt zur amerikanischen Botschaft gehabt haben. Im Zusammenhang mit diesen Gesprächen wurden auch die Oder – Neiße – Linie angesprochen. Wienand erklärte, so die Stasi – Aufzeichnungen, der Bundesregierung sei klar, dass der Verzicht auf die Gebiete östlich von Oder und Neiße endgültig ist." Er machte aber darauf aufmerksam, dass die Opposition im Deutschen Bundestag Schwierigkeiten mache wegen der „Vorwegnahme friedensvertraglicher Regelungen." [39b)]

Im selben Jahr führten Egon Bahr und die Bundesregierung (z.B. Walter Scheel mit Polen) Gespräche zur Ostpolitik und somit auch über die Oder – Neiße – Linie mit den Regierungen der o. g. Staaten. Bahr hatte sich mit Außenminister Gromyko/UdSSR in 10 Leitsätzen nach 14 Begegnungen zwischen dem 30.1. und 22.5.1970 auf die Unverletzlichkeit der europäischen Grenzen, einschließlich der Oder-Neiße-Grenze, geeinigt, was am 12.8. 1970 im „Moskauer Vertrag" seinen Niederschlag fand.

Der Vertrag zwischen der Bundesrepublik Deutschland und der Volksrepublik Polen kam am 7.12. 1970 zustande und sprach sich u. a. für eine Anerkennung der Oder – Neiße – Linie, den Verzicht auf gegenseitige Gebietsansprüche und Gewaltanwendung aus.

Völkerrechtlich verbindlich festgeschrieben wurde die Oder-Neiße-Linie erst nach der Wiedervereinigung der beiden deutschen Staaten am 14.11.1990 durch die Bundesrepublik Deutschland und die VR Polen. Ob es bei den Gesprächen zur Ostpolitik, welche die Unterhändler der Bundesregierung und der SPD – Führung mit den Ostblockstaaten offiziell und möglicherweise inoffiziell führten, eine vollständige gegenseitige Unterrichtung gab, ist nicht restlos aufzuklären. Daher kann auch die vor allem wichtige historische Frage nicht beantwortet werden, ob die Verhandlungsposition der Bundesrepublik durch zusätzliche inoffizielle oder sogar private Gespräche hinsichtlich der Grenzfrage oder z.B. hinsichtlich der Gestaltung des Grundlagenvertrags zwischen der Bundesrepublik und der DDR (abgeschlossen am 21.12.1972) gestärkt oder geschwächt wurde.

Da die Staatssicherheit der DDR – nach eigenen Angaben – auch Details und persönliche Angelegenheiten mit ihrem Gesprächspartner erörtert hatte, erhebt sich die Frage, ob Wienand im Rahmen der Interessen der Bundesrepublik und z.B. nach den SPD – Richtlinien für Ostkontakte handelte. [40 a)]

Gespräche eines Parteipolitikers in der Demokratie in zentralen Fragen ohne Kontrolle des Parlaments, der Regierung und der Öffentlichkeit mit einem Staat, der an seinen Grenzen auf Menschen schießen ließ, macht misstrauisch und führt auch zum Verdruss an den nach dem Grundgesetzartikel 21 an der politischen Willensbildung des Volkes mitwirkenden Parteien. Wie Hubertus Knabe 2008 in seinem Buch „Die Täter sind unter uns – Über das Schönreden der DDR- Diktatur" berichtete, gab es eine großzügige Amnestie für West- Spione. „Der ‚Instrukteur' des SPD-Politikers Karl Wienand, des best bezahlten Agenten des Staatssicherheitsdienstes, kam mit einer Verwarnung davon." Instrukteure waren Personen, die zwischen ihren Führungsoffizieren in Ost – Berlin (DDR) und der Bundesrepublik hin- und herreisten. [40 b)]

Wenn auch nicht vergleichbar, entstand zu Beginn der siebziger Jahre „Unbehagen" an der Art und Weise der „Parteienfinanzierung", wie es die Staatssekretärin im Bundesministerium für Bildung und Wissenschaft 1969 schilderte. [40 c)]

Derartige Vorgehensweisen können zu schwerwiegenden Krisen des demokratischen Staates führen, die verhindert werden sollten.

Helmut Lenders und Karl Wienand waren unterschiedlich informiert und konnten angesichts ihrer Stellung in der

Fraktion nicht in gleicher Weise die politische Führung beraten, weil sie z. B. zu den Kommunisten ein unterschiedliches Verhältnis hatten. Auch waren die Beziehungen der beiden Politiker zueinander nicht gerade herzlich. Über Helmut Lenders konnte keine Stasi-Akte oder entsprechende Hinweise zu Stasi – Gesprächen gefunden werden. Es wurde dem Autor nur ein Zeitungsartikel aus der Westdeutschen Allgemeinen Zeitung vom 8.12.1972 mit einer Liste von „Gewerkschaftern im neuen Bundestag" mit dem Namenseintrag „Lenders, Helmut, Düsseldorf (3) HBV" übersandt. [41] Alle Nachforschungen haben ergeben, dass sich Helmut Lenders an die vereinbarten Regeln z.B. der SPD im Umgang mit den Kommunisten gehalten hat. Ob er u. U. von der Stasi „abgeschöpft" wurde, ist nicht nachweisbar. Wie bekannt, sind zahlreiche Stasi –Akten 1989/1990 vernichtet worden. In den STASI – Unterlagen zu Karl Wienand wird Helmut Lenders nicht erwähnt.

1972 beim Misstrauensvotum gegen Willy Brandt im Deutschen Bundestag gewann Brandt überraschend. Rainer Barzel (CDU) verlor, der statt von 250 möglichen Stimmen nur 247 erhielt. [42]

Wienand geriet in den Verdacht, an der Beeinflussung von CDU-Abgeordneten beteiligt gewesen zu sein. [43]

Der frühere CDU–Bundestagsabgeordnete Julius Steiner hatte am 27.4. 1972 nicht für Barzel votiert und sagte der Illustrierten „Quick", dass er hierfür vom Parlamentarischen Geschäftsführer der SPD, Karl Wienand, 50 000 DM erhalten habe. [44]

1971/1972 war gegen Wienand auch der Verdacht geäußert worden, er habe die dubiose Charterfluggesellschaft „Pan International" als Berater unterstützt und dafür ein Honorar erhalten. Die SPD – Fraktion sprach ihm das Vertrauen aus. [45]

1973 wurde ihm Steuerhinterziehung vorgeworfen. 1974 legte er sein Abgeordnetenmandat aus gesundheitlichen Gründen nieder. Er brach in Wehners Büro zusammen. [46]

Die Frankfurter Rundschau schrieb dazu am 12.12.1974: „Einen Mann von der Statur Wienands (von 1967 bis 1974 Parlamentarischer Geschäftsführer) im Parlamentsbetrieb, auf dessen Zusagen sich im Ältestenrat alle Fraktionsvertreter verlassen konnten, vermissen selbst die Obleute der Union – Skandale hin, Ermittlungsverfahren her. Für Machbares und für Kompromisse in heiklen Streit- und Geschäftsordnungsfragen, im Timing der Bundestagsdebatten war Karl Wienand Sachverständiger. Ein Mann mit Phantasie und Argumentationskraft, auch seinem Vorsitzenden Herbert Wehner und der Fraktion gegenüber."

Bis 1974 hatte Wienand loyal mit Helmut Schmidt und Herbert Wehner zusammengearbeitet. In der Biographie von Hartmut Soell: „Helmut Schmidt – Vernunft und Leidenschaft", München 2003, finden wir aber keinen Hinweis auf Karl Wienand, obwohl er nach Aussagen von Helmut Schmidt als der beste Manager, den die Sozialdemokraten je hatten, bezeichnet wurde. [47)]

„Helmut Schmidt kündigte dem gebeutelten niemals seine loyale Verbundenheit, was diese und jene Zeitbeobachter eher erstaunlich fanden." Harpprecht bezeichnete Karl Wienand „als den diskreten Manipulator des Sieges von Willy Brandt." [48)]

Nach der Wende in Deutschland wurde Karl Wienand 1994 angeklagt wegen geheimdienstlicher Agententätigkeit für die DDR. Das Oberlandesgericht Düsseldorf verurteilte Wienand 1996 zu einer Freiheitsstrafe von zweieinhalb Jahren und zum Einzug eines Agentenlohnes von einer Million D-Mark.

Der 3. Strafsenat des Bundesgerichtshofs hat die Revision des Angeklagten Wienand am 28.11.1997 verworfen. In einer Pressemitteilung des Bundesgerichtshofs (Nr. 88/1997) heißt es: Es sei „erwiesen, dass der Angeklagte spätestens seit Ende 1976 bis Oktober 1989 gegenüber einem Mitarbeiter des Ministeriums für Staatssicherheit der DDR (MfS),... sein Wissen von politischen Interna aus der Bundesrepublik Deutschland, insbes. aus der SPD, über das Verhältnis SPD-interner Gruppierungen zueinander, über Schwierigkeiten in der bis 1982 regierenden SPD-FDP-Koalition, über Äußerungen führender SPD-Politiker sowie über persönliche Einschätzungen der aktuellen politischen und wirtschaftlichen Situation berichtete. Die insgesamt ca. 90 Treffen mit dem Mitangeklagten V. haben aus Sicherheitsgründen nur im westeuropäischen Ausland stattgefunden; hierbei wurde dem Angeklagten Wienand auch Agentenlohn ausgehändigt."

1999 hat Bundespräsident Roman Herzog einem Gnadengesuch Wienands wegen starker gesundheitlicher Probleme zugestimmt. In der fünfjährigen Bewährungszeit wurden aber erneut schwere Vorwürfe gegen Wienand von der Kölner Staatsanwaltschaft u. a. wegen Beihilfe zur Bestechlichkeit und Steuerhinterziehung im Zusammenhang mit dem Bau der Kölner Müllverbrennungsanlage erhoben. [49]

Seit Oktober 1969 war Herbert Wehner der gemeinsame Chef der Parlamentarischen Geschäftsführer Wienand, Lenders, Schulte und Timm. Jetzt hatten die Sozialdemokraten als Regierungspartei, die den Bundeskanzler stellte, die Hauptverantwortung. Da sie nur über eine knappe Mehrheit mit ihrer Koalition verfügten, musste Herbert Wehner die Fraktion straff führen. „Wehner praktizierte einen autoritären Führungsstil."[50] Er reagierte wie ein Minister und gab den Kollegen Geschäftsführer Weisungen mit grüner Schrift. Wer neu in seine Fraktion kam, hatte zunächst zu parieren. [51]

Zwischen Karl Wienand, der nicht ganz seriös agierte [52] und Wehner, der oft explodierte und sich scheinbar nicht immer schnell entscheiden konnte, hatte es Helmut Lenders nicht leicht. Wenn Herbert Wehner Lenders mal in Erregung mit lauter Stimme ansprach, hat Lenders gesagt: Wenn du Dich beruhigt hast, komme ich wieder.

Wienand, der Lenders Ende der neunziger Jahre bat, ihn hinsichtlich der schweren Vorwürfe gegen seine Person zu entlasten, erhielt keine Unterstützung von ihm. Er, der sonst gerne anderen half, hielt sich in diesem Fall zurück. [52 a]

Wienand, der am 16.9.2007 von der Rhein – Sieg SPD für eine fast 60-jährige Mitgliedschaft in der SPD mit einer Willy Brandt Medaille in Silber geehrt wurde, lobte seinen ehemaligen Kollegen Lenders als „guten Mann." „Herbert Wehner war solidarisch mit Wienand. Er neigte dazu, wie Helmut Schmidt sich erinnerte, sich über Menschen schnell ein (Vor-)urteil zu bilden und dann dabei zu bleiben. Im Falle Wienands war Wehners Urteil positiv ausgefallen." [53]

Wehner stützte sich nach dem Ausscheiden Wienands nach Meinung von Christoph Meyer vor allem auf die Parlamentarischen Geschäftsführer Konrad Porzner, Manfred Schulte und besonders auf Gerhard Jahn. Helmut Lenders wird in der Biographie von Meyer nicht erwähnt.

3. Treffen mit Schülerredakteuren aus der gesamten Bundesrepublik

> *„Auf die SPD vor allem konzentrierte sich 1972*
> *nun die Hoffnung. Sie wurde – und Willy Brandt hat*
> *ein um das andere Mal stolz darauf hingewiesen -*
> *zum Auffangbecken für den jugendlichen Idealismus,*
> *den jugendlichen Protest, für die jugendliche Sehnsucht*
> *nach einer menschlicheren Gesellschaft. Mehr Demokratie zu wagen, hatte Willy Brandt Anno 1969 in seiner*
> *Regierungserklärung versprochen. Ihm wollte man gerne*
> *glauben."*
> Sibylle Krause – Burger, Journalistin, 1997 [54 a)]

> *„Ohnesorg, Dutschke – wen treffen die nächste Schüsse der Ordnungshüter und ‚Verführten'?"*
> Transparent einer friedlichen Studentendemonstration am 16.4.1968 in Bonn gegen das Attentat auf Rudi Dutschke am 11.4.1968 in Berlin [54 b)]

> *„Unsere Ausgangslage 1967/68 war schon anders*
> *als in der Tschechoslowakei oder in der DDR.*
> *Wir haben damals die Bresche geschlagen und*
> *hatten richtig Glück, dass wir ohne hohen Blutzoll*
> *da raus gekommen sind. Seit dieser Erfahrung*
> *bin ich dankbar, in diesem Land zu leben.*
> *Ermöglicht haben das auch einige Politiker, die wir*
> *damals bekämpft haben – Willy Brandt, Johannes Rau,*
> *Hans–Jochen Vogel oder Burkhard Hirsch."*
> Hannes Heer, Bonner SDS-Führer 1968 [55)]

Die Unruhen in der akademischen Jugend begannen 1964. Der Pädagoge Georg Picht warnte damals vor einer deutschen Bildungskatastrophe und forderte u. a. eine Hochschulreform. Die akademische Jugend wollte stärker an der Gestaltung der Universitäten, der Forschung und der Lehre beteiligt werden.

Auch in der Berufsausbildung, für die der Bund – für den betrieblichen Teil – und die Bundesländer – für den schulischen Teil – Verantwortung tragen, wurden mehr Ausbildungsplätze und eine verbesserte Weiterbildung angemahnt.

Für den Schul- und Kindergartenbereich forderten die zuständigen Kultusministerien und das Bundesministerium für Bildung und Wissenschaft eine qualifizierte Ausbildung und mehr Kindergarten- und Kinderkrippenplätze. Wer auf die gute Versorgung mit Kinderkrippenplätze in der kommunistischen DDR hinwies, musste sich nicht wundern, wenn er als Kommunist beschimpft wurde. Diejenigen, die sich dafür einsetzten, dass die Jugendlichen möglichst lange zusammen in einer Schule – in der Gesamtschule – gefördert werden sollten, wie z.B. in den USA, einigen westeuropäischen Ländern, in der Sowjetunion und der DDR, wurden ebenfalls in dieselbe „ Schublade " gesteckt, weil die Gesamtschule fälschlicherweise mit der kommunistischen bzw. sozialistischen Einheitsschule verglichen wurde.

Z. B. bei den Bonner Studenten standen 1967/68 die vier Themen auf der ‚Tagesordnung': „Hochschulpolitik", „Studenten und Innenpolitik", „Studenten und internationale Politik" und eine Auseinandersetzung mit dem Nationalsozialismus, welche die Eltern und die Lehrer in der Regel nach 1945 nicht vermittelt hatten. [56]

Helmut Lenders hatte sich bereits im März 1965 um die Integration der Jugend in den demokratischen Staat bemüht u. a. durch eine umfassende Bildungsreform. Er forderte zusammen mit Politikern der FDP und CDU Schüler bei einer Diskussion in einer Düsseldorfer Berufsschule auf, „ durch Beitritt zu einer Partei oder durch Diskussionen mit den Abgeordneten ihre Ansicht darzulegen." [57]

Die Bundesregierungen unter Willy Brandt und Helmut

Schmidt förderten ab 1969/1970 im Rahmen der gemeinsamen Bildungsplanung von Bund und Ländern nach Artikel 91 b des Grundgesetzes Modellversuche zur Verbesserung des Bildungswesens wie z.B. zur Gesamtschule, zur Zweisprachigkeit im Kindergarten, zur Förderung der Chancengleichheit vor allem für Arbeiterkinder, zur einphasigen d.h. mehr praxisorientierten Lehrerausbildung, zur Qualifizierung der betrieblichen Ausbilder nach der „ Ausbildereignungsverordnung "des Bundes, zur Integration von Gastarbeiterkindern und zur Förderung von lernschwachen und sozial benachteiligten Jugendlichen (sog. Benachteiligtenprogramm des Bundes).

Die Bildungsreform kam aber nicht voran, weil die erfolgreichen Modellversuche, die von den Bundesministern Dr. Jürgen Schmude und Björn Engholm zusammen mit einigen Ländern durchgeführt wurden, nicht flächendeckend auf die Bundesländer übertragen wurden. Die Bundesregierung und die für die Bildung in erster Linie zuständigen Länder waren nicht bereit, hierfür die notwendigen Finanzmittel zur Verfügung zu stellen, um eine flächendeckende Regelförderung für alle Kinder zu ermöglichen. Der erste Bundesbildungsminister der Regierung Brandt, Dr. Hans Leussink (parteilos), ist daran gescheitert. Er konnte einen Bildungsgesamtplan von Bund und Ländern nicht in konkrete Maßnahmen umsetzen, da die Bundesländer ihm schließlich die Zustimmung versagten.

Neben den Bildungsfragen diskutierten die SPD-Politiker mit der Jugend über die Notstandsgesetze, die seit 1965 im Bundestag beraten und am 30.5.1968 verabschiedet wurden. Hierzu gab es auch Massen-Demonstrationen, Schweigemärsche, Vorlesungsstreiks, Hungerstreiks, und „Sit-ins." In weiteren Aktionen wendeten sie sich z.B. gegen den Krieg, den die USA seit 1964 in Vietnam mit über einer halben Million Soldaten führte und der Ende der sechziger Jahre für die USA verloren ging. Nach langjährigen Verhandlungen beschlossen 1973 die USA mit den kommunistischen Nordvietnamesen einen Waffenstillstand.

Aufgrund der geschilderten Ereignisse und weil umfassende Reformen im Bildungsbereich nicht flächendeckend verwirklicht wurden, bildete sich eine „Außerparlamentarische Opposition" (APO) gegen die im Bundestag in Bonn übermächtige Große Koalition (1966 – 1969) von CDU/CSU und SPD unter der Führung von Bundeskanzler Dr. Kurt Georg Kiesinger. Vor allem Studenten sahen es als eine Provokation an, dass Bundeskanzler Dr. Kiesinger Mitglied der Nationalsozialistischen Partei (NSDAP) unter der Führung von Adolf Hitler gewesen war.Kiesinger trat am 1.3.1933 der NSDAP bei (Mitglieds – Nummer 2 633 930). Sein Biograph Klaus Hoff schrieb hierzu, Kiesinger habe mit seinen Freunden aus der katholischen Verbindung „Askania" den „neuen Machtapparat" auf Rat eines „Alten Herren" „unterwandern" wollen. [58a)] Kiesinger habe sich im Grunde distanziert gegenüber dem Nationalsozialismus verhalten.

Die Stimmung gegen Kiesinger wurde 1968 „angeheizt", als die Französin Beate Klarsfeld Bundeskanzler Kiesinger am 7.November auf einem CDU-Parteitag in Berlin eine Ohrfeige gab. Sie wollte mit ihrer Tat noch einmal deutlich auf den ehemaligen Nationalsozialisten Kiesinger aufmerksam machen.

Auch Bundeswirtschaftsminister Prof. Dr. Karl Schiller war am 1.5.1937 in die NSDAP eingetreten. Das wurde ihm von einer APO-nahen Zeitschrift vorgeworfen. Für einen Sozialdemokraten war das nach 1945 „eine schwere Hypothek." [58 b)]

1966 zog die Nationaldemokratische Partei (NPD), die ehemalige Nazis als Mitglieder hatte, in die Landtage der Länder Hessen und Bayern ein, so dass der „Sozialistische Deutsche Studentenbund (SDS)" von einem neuen deutschen Faschismus sprach.

Die Lage in der Bundesrepublik explodierte, als am 2.6.1967 auf einer Demonstration in Berlin der 26-jährige Benno Ohnesorg durch Kugeln aus einer Polizeiwaffe erschossen wurde. Der Romanistik – Student von der Freien Universität Berlin war ein besonnener und eher zurückhaltender Student, der friedlich demonstrierte.

Joschka Fischer, der eine „Karriere" vom Linksradikalen und Straßenkämpfer zum Außenminister der Bundesrepublik Deutschland im Kabinett von Gerhard Schröder machte, sagte am 1.10.2007 in einem Interview mit dem „Spiegel" zu diesem Ereignis: „Die Schüsse vom 2. Juni veränderten mein Leben, denn durch sie kam ich in Stuttgart in Kontakt zum SDS und wurde zu einem Linksradikalen, der die Verhältnisse in der damaligen Bundesrepublik Deutschland zunehmend ablehnte, ja bekämpfte." Die Wut der Studenten richtete sich besonders gegen die „Springer – Presse" (Bild, Berliner Morgenpost und BZ). Sie heizte die Stimmung gegen die protestierenden Studenten an, von denen auch einige sich nicht scheuten, „Gewalt gegen Sachen" anzuwenden. So dauerte es nicht lange, da wurde auch Gewalt gegen Personen zur Realität. Es kam zu einer weiteren Eskalation.

Der Hilfsarbeiter Josef Bachmann schoss am 11.4. 1968 in West-Berlin auf dem Kurfürstendamm auf den damals bekanntesten Anführer der APO, Rudi Dutschke, der schwer verletzt wurde. Rudi Dutschke hatte sich als radikaler Reformer für den "Weg durch die Institutionen" eingesetzt und Gewalt gegen Personen abgelehnt. Nach diesem Attentat gingen noch mehr Schüler und Studenten auf die Straße, um gegen Darstellungen in der Presse, die amerikanische Vietnampolitik, die westdeutsche Bildungskatastrophe und die Notstandsgesetze zu protestieren.

1968 spaltete sich die APO auf. Eine sehr kleine Gruppe unter der Leitung von Ulrike Meinhoff, Gudrun Ensslin, Jan-Carl Raspe, Holger Meins und Andreas Baader entschied sich für Terrorismus gegen den Staat und gründeten die „Rote Armee Fraktion (RAF)." Eine weitere Gruppe schloss sich Rudi Dutschke an, der starre Organisationsformen und die r e p r ä s e n t a t i v e Demokratie ablehnte. Andere Studenten und Schüler gingen in bestehende demokratische Organisationen, wie z. B. den Sozialdemokratischen Hochschulbund (S H B), oder unterstützten – wie teilweise der S H B – den von der SPD und Willy Brandt angestrebten demokratischen Machtwechsel im Rahmen der repräsentativen Demokratie der Bundesrepublik Deutschland. Eine Wählerinitiative von Günter Grass, des bekannten Schriftstellers des Romans „Blechtrommel", kämpfte mit Hilfe von Prominenten – wie z.B. der Nachrichtensprecherin im Deutschen Fernsehen, Wibke Bruns – und jungen Experten – unter ihnen ein späterer Assistent von Helmut Lenders und der bekannte Bonner und später Berliner Kneipier Friedhelm Drautzburg – für Willy Brandt und die SPD. [59 a)]

Seit der Gründung der Bundesrepublik 1949 hatte es nur Bundesregierungen unter Führung der konservativen CDU gegeben. Erstmals nach der Bundestagswahl 1969 bildete sich unter der Führung von Willy Brandt (SPD) eine Kleine Koalition von SPD und FDP. Ihre Reformpolitik fand auch bei Schülern und Studenten teilweise Unterstützung. Helmut Lenders bemühte sich um die Mitarbeit der jungen Generation. Helmut Schmidt, der „praktisch unmittelbar Nützliches für das Ganze zu leisten wichtiger" ansah, „als die Utopie" [59 b)], hielt dagegen im „Frühsommer 1969 erhebliche Teile dieser ersten wirklichen Nachkriegsgeneration (APO – Generation) nicht mehr im demokratischen Sinne für integrierbar." [60)]

Auf diesem Hintergrund verstärkte Helmut Lenders aufgrund seiner Erfahrungen mit den Jungsozialisten in Düsseldorf und den Studentenprotesten in der Bundesrepublik die Anstrengungen zur Integration der Jugend in den demokratischen Staat.

Zunächst ließ sich Helmut Lenders im März 1970 von einem seiner Referenten über die Beschlüsse des Kongresses der Jungsozialisten in München informieren, die damals großes Aufsehen erregten. [61)]

Die Jungsozialisten entwickelten eine neue „sozialistische Theorie", die bewährte Vorstellungen der SPD – vor allem vor dem Godesberger Programm (1959) – mit Vorstellungen der Außerparlamentarischen Opposition (APO) zu verbinden versuchte. Die auf „hohem Niveau stehende Gesellschaftskritik" konnte der Partei neue Impulse geben. Hans Apel (SPD) begrüßte, dass sich die Debatte um die „geistige Mobilisierung der SPD vor den Augen der Öffentlichkeit" vollzog. [62)]

Die Jungsozialisten forderten als oberstes Ziel die „H u m a - n i s i e r u n g des gesellschaftlichen und staatlichen Lebens." Sie wollten den Menschen „ befreien." Für Prof. Alexander Mitscherlich, seit 1967 Professor der Psychologie an der Universität Frankfurt a. M., auf den sich die Jungsozialisten beriefen, waren die Menschen unter das „Diktat der technischen Produktion und damit einer inhumanen Rationalität" gebracht worden. Es ging den Jungsozialisten um „die Selbstverwirklichung des Menschen in der Arbeit." Eine sozialistische Bildungspolitik sollte die Selbstverwirklichung durch eine „System überwindende" Bildungspolitik ermöglichen. Sie forderten daher „System überwindende Reformen" in allen Bereichen. Einen das System nur ausbessernden Reformismus lehnten sie ab.

Das Haupthindernis zur Durchsetzung dieser Reformen sei der Kapitalismus, der zur „skandalösen Ungleichheit der Vermögensverteilung in der Bundesrepublik" führe. Der Kapitalismus habe schon privatem Reichtum und öffentlicher Armut hervorgebracht. Daher forderten die Jungsozialisten die „Transformation des kapitalistischen Systems in ein sozialistisches": Verstaatlichung der Großbanken, der Schlüsselindustrien (Stahl, Chemie und Energie) und der Luftfahrtindustrie, eine stärkere Monopol- und Fusionskontrolle, die Mitbestimmung der Lohnabhängigen und die Vollbeschäftigung. Jeder sollte seinen „Bedürfnissen und Möglichkeiten" entsprechend Arbeit ausüben können, möglichst „ in der unmittelbaren Umgebung seines Wohnortes." Besonders die wohnortnahe Beschäftigung war schon damals eine immer weniger zu erfüllende Forderung, die Lenders bedrückte. Um diese Ziele umsetzen zu können verlangten die Jungsozialisten „absolute Steuerfreiheit für unterdurchschnittliche Einkommen", „Ausweitung der Kapitalertrags-, Erbschafts- und Vermögenssteuer für Großvermögen" und eine Abschaffung indirekter Verbrauchssteuern (ohne die Luxussteuern).

Von den w i r t s c h a f t s p o l i t i s c h e n Vorstellungen der Jungsozialisten wurden alle anderen Vorschläge abgeleitet. So auch eine sozialistische Bildungspolitik, welche die revoltierenden Schüler und Studenten besonders interessierte. Sie sollte die „Entwicklung einer realen Demokratie" verwirklichen und allen Menschen die Augen für die Auswüchse des Kapitalismus öffnen. Vor allem sollten für die unterprivilegierten Lohnabhängigen gleiche Bildungschancen geschaffen werden. Um das zu erreichen, forderten sie mehr

„Einrichtungen der vorschulischen Erziehung", die voll integrierte, ganztägige Einheitsschule mit einer Berufsausbildung, eine polytechnische Erziehung, eine qualifizierte, einheitliche Aus-, Weiterbildung für alle Lehrer, eine Mitbestimmung für Schüler bei der Notengebung und eine Wahl der Schulleitung. Für die Studenten war die f a m i l i e n u n a b h ä n g i g e S t u d i e n f ö r d e r u n g ein zentrales Anliegen.

In der Außen- und Deutschlandpolitik gab es Übereinstimmungen mit der SPD – Führung. Die Jungsozialisten erkannten die Friedensbemühungen von Willy Brandt an. Sie forderten konkret die „endgültige Anerkennung der Oder-Neiße-Linie durch die Bundesrepublik, die Aufgabe des Alleinvertretungsanspruchs der Bundesrepublik Deutschland und einen völkerrechtlich wirksamen Vertrag mit der DDR. Die „amerikanische Kriegspolitik in Vietnam" lehnten sie ab.

Sie verlangten, die Willensbildung in der SPD müsse stärker von unten nach oben gehen, die Mandatsträger sollten ständig kontrolliert und eine Ämterhäufung abgebaut werden. Sie erkannten die Reformvorschläge in der Regierungserklärung von Willy Brandt von 1969 an, verlangten aber andererseits, die Reformen dürften nicht System erhaltend sein. Parlamentarische Beschlüsse wurden nur noch „angestrebt und gefordert", „soweit sie Voraussetzungen für eine Zunahme der Macht der Arbeiter schaffen können."

Es blieb offen, wie der von ihnen geforderte „demokratische Sozialismus" in West- und Ostdeutschland umgesetzt werden sollte, da sowohl der kapitalistische Parlamentarismus in der Bundesrepublik als auch die kommunistische Herrschaftsordnung der DDR abgelehnt wurden.

Bei den Jungsozialisten gab es daher Überlegungen, einen „parteiunabhängigen sozialistischen Jugendverband " zu gründen. Lenders wurde empfohlen, die Vorstellungen der Jungsozialisten offen in der Partei zu diskutieren und dann darüber abstimmen zu lassen. Da beide Seiten die demokratischen Spielregeln einhielten, gab es Möglichkeiten, die Jugend wieder besser in die Partei zu integrieren.

1972 war Lenders zum Parlamentarischen Geschäftsführer

Abb. 10 H. Lenders mit seinen ehemaligen Assistenten Christof Henn und Dr. G. Eisfeld in Düsseldorf 2000
Photo: Jutta Eisfeld

der SPD – Bundestagsfraktion gewählt worden. Jetzt hatte er eine bundesweite Verantwortung. Eines seiner wichtigsten Ziele war die Integration der jungen Generation in den Staat und die Verhinderung einer Radikalisierung.

Sein Persönlicher Referent Christof Henn hatte Lenders informiert, dass sich „die bei der Bundestagswahl 1972 entscheidende Vormachtstellung der SPD bei den Jungwählern verringerte." Deshalb schlug er eine „intensive Zielgruppenarbeit" vor. Besondere Bedeutung komme dabei den Schülern und Lehrlingen zu. Da eine direkte Ansprache aller Schüler „organisatorisch nicht möglich " sei, schlug er die „Einschaltung von Multiplikatoren " vor. Als Multiplikatoren bezeichnete er „Schülerredakteure", die neben den gewerkschaftlich organisierten Lehrlingen,

Jungarbeitern und parteipolitischen Jugendorganisationen als die „politischen opinion leaders" galten. [63)]

Um den Verdacht der Manipulation und einer eigennützigen Propagandaveranstaltung zu vermeiden, empfahl Henn, mit einem „pluralistischen Partner" wie der „Deutschen Jugendpresse – einem Dachverband der jugendeigenen Zeitschriften" – zusammenzuarbeiten. In einem Bericht über 5 Informationsbesuche von insgesamt über 250 Redakteuren von Schüler- und Lehrlingszeitungen schrieb Helmut Lenders, wie diese Gespräche organisiert wurden und welche Ziele sie verfolgten. Die jeweils dreitägigen Informationsbesuche finanzierte die SPD- Bundestagsfraktion. Sie waren wie folgt organisiert und gegliedert: Zeit für interne Vorbereitung der Jugendlichen in Bonn – ohne Politiker; Diskussion mit Bundestagabgeordneten (Experten) der SPD über jeweils drei Themenbereiche und mit einem abendlichen „open–end–Gespräch" in lockerer Atmosphäre; am dritten Tag eine Pressekonferenz mit möglichst einem führenden Politiker, z. B. mit Willy Brandt, Helmut Schmidt, Herbert Wehner und Egon Bahr..

So konnten sich die Schülerredakteure aus erster Hand über die gesetzgeberische Arbeit der SPD-Bundestagsfraktion und die Regierungspolitik informieren und z.B. folgende Fragen stellen: „Welches sind die Bedingungen der Politik? Wieso gibt es so viele Kompromisse? Was will die SPD, was tun ihre Abgeordneten? [64)]

Es wurde die Praxis sozialdemokratischer Parlamentsarbeit am kritischen Anspruch der Jugendlichen gemessen: „Die Idee: Ins Gespräch kommen. Nicht einseitig referieren, sondern Meinungsaustausch zwischen Parlamentariern und junge Redakteuren. Die Probleme von beiden Seiten betrachten. Der Wunsch, Vorurteile abzubauen und sich um Verständnis zu bemühen. Nicht das Verkaufen von SPD – Politik steht im Vordergrund. Uns interessiert, wie Jugendliche über Numerus clausus, Leistungsdruck, „Radikalen Erlass", mangelnde Freizeiteinrichtungen und Einschränkungen von Freizeiträumen denken. Jugendeigene Zeitschriften erkennen die Probleme und Meinungen am direktesten, ihre Redakteure drücken sie aus. Was sollten die Po-

Abb. 11: Schülerredakteure mit Bundeskanzler H. Schmidt u.
H. Lenders. Privatphoto: Inge Lenders 1976

litiker aus ihrer Sicht tun, um Missstände zu beheben?" Lenders wollte „keine gläubigen Anhänger der SPD-Politik, sondern ein breites politisches Meinungsfeld." Deshalb verschickte die SPD-Fraktion die Einladungen über die Deutsche Jugendpresse, den Dachverband der Schülerpresse. Die Absicht war: "sozial-demokratische Politik transparent zu machen" und „das Mühselige in der Politik zu zeigen...." Lenders suchte die „Auseinandersetzung mit den B ü r g e r n v o n M o r g e n und ihren Vorstellungen von der Gesellschaft, "...die mit der Politik der SPD möglichst vereinbar sein müssten. Darin lag „Sinn und Zweck" der Tagungen. Lenders hat es richtig Spaß gemacht. „hart und kontrovers, aber sachlich" zu diskutieren.

    Joachim Hofmann-Göttig hat wissenschaftlich untersucht, wie die insgesamt 12 Informationstagungen der SPD-Fraktion von den Teilnehmern beurteilt wurden. [65]

Alle Veranstaltungen bezeichneten sie mindestens mit „gut." Zu diesem Ergebnis trugen vor allem als „Ideengeber" Bundestagsabgeordnete wie Dr. Dietrich Sperling, Dr. Rolf Meinecke, Björn Engholm, Alfons Pawelczyk, Dr. Uwe Holtz und Helmut Lenders mit seinem Referenten Christof Henn als Organisator bei.

Anmerkungen
Neuntes Kapitel:

[1] Sibylle Krause – Burger Joschka Fischer, S.138, Stuttgart 1997
[2a] H. Lenders: Für Linda, S.69
[2b] H. Lenders: NRZ 26.2. 1973
[3a] Hildegard Hamm – Brücher: Freiheit ist mehr als ein Wort, Eine Lebensbilanz 1921 – 1996, 2. Aufl. 1999, S. 188
[3b] Der Spiegel – Interview mit Kurt Biedenkopf (CDU) am 28.1. 2008. Er war am Ende der sechziger Jahre Rektor an der Universität Bochum
[3c] General – Anzeiger Bonn, 10.6. 2008
[4] Peter Borowski: Deutschland 1969 – 1982, S. 7
[5] Bundeskanzler W. Brandt: Regierungserklärung vom 28.10. 1969, 5. Sitzung der 6. Wahlperiode
[6] Bonner General – Anzeiger, 25./26. 8. 2007
[7] Bundeskanzler W. Brandt, Regierungserklärung am 28. 10. 1969
[8a] Rainer Burchardt/Werner Knobbe: Björn Engholm – Die Geschichte einer gescheiterten Hoffnung, Stuttgart 1993, S.92 – und Annemarie Renger, Ein politisches Leben, 1993 und General – Anzeiger vom 4.3. 2008
[8b] Annemarie Renger, Ein politisches Leben, Bonn 1993 u. GA vom 4.3.2008
[9] R.Burchhardt/W. Knobbe: Björn Engholm, S.95 f
[10] ebd. S. 96
[11] H. Lenders: Für Linda, S. 69
[12] Hugo Brandt (HG) Hoffen, zweifeln, abstimmen – Seit 1969 im Bundestag, 14 Abgeordnete berichten, Hamburg 1980, S.25
[13] Helmut Lenders: Für Linda, S.69
[14] ebd. S.69
[15] NL, Box 18
[16] H. Lenders: Für Linda, S. 70
[17a] NRZ, 26.2. 1973
[17b] Protokoll des SPD Bundesparteitages vom 23. bis 27.11.1964 in Karlsruhe, S. 278 u. 298, 302ff

[18] NL, Box 1 – 24 – Bundestagsfraktion 7. Wahlperiode
[19] Brief von Herbert Wehner 1972 von der schwedischen Insel Öland an seine Parlamentarischen Geschäftsführer, Fragment im Besitz von Inge Lenders
[20 a] Herbert Wehner in einem Interview mit Eduard Neumaier in „Die Zeit" am 4.7. 1975
[20 b] K.D. Henke: Wann bricht schon mal ein Staat zusammen, München 1993, S.43/44 und Gesetz über die Unterlagen des Staatssicherheitsdienstes der ehemaligen Deutschen Demokratischen Republik (Stasi–Unterlagen–Gesetz) – StUG vom 20.12. 1991 Bundesgesetzblatt, Jg. 1991, Teil I S. 2272 – 2287
[21] Kürschners Volkshandbuch Deutscher Bundestag, 7. Wahlperiode, Darmstadt 1974
[22] Rupps: Troika wider Willen – Wie Brandt, Wehner und Schmidt die Republik regieren, Berlin 2004, S. 174
[23] ebd. S.174
[24] Protokolle des SPD Parteitages 1969 in Dortmund
[25] Rupps: Troika wider Willen, S. 307
[26] BStU F 16/ HVA
[27] BstU,MfS, F 22 / HVA
[28] BStU,MfS, Statistikbogen HVA
[29] BStU, MfS, HVA / MD / 6, SIRA – TDB 21
[30] Joachim Gauck: Die Stasi–Akten – Das unheimliche Erbe der DDR, Reinbek 1995, S.55
[31] BStU, MfS, HVA / MD /3, SIRA – TDB 12
[32] ebd., die Nr. 235, 241, 242, 270, 272, 287, 331, 421
[33] Der Spiegel 23/ 1993, S.33
[34] BstU,MfS – SdU 1470/ 9 – 13
[35] W. Brandt: Erinnerungen, S. 230
[36] Helmut Kohl: Erinnerungen 1930 – 1982, S. 248
[37] BStU,MfS – SdM 305, 000082 und Gerhard Jahn (HG): Herbert Wehner Zeugnis, S. 179
[38] Der Spiegel 23/1993 S. 33
[39 a] Zur Rechtssprechung zum „ IM": Gegen den Vorwurf von Frau Birthler gegenüber Gregor Gysi, „das er zwar nicht als, wohl aber „wie" ein IM gewirkt hätte", ging Gysi „gerichtlich" „mit Erfolg" vor: G. Gysi: Ein Blick zurück, ein Schritt nach vorn, S.391 u. 403/404 u. Süddeutsche Zeitung vom 26.6.2008, S. 7 u. Bonner GA 2.8.2008: Birthler: „Wir berichten, was die Akten sagen." „Bevor wir Unterlagen herausgeben, müssen wir beurteilen, ob es sich zweifelsfrei um IM Unterlagen handelt oder nicht." Entscheidend ist, ob es hinreichende Anhaltspunkte gibt, dass jemand willentlich und wissentlich an die Stasi berichtet hat."
[39 b] BStU,MfS – SdM 305 , 000076
[40 a] Siehe hierzu die Darstellung der „Richtlinien für Ostkontakte"

der SPD vom 18.3. 1967 im Kapitel 5 und MfS – SdM 305 – BstU 000088: „Streit hat auch in diesem Gespräch (5.11. 1970) keine klare Haltung zum angestrebten Charakter der Verbindung erkennen lassen. Er machte jedoch gewisse Ausführungen zu diesem Thema, die keine direkte Ablehnung unserer Vorstellungen enthielten."….. Seine „geäußerten Grundgedanken …lassen weitgehend erkennen, dass seine ideologische Bindung an die SPD nicht sehr weit ausgeprägt ist….Bisher sind noch keine Geschäftsabschlüsse getätigt worden." Es bleibt weiterer historischer Forschung vorbehalten – z. B. zur Glaubwürdigkeit der Mitarbeiter des MfS, die diese Aufzeichnungen machten – um diese komplizierten Zusammenhänge restlos aufklären zu können.

[40 b)] Hubertus Knabe: Die Täter sind unter uns, S. 129 ff u. 134

[40 c)] Hamm – Brücher, Hildegard: Freiheit ist mehr als ein Wort, S.380 f

[41)] Schreiben „Die Bundesbeauftragte für die Unterlagen des Staatssicherheitsdienstes der ehemaligen Deutschen Demokratischen Republik" vom 12.12.2007: „Die Akteneinsicht hinsichtlich der Person Helmut Lenders ergab lediglich eine Auflistung der ‚Gewerkschaftler im neuen Bundestag ‚mit Namenseintrag Helmut Lenders." – im Privatbesitz des Autors.

[42)] W. Brandt: Erinnerungen, S. 290

[43)] Christoph Meyer: Herbert Wehner, S. 382 und W. Brandt: Erinnerungen, S.291

[44)] Karl–Dietrich Bracher: Geschichte der Bundesrepublik Deutschland, S.112

[45)] ebd. S. 113

[46)] Klaus Harpprecht, Die Zeit, www.zeit.de / archiv/2002/26

[47)] ebd.

[48)] ebd.

[49)] Die Welt, 27.11.2004

[50)] Rupps: Troika wider Willen, S. 172

[51)] ebd. S. 172 f

[52)] ebd. S. 175

[52 a)] Telefongespräch ca. im Jahre 2000 mit dem Autor

[53)] Christoph Meyer: Herbert Wehner, S. 384 u. S. 432

[54 a)] Sibylle Krause – Burger, Joschka Fischer, Stuttgart 1997, S. 112

[54 b)] Bothien, Horst – Pierre: Protest und Provokation Bonner Studenten 1967/68, S. 54,Bonn 2007

[55)] ebd. S. 112 und WDR 3, 23.6.2008: „68 er an Rhein, Ruhr u. Weser, Lange Haare gegen alte Zöpfe, zweiteilige Dokumentation

[56)] ebd. S.49 – 63

[57)] NRZ 25.3.1965

[58 a)] Klaus Hoff: K.G. Kiesinger 1969, S. 57 ff

[58 b)] „Konkret", S. 27, 131.1969 u. T. Lützen; Karl Schiller, S. 53, 2007

[59 a)] Zur RAF siehe: Jillian Becker: Hitlers Kinder? – Der Baader–Meinhoff Terrorismus, Frankfurt a. M. 1978. Zur Wählerinitiative von Grass siehe: G. Grass: Aus dem Tagebuch einer Schnecke, Neuwied u. Darmstadt 1972

[59 b)] Sibylle Krause – Burger: Helmut Schmidt – Aus der Nähe gesehen, 1980, S. 150
[60)] Hartmut Soell: H. Schmidt, München 2003, S. 815
[61)] NL Box 1 – 24, März 1970
[62)] Kölner Stadtanzeiger 26.2. 1970
[63)] NL Box 1 – 24, 27.2. 1976: Anregungen für Schülerpressekonferenzen der SPD – Landtagsfraktionen anhand der Auswertung von 3. Veranstaltungen der SPD – Bundestagsfraktion
[64)] NL Box 1 – 24
[65)] Joachim Hofman – Göttig: Politik und Schülerpresse, München 1981, S.52

Teil III
Lenders steigt seit 1965 auf
in der Arbeitsgemeinschaft der
Verbraucherverbände (AgV)
zum Präsidenten (1984 – 1994)

Zehntes Kapitel
Vordenker und Pionier der Verbraucherpolitik

„In der Regierungszeit von Willy Brandt (1969 – 1974) war Verbraucherpolitik ein sozialdemokratisches Markenzeichen – und das soll sie wieder werden. Mit der Einrichtung eines Bundesministeriums für Verbraucherschutz, Ernährung und Landwirtschaft im Jahr 2000 haben wir der Verbraucherpolitik bereits deutlich mehr Gewicht gegeben."
Franz Müntefering, Vorsitzender der SPD – Bundestagsfraktion, 2003 [1]

„Helmut Lenders, der in der SPD – Bundestagsfraktion lange Zeit die Wirtschaftspolitik prägte, tat sich als Präsident der AgV als Vordenker hervor. 1983 veranstaltete er das Symposium „Qualitatives Wachstum – qualifizierter Konsum" auf dem es um die Frage eines sozial und ökologisch verantwortlichen Konsumverhaltens ging."
Dokumentation der SPD – Bundestagsfraktion, 2003 [2]

„Marktwirtschaft braucht Verbraucherpolitik."
Helmut Lenders, 1993 [3]

„Es ist uns sehr gewärtig, wie sehr Helmut Lenders als AgV-Präsident den Dachverband der Verbraucherorganisationen geprägt und in seinen vielfältigen gesellschaftlichen Funktionen den Verbraucherschutz vorangebracht hat. Seine Arbeit bildet an zentralen Stellen Grundstock und Fundament für das, was der „vzbv" (Verbraucherzentrale Bundesverband e.V.) heute im Interesse des Verbraucherschutzes unternimmt. Die deutschen Verbraucherorganisationen verlieren in ihm eine große, über alle politischen Grenzen hinweg anerkannte Persönlichkeit."
Prof. Dr. Edda Müller, Vorsitzende der Verbraucherverbände in Deutschland [4]

Helmut Lenders ist ein Pionier der Verbraucherschutzpolitik gewesen. Er war unter den Förderern der Verbraucherschutzpolitik derjenige, der sowohl als Bundestagspolitiker als auch als Interessenvertreter der Arbeitsgemeinschaft der Verbraucherverbände (AgV) den Verbraucherschutz im Rahmen der Wirtschaftspolitik vor allem in den sechziger und siebziger Jahren des 20. Jahrhunderts stark voran brachte unter Einbeziehung des Umweltschutzes. Nach seinem Ausscheiden aus dem Deutschen Bundestag konzentrierte er sich voll als Präsident der AgV auf den Verbraucherschutz und hielt Kontakt zur Politik. Er sorgte noch mit dafür, dass der Verbraucherschutz in der DDR mit ihrer ersten frei gewählten Regierung (1990), im wiedervereinigten Deutschland und schließlich in der Europäischen Gemeinschaft (EG) und der Europäischen Union (EU) verstärkt gefördert wurde. Er engagierte sich immer dabei auch um die öffentliche finanzielle Absicherung der Verbraucherverbände. [5]

Die anderen uns bekannten Förderer des Verbraucherschutzes in der Bundesrepublik waren entweder reine Interessenvertreter oder Politiker, die sich in der Regel nicht engagierten, um die Verbraucherschutzpolitik auch gesetzgeberisch abzusichern. Helmut Lenders griff die Probleme der Verbraucher objektiv auf, ohne parteipolitisch zu agieren. Er hatte die Begabung, mit den parteipolitischen Gegenspielern gute Kompromisse zu schliessen. Erst das Zusammenwirken mit allen Personen, welche die Bedeutung des Verbraucherschutzes für unsere Gesellschaft erkannten, hat für die Belange des Verbraucherschutzes einige Erfolge gebracht, die heute weiter ausgebaut werden.

I
Lenders Verbraucherschutz – Philosophie

1. Verbraucherschutzpolitik war für Lenders am besten in einer sozialen und ökologischen Marktwirtschaft zu verwirklichen.

Eine marktwirtschaftliche Wettbewerbsordnung führt zur wirtschaftlichen Effizienz. Sie ist ohne individuelle Freiheit, Gewerbefreiheit, Vertragsfreiheit, Vertragssicherheit, Rechtsstaatlichkeit, marktorientierte freie Preisbildung, Privatautonomie in der Verfügung über Produktionsmittel und einen funktionierenden Kapitalmarkt nicht möglich. Das war für Lenders das „Rohmaterial" für eine marktwirtschaftliche Wettbewerbsordnung.

Er fügte aber hinzu: „Allerdings ist diese dann z.B. unter sozialen, ökologischen oder sonstigen Staatszielen gestaltungsbedürftig." Der Marktmechanismus führt nicht – wie der klassische Liberalismus behauptet – sozusagen „naturwüchsig in jeder Beziehung zu optimalen Ergebnissen", wie z.B. zum ausreichendem Verbraucherschutz, so Lenders. Damit setzte er sich von der klassischen liberalen Theorie ab. Soziale Marktwirtschaft müsse auch weiterentwickelt werden zu einer ökologischen Marktwirtschaft.

Die gestaltungsbedürftige marktwirtschaftliche Ordnung ist produktiver als eine zentrale Verwaltungswirtschaft. Lenders betonte das im Juni 1990 nach der Wende in der DDR bei einem Vortrag im FDGB-Haus in Ost-Berlin. Er war davon überzeugt, dass die Wünsche der Konsumenten und die Verbraucherinteressen in einer Marktwirtschaft grundsätzlich besser befriedigt werden können. Verbraucherverbände müssten entstehen, „weil sich die Notwendigkeit des Schutzes ihrer Interessen und der Entwicklung von Gegenmacht zu den Anbietern sehr schnell nach Einführung der sozialen Marktwirtschaft in der Bundesrepublik Deutschland nach 1949 herausstellte." [6]

2. Ziele des Verbraucherschutzes

„Die Bedeutung der Verbraucherpolitik wächst"
Helmut Lenders, 1993 [7 a)]

Schutz der Gesundheit, der Schutz der wirtschaftlichen Interessen der Verbraucher, die Verbesserung der rechtlichen Stellung der Verbraucher, das Recht auf Aufklärung, Unterrichtung, das Recht auf Anhörung und Vertretung der Verbraucherinteressen:

Diese „Grundrechte des Verbrauchers fanden seit 1975 im Programm der EG ihren Niederschlag. Hierzu 1993 Helmut Lenders: „In der sozialen Marktwirtschaft sind die ökonomischen und gesellschaftspolitischen sowie sozialen Wohlfahrtsziele nur zu erreichen, wenn die Verbraucherpolitik ein konstruktiver Bestandteil der marktwirtschaftlichen Ordnung ist."

„Ich bin der festen Überzeugung, dass die Bedeutung der Verbraucherpolitik w ä c h s t. Ohne Allzuständigkeit zu beanspruchen, Verbraucherpolitik kann wesentlich zum sozialen Interessenausgleich, zum ökologischen Gleichgewicht und zu den wirtschaftspolitischen Stabilitätszielen beitragen. Die Legitimation der Verbraucherpolitik in all ihren Fassetten leiten wir ab aus der sozialen und ökonomischen Schutzfunktion des Staates. Es besteht generell ein strukturelles Ungleichgewicht im Markt zwischen Anbietern und Verbrauchern... Dies muss – aus ordnungspolitischen Gründen – ausgeglichen werden durch Verbraucherpolitik, damit der Wettbewerb funktioniert; damit die dezentrale Steuerung der Volkswirtschaft über den Markt im Sinne des Gemeinwohls funktioniert"; und aus „sozialen Gründen – allein schon abgeleitet aus dem Sozialstaatsgebot des Grundgesetzes – und der Verpflichtung des demokratischen Staates zum Machtausgleich und zur Sicherung des Grundrechts auf freie Entfaltung der Persönlichkeit." [7 b)]

Lenders hat die Entwicklung richtig eingeschätzt!

Die Nachfolgerin von Helmut Lenders (1984 -1994) und Prof. Heiko Steffens (ab 1994)als Vorsitzende der Verbraucherverbände (heute: Verbraucherzentrale Bundesverband, vzb) war

Frau Prof.Dr. Edda Müller (Vors. von 2001 bis 2007). Sie und die überzeugende Arbeit der Verbraucherverbände trugen mit dazu bei, dass unter der Kanzlerschaft von Gerhard Schröder das erste Bundesministerium unter der Leitung der Bundesministerin Renate Künast (Grüne/ Bündnis 90) entstand, das den Verbraucherschutz erstmals explizit im Namen trug: Bundesministerium für Verbraucherschutz, Ernährung und Landwirtschaft. Es unterstreicht damit die Bedeutung der Verbraucherpolitik. Das Bundesministerium wurde von der rot-grünen Koalition ausgebaut.

Lenders hatte nach 1965 noch darum kämpfen müssen, dass sich wenigstens eine Arbeitseinheit in einem Bundesministerium mit dem Verbraucherschutz beschäftigte. [8]

3. Verbraucherpolitik und Strukturwandel

„Ein Phänomen des Strukturwandels ist die hartnäckige Arbeitslosigkeit"
(Helmut Lenders, 1983) [9]

Lenders begründete eine intensive Verbraucherpolitik auch mit dem Strukturwandel, der wesentlich weltwirtschaftlicher Natur sei. Er wies auf die Veränderung der Weltarbeitsteilung hin. Für die Industriestaaten bedeutete das einen massiven Verlust an Arbeitsplätzen. In vielen traditionellen Industriezweigen (z. B. im Stahl- und Werftenbereich) müsse damit gerechnet werden. Durch die Ölpreisschübe (1973 u. 1979) gebe es eine Veränderung der Welteinkommensverteilung. [10]

Ein weiterer Faktor sei der technologische Sprung (Mikroelektronik) mit Anwendungsmöglichkeiten in allen Lebensbereichen. Das führte letztlich zu abnehmenden Arbeitsangeboten. Vor allem in den Randgruppen der Gesellschaft bildeten sich die Masseneinkommen real zurück. Die Arbeitslosigkeit nahm zu. Die Sozialhilfe wurde eingeschränkt und die Einkommen schrumpften und stagnierten. Es bildete sich Armut heraus. Die sozialpolitische Aufgabe der Verbraucherorganisationen gewann an Bedeutung. Lenders verlangte eine Beratung der Bürger zur Einkommensverwendung und Geldeinteilung, eine Kredit- und Schuldenberatung. Dabei müsse mit kommunalen Beratungsdiensten, mit Arbeitsloseninitiativen und mit den Gewerkschaften zusammengearbeitet werden.

Lenders betonte den Strukturwandel in vielen Bereichen, z.b. im Energiebereich, der Ernährung, Gesundheit, der Agrarpolitik und der Mikroelektronik. In der Mikroelektronik sah er Auswirkungen auf den Arbeitsmarkt vom Industrieroboter bis zum elektronischem Büro. Er befürchtete 1983 den Verlust von weiteren Arbeitsplätzen und Arbeitsinhalten.

Er sah aber auch positive Seiten dieser Entwicklung, wie die Entlastung von gesundheitsschädigender und schematischer Arbeit. Mikroelektronische Elemente könnten auch rohstoff- und energiesparend umweltfreundlich eingesetzt werden. Über den Bildschirmtext könnten z. B. Verbraucherinformationen schneller und aktueller, vielleicht auch umfassender abgerufen werden.

Lenders war aber skeptisch, ob alle sozialen Schichten den Computer benutzen würden, aus Kostengründen aber auch wegen der intellektuellen Voraussetzungen. Beim Einkauf über den Bildschirm fürchtete er eine soziale Verarmung. Einkauf im Laden sei schließlich auch ein sozialer Akt: Man begegnet sich und geht mit Menschen um.

Lenders fragte sich, ob der Bildschirmtext nicht zur weiteren Konzentration im Handel beitrage – und ob das im Interesse des Verbrauchers sei.

Als dritten Faktor des Strukturwandels führt Lenders die ökologischen Grenzen an: Unsere Art zu leben, zu produzieren und zu konsumieren. Und das sei schließlich eine Überlebensfrage. Die Einbeziehung ökologischer Betrachtungsweisen war zwar bereits fast selbstverständlich geworden. Bei der U m s e t z u n g der Grundsätze gab es aber erhebliche Probleme. Das „Waldsterben" und die mangelhafte „Reduzierung der Abgase" zeigten das. Daher forderte Lenders eine sozialökologische Warenkennzeichnung, also eine Produktinformation, die Gebrauchstauglichkeit und Umweltbelastung erfasst. Eine derartige ökologische Abwägung müsse auch in die Warentests eingehen.

Dabei gehe man auf europäischer Ebene den Weg, dass zwischen kollektiven und individuellen Verbraucherinteressen unterschieden werde. Das umweltfreundliche Auto müsse im Zweifel mehr Geld kosten.

4. Neue Felder „sinnstiftender aktiver Tätigkeiten außerhalb des Marktgeschehens"

In Zukunft gehe es auch um „neue Felder sinnstiftender aktiver Tätigkeiten außerhalb des Marktgeschehens" [11]

Die technologische Entwicklung werde den Menschen immer mehr Arbeit abnehmen. Die bisher vom technischen Fortschritt, dem materiellen Wohlstand sowie vom wirtschaftlichen und sozialen Konkurrenzverhalten wesentlich mitgeprägten Verhaltensmuster müssten „abgebaut, angereichert und transformiert werden." „Es wäre schlimm, wenn zunehmende Freizeit nur passiv der Unterhaltungselektronik anheim fallen würde." Es geht um die Anregung kultureller Kreativität, sozialer Aktivität und direkter Kommunikation."

I m m a t e r i e l l e r   K o n s u m muss in der Rangliste der Bedürfnisse einen höheren Stellenwert als materieller Konsum bekommen." Diese Entwicklung bedürfe der Aufmerksamkeit durch die Verbraucherorganisationen. [12]

5. Verbraucherschutz ist eine öffentliche Aufgabe

Verbraucherschutz müsse durch „Beratung, Information und Bildung" verstärkt werden. Er kritisierte die Kürzung von öffentlichen Mitteln. Den Ausstieg des Bundes 1991 aus der nicht projektgebundenen Mitfinanzierung der Verbraucherzentralen hielt Lenders für falsch. Ebenfalls müsse die Verbraucherpolitik in Regierungserklärungen stärker gewürdigt werden. Für Lenders war die Verbraucherpolitik eine Aufgabe, die auch öffentlich finanziert werden müsse. Schließlich sind alle Bürgerinnen und Bürger auch Verbraucher, die nicht alle in Vereinen zur Gegenmacht zu den Anbieterinteressen organisiert werden könnten. Die in der AgV organisierten Verbände sollten den Strukturwandel mitgestalten, sonst verlören sie ihre Legitimation.

6. Brückenbauer

Lenders war ein humanistischer Brückenbauer, der sich auch auf die Verlautbarungen beider Konfessionen – der Evangelischen und Katholischen Kirche – teilweise stützte. Die Kirchen wiesen auf die Gefahren der Selbstzerstörung aus der bisherigen Art zu leben, zu wirtschaften und zu konsumieren hin. Lenders kannte bereits aus der Gesamtdeutschen Volkspartei z.B. den christlich lebenden Bundestagskollegen Dr. Jürgen Schmude (SPD). Schmude war Ende der siebziger und Anfang der achtziger Jahre zunächst Bildungs- und dann Justizminister. Einer von Lenders Bundestagsassistenten wurde Schmudes persönlicher Mitarbeiter in seinem Büro als Bundesbildungsminister.

Dr. Jürgen Schmude hatte besonders in Vorträgen zwischen 1993 und 2000 auf die Bedeutung christlichen Denkens in der Politik aufmerksam gemacht. [13] Schmude schrieb 1996 an Helmut Lenders, „wir dachten auf derselben Wellenlänge."

Jürgen Schmude lebte und handelte entsprechend in seiner aktiven Zeit als Bundespolitiker in Bonn und als Sachkundiger Bürger im Rat der Stadt Moers.

Bei Heinrich Basilius Streithofen, einem Mitglied des Dominikanerordens im rheinischen Walberberg, hatte Lenders gelernt, wie man vor allem den stalinistischen Kommunismus nach 1945 wirksam bekämpfen konnte.

Lenders aber lehnte es nicht ab, mit Kommunisten zu sprechen. Er bemühte sich, zwischen allen ideologischen Richtungen Brücken der Menschlichkeit zu bauen, um zur Verständigung und zu Kompromissen zu kommen, wenn das möglich war.

II
Die Entwicklung des Verbraucherschutzes in der Bundesrepublik, der DDR (1990), im wiedervereinigten Deutschland und in Europa

Die AgV hat „unter Deiner Führung Bemerkenswertes geleistet.".. z.B. „den fortgesetzten Kampf gegen Missbräuche auf dem Gebiet der F i n a n z d i e n s t l e i s t u n g e n" aber auch... „beim Aufbau der Verbraucherstruktur in den neuen Bundesländern und die verstärkte Wahrnehmung der Verbraucherinteressen auf der... europäischen Ebene."
Dr. Hans-Joachim Vogel, 1996 [14 a)]

1. Gründung der Verbraucherschutzverbände nach 1945

Zunächst kümmerten sich „Vertreter von gemeinnützigen Institutionen, Verbänden und Organisationen" um die Interessen der Verbraucher in der von den westlichen Besatzungsmächten mit deutscher Hilfe gestalteten Marktwirtschaft in den drei Besatzungszonen. Sie hatten gemeinsam das „Ziel, den solidarischen Selbsthilfewillen der tendenziell sozialschwachen Wirtschaftsbürger zu stärken." [14 b)]

Sieben Verbände – wie z. B. der Zentralverband deutscher Konsumgenossenschaften, der Deutsche Hausfrauenbund (DHB), die Frauengilde und lokale Verbrauchervereinigungen – schlossen sich am 30.4. 1 9 5 3 in der „Arbeitsgemeinschaft der Verbraucherverbände e.V. (AgV) " mit Sitz in Bonn zusammen. Sie delegierten ihre spezifischen Verbraucherinteressen in diese Arbeitsgemeinschaft. Es wurden Verbraucherzentralen in 11 Bundesländern gegründet, finanziert von Bund und Ländern. Erster Vorsitzender der AgV wird Gustav Dahrendorf vom Zentralverband Deutscher Konsumgenossenschaften. [15)]

Prof. Ludwig Erhard, der zusammen vor allem mit den Amerikanern die soziale Marktwirtschaft einführte, sah diese Entwicklung „als eine Spielwiese" an, wie Lucie Kurlbaum – Beyer, eine erfahrene Verbraucherschützerin, berichtete. [16]

Es war das Verdienst des Sozialwissenschaftlers Prof. Gerhard Weise, die Notwendigkeit der Selbsthilfe der Verbraucher in das Bewusstsein der Öffentlichkeit gerückt zu haben. Er gründete bereits 1949 den „Ständigen Ausschuss für Selbsthilfe " in Köln. Der Verbraucher sollte so in den Stand gesetzt werden, auf dem Markt eine Gegenmacht zu bilden. Hierzu war eine Aufklärung der Verbraucher notwendig. Einen ersten Beitrag zur Erreichung dieses Zieles leistete u. a. das Institut für Selbsthilfe (Otto Blume- Institut für Sozialforschung und Gesellschaftspolitik) unter der Leitung des Bildungspolitikers Prof. Otto Lohmar (SPD).

1964 gründete die AgV das „Institut für angewandte Verbraucherforschung" (IFAV), das viele regionale Preisvergleiche und weitere Marktforschungen durchführte.

1966 bildeten die AgV und einige Verbraucherzentralen den „Verbraucherschutzverein" (VSV), der für die Verbandsklagen bei Verstößen z.B. gegen das Gesetz gegen den unlauteren Wettbewerb zuständig war.

1971 traten alle Verbraucherzentralen der AgV bei. Es war nicht leicht, die unterschiedlichen Verbände zu koordinieren.

1972 bzw.1974 wurden Verbraucherräte beim Bundesminister für Wirtschaft und beim „Deutschen Institut für Normung" (DIN) eingerichtet.

1964 gründeten Verbände des Handels und der Industrie gemeinsam mit der AgV eine „Aktionsgemeinschaft für Warentestfragen." Am 15. September beschließt die Bundesregierung die Errichtung eines Warentestinstituts in Form einer Stiftung des privaten Rechts. Sie sollte die Öffentlichkeit über objektivierbare Merkmale des Nutz- und Gebrauchswertes von Waren und Leistungen unterrichten. Später musste sie auch über die Umweltverträglichkeit Aussagen treffen.

Schließlich gründeten die AgV und die „Stiftung Warentest" 1978 ein Verbraucherinstitut, das sich um die Fortbildung der Verbraucherberatungskräfte und von anderen Multiplikatoren (z. B. Lehrern) kümmerte. [17]

Helmut Lenders sah die eineinhalb Dekaden von Mitte der 60er Jahre bis Anfang der 80er Jahre als die Zeit, in der die Position des Verbrauchers im Markt in der Bundesrepublik am besten gestärkt wurde. [18]

Später, schon unter dem Vorsitz des Verbraucherschutzpräsidenten Helmut Lenders, wurde der Verbraucherschutz nach westlichem Vorbild 1990 in der DDR und in den neuen Bundesländern eingeführt. Der Verbraucherschutz in der EG und EU konnte ausgebaut werden.

Dr. Anke Martiny (SPD) stellte 2003 u. a. für die fünfziger und sechziger Jahre die Verdienste für den Verbraucherschutz von Käthe Strobel (SPD), Helmut Lenders, Gerhard Rambow (Beamter im BMWI) und Irmgard von Meibohm (CDU) heraus. [19a]

Helmut Lenders hat seine Vorstellungen bis 2 Wochen vor seinem Ableben mit Anke Martiny ausgetauscht. Er entwarf in der ersten Januarwoche 2002 einen langen Brief an Anke Martiny u. a. über die Politik der Gewerkschaften, die sich nach seiner Ansicht noch nicht hinreichend auf die Globalisierung eingestellt hatten.[19b]

Der AgV schlossen sich immer mehr Verbände an wie z.B. der Deutsche Mieterbund. 1983 waren es bereits über 30. 1993 zählte die AgV 38 Mitglieder mit insgesamt 270 Beratungsstellen, 80 davon in den neuen Bundesländern. [20]

Der Deutsche Gewerkschaftsbund (DGB) wurde nicht Mitglied. Er befürchtete, dass der Arbeitnehmer als Produzent mit seiner Funktion als Verbraucher in Konflikt geraten könnte. Der DGB entschied sich später für eine Zusammenarbeit mit der AgV und unterstützte viele ihrer verbraucherpolitischen Forderungen.

Vor allem vor 1960 musste die AgV darum kämpfen, dass der Warentest vor dem geltenden Wettbewerbsrecht bestehen konnte. Sie gewann hierzu einen Musterprozess vor dem Oberlandesgericht in Stuttgart. Jetzt konnten auch Ergebnisse über Warenvergleiche den Verbrauchern bekannt gegeben werden.

1961 wurden die 17 bekanntesten Waschmittel getestet. Die Industrie hat anschließend die Korrektheit des Prüfungsverfahren ausdrücklich anerkannt.

Abb. 12: DGB Vorsitzender Heinz – Otto Vetter und H. Lenders, Düsseldorf 1969. Archiv der sozialen Demokratie der Friedrich-Ebert-Stiftung, Bonn 1969 – G 95 0085

Die Zusammenarbeit mit dem DGB erleichterte es auch dem Gewerkschaftler Helmut Lenders, sich 1 9 8 4 für 10 Jahre zum A g V - P r ä s i d e n t e n als Nachfolger von Prof. Blume wählen zu lassen. Er hatte jetzt mehr Zeit als bisher, da er seit 1969 nicht mehr DGB - Vorsitzender in Düsseldorf (1959 – 1969) und seit 1980 nicht mehr Bundestagsabgeordneter war. 1983 hatte er auch seinen Vorsitz des SPD - Unterbezirks Düsseldorf (1971 – 1983) abgegeben.

2. Die Sozialdemokraten setzen sich bereits in den ersten Legislaturperioden des Deutschen Bundestages für den Verbraucherschutz ein

Schon in der ersten Legislaturperiode des Deutschen Bundestages (1949 –1953) ergriff die SPD die Initiative auf dem Gebiet des Verbraucherschutzes und der Verbraucherinformation. Zunächst ging es darum, die Versorgung der Bevölkerung mit Nahrungsmitteln des täglichen Bedarfs zu sichern, die sich nicht an den leistungsfähigsten Bürgerinnen und Bürgern orientierte, sondern an dem Zahlungsvermögen der sozial Schwachen. Käthe Strobel (SPD), MdB von 1949 – 1972, sprach sich im Mai 1950 dafür aus. Zu Gunsten der Landwirtschaft wurden die Preise hoch gehalten: entweder wurden die Produkte, die eingeführt wurden, an der Grenze verteuert oder überhaupt nicht hereingelassen. Obst, Getreide, Zucker, Kartoffeln und Rindfleisch wurden einseitig zu Lasten der Verbraucher verkauft. Die SPD-Fraktion beantragte die Aufhebung der Zölle auf Butter, um zu verhindern, dass die Alten, Kranken und Kinderreichen vom Butterkonsum so gut wie ausgeschlossen wurden. Außerdem plädierte die SPD dafür, dass die Verbrauchssteuern auf z.B. Zucker, Tee und Zündwaren gesenkt bzw. beseitigt wurden.

Da die rechtlichen Regelungen vor allem auf die Rechte der Verkäufer abgestellt waren, brachte die SPD-Fraktion den Entwurf eines Gesetzes zu den Abzahlungsgeschäften ein. Ziel war u. a. die Einführung des Rücktrittrechts.

Im 3. Deutschen Bundestag stellte die SPD einen Antrag zur Kennzeichnungspflicht für Fremdstoffe in Lebensmitteln.

Es wurde auch als unzumutbare Belastung angesehen, wenn ein Rasierapparat z.B. 60 DM kostete (gebundener Preis), der einen Fabrikabgabepreis von 16,80 DM hatte.

Als Helmut Lenders in den Deutschen Bundestag gewählt wurde, konnte er an die ersten Initiativen der SPD–Fraktion zum Verbraucherschutz anknüpfen.

Die Kartellgesetznovelle vom 3.8.1973 – an der Helmut Lenders als Wirtschaftspolitiker und Parlamentarischer Geschäftsführer mitgewirkt hatte – erklärte die Preisbindung für unzulässig. Es blieb aber bei einer unverbindlichen Preisempfehlung. Die FDP als Partner in der sozialliberalen Koalition setzte sich gegen die SPD-Fraktion durch. [21]

3. Die Gründung der Stiftung Warentest 1964 und die Zusammenarbeit von Irmgard von Meibom (CDU) und Helmut Lenders (SPD)

Am 26.6.1963 brachte die SPD-Bundestagsfraktion bei den Haushaltsberatungen eine Große Anfrage zu den „Maßnahmen der Bundesregierung auf dem Gebiet des Verbraucherschutzes und der Verbraucheraufklärung" ein. Lucie Beyer (1953 -1969 MdB) verwies auf die schwache Position des Verbrauchers: "Dem deutschen Verbraucher fehlt praktisch jeder Orientierungsmaßstab." In vielen Ländern der Welt wie z.B. in den nordischen Staaten, in der Schweiz, in England und den Vereinigten Staaten, hatte man seit Jahren eine allgemeine und gute Verbraucheraufklärung, aber auch gesetzliche Bestimmungen für einen weitgehenden Verbraucherschutz geschaffen.

Es wurde eine Hilfestellung für den Verbraucher gesucht, damit er sich ein besseres Urteil über die Angemessenheit der Preise machen konnte. Der Verbraucher sollte vor der überwältigenden Werbung geschützt werden.

Lucie Beyer empfahl auch den Herstellern einen Warentest: „Auch Hersteller und Fachhandel müssten ein Interesse an einem objektiven Test haben, der dazu dient, dem Käufer alles Wissenswerte über das, was er kaufen will, zu sagen." [22]

Die AgV gründete gemeinsam mit Verbänden des Handels in der Industrie eine „Aktionsgemeinschaft für Warentestfragen."

Noch 1956 hatte Wirtschaftsminister Ludwig Erhard erklärt, dass sich der Verbraucher nicht zum Zensor des Marktes machen dürfe. Der Wettbewerb allein würde sich schon wohltuend zugunsten der Konsumenten auswirken.

Die 1 9 6 4 von der Bundesregierung gegründete „S t i f - t u n g W a r e n t e s t" (als Stiftung privaten Rechts) hatte es sich zur Aufgabe gemacht, dem Verbraucher eine optimale

Haushaltsführung und eine rationale Einkommensverwendung zu ermöglichen.

Lenders engagierte sich in der Fragestunde des Bundestages am 3.7.1969 für die Unabhängigkeit der Stiftung Warentest. Er schlug vor, in einer neuen Satzung für die Stiftung Warentest die Möglichkeit zu eröffnen, auch Qualitätskennzeichen oder Qualitäts- oder Gütesiegel zu vergeben.

Die Stiftung veröffentlichte nunmehr Prüfnoten und Qualitätsurteile von Waren und Dienstleistungen. Sie klärte auch auf über gesundheits- und umweltbewusstes Verhalten.

Helmut Lenders arbeitete in Fragen, die die Stiftung und die AgV betrafen, eng mit Irmgard von Meibom (1916 – 1996) zusammen, die seit der Gründung der Stiftung sieben Jahre im Wirtschafts- und Verbraucherausschuss und anschließend 16 Jahre (1972 – 1988) als Vorsitzende der Stiftung dort großen Einfluss hatte. Sie war seit 1972 Mitglied des Verbraucherbeirats beim Bundesminister für Wirtschaft und später beim Bundesernährungsministerium.

Helmut Lenders ehrte Irmgard von Meibom (CDU) an ihrem 70., 75. und 80. Geburtstag: Sie habe als Vorsitzende des Deutschen Frauenrates in den Arbeitsbereichen „Hausarbeit, Hauswirtschaft und Verbraucherschutz immer die jeweiligen gesellschaftspolitischen Implikationen mit bedacht." Er lobte ihr Engagement für die Anerkennung des gesellschaftlichen Wertes der Hausarbeit, für die Gleichberechtigung der Geschlechter, für die Vereinbarkeit von Familienleben und Beruf, für die Förderung des Umweltschutzes (z. B. durch die Wanderausstellung „Wasser und Haushalt"). Sie habe auf die Chancen aber auch die Gefahren des Computers und des Bildschirms für die Familie und den privaten Haushalt aufmerksam gemacht. [23]

Lenders hatte von 1967 bis1970 in der Satzungskommission der AgV mit Frau von Meibom (CDU) zusammengearbeitet. Während der gemeinsamen Arbeit im Präsidium gab es wachsende Übereinstimmung in grundsätzlichen, organisatorischen und praktischen Fragen der Verbraucherarbeit. Helmut Lenders hat 1978 bis 1986 verbraucherpolitische Fragen als Mitglied des Aufsichtsrats der Wüstenrot- Verwaltungs- und Finanzierungs- GmbH und als Gewerkschaftsvertreter unterstützt.

Von 1980 bis 1984 bekleidete er das Amt als Sprecher der Einzelmitglieder der AgV, 1981 wurde er in das Präsidium der AgV, vom Februar 1984 bis Nov. 1994 schließlich zum Präsidenten der AgV gewählt.

Verbraucherinteressen vertrat er auch als Vizepräsident des „Auswertungs- und Informationsdienstes Landwirtschaft und Ernährung (AID) in Bonn."

Er war auch Vorsitzender des Verwaltungsrates der Stiftung „Verbraucherinstitut" in Berlin und gehörte 1990 bis 1993 dem Verwaltungsrat der Stiftung Warentest in Berlin an.

Nach seiner Abgeordnetentätigkeit 1980 hatte er stets enge Kontakte zu Politikern, die entweder in der Bundesregierung oder im Parlament darauf Einfluss hatten, den Verbraucherschutz zu verbessern. Auf diese Weise bündelte er alle seine Verbandsaktivitäten. Dabei ging er diplomatisch geschickt vor, ohne zu polarisieren. Er arbeitete mit der Wirtschaft eng und gut zusammen und nutzte ihre Bedürfnisse klug zur Durchsetzung der Verbraucherinteressen. So ist das Testat der „Stiftung Warentest" zum begehrten Werbemittel geworden: Die Test-Note „sehr gut" oder „gut" erhöhte seither die Verkaufschancen eines Produktes!

Helmut Lenders (SPD) und Irmgard von Meibom (CDU) orientierten sich hinsichtlich der Verbraucherfragen an den Problemen der Verbraucherinnen und Verbraucher und nicht an Ideologien oder fest eingefahrenen Parteiprogrammen. Sie achteten auf Sachlichkeit und Überparteilichkeit. Als Lenders ins Präsidium der AgV gewählt werden sollte, war Frau von Meibom zunächst skeptisch und erwartete von Lenders, zunächst müsse er seinen Parteivorsitz in Düsseldorf aufgeben. Sie gingen – bei derartigen Fragen – gerne gemeinsam ins Bundeshausrestaurant. Helmut Lenders erklärte ihr, dass er das sowieso vorhabe. Es entsprach seiner Grundhaltung im ganzen politischen Leben, möglichst politische Interessenkonflikte zu vermeiden. Aus persönlicher Sympathie und einem gewissen Grundverständnis von Demokratie bewegten sie sich aufeinander zu, obwohl sie nicht immer einer Meinung waren. Sie führten interessante Gespräche und kooperierten im Präsidium. Sie versuchten immer wieder, „die Welt in Ordnung zu bringen."

Die Bundesregierungen haben sich in den sechziger Jahren wenig um den Verbraucherschutz gekümmert. Erst in der Regierungserklärung von Willy Brandt (1969), mit dem Helmut Lenders eng zusammenarbeitete und gemeinsam in Düsseldorf Wahlkampf machte, wurde die Verbraucherpolitik erstmals in den Gesamtrahmen der Wirtschafts- und Gesellschaftspolitik gestellt. 1971 gab die Regierung Brandt den ersten Bericht einer Bundesregierung zur Verbraucherpolitik ab. Von einer öffentlichen Diskussion des Berichts erhoffte sie sich wertvolle Anregungen. [24]

4. Helmut Lenders, einer der Begründer der Verbraucherpolitik: Das Textilkennzeichnungsgesetz vom 15.1.1969 [25]

Es war Helmut Lenders, der sich im Deutschen Bundestag ab Mitte der sechziger Jahre des 20. Jahrhunderts massiv für die Verbraucher einsetzte und ihren Schutz auch gesetzgeberisch absichern wollte.

Im 1. Bericht der Bundesregierung zur Verbraucherpolitik waren Ziele genannt, die Helmut Lenders immer wieder angestrebt hat: Stützung des Verbrauchers durch Förderung eines wirksamen Wettbewerbs in allen Wirtschaftsbereichen; Schutz des Verbrauchers vor gesundheitlichen Gefährdungen; Durchsetzung des Prinzips der Umweltfreundlichkeit für die Produktion und die Produkte; bestmögliche Versorgung mit öffentlichen Gütern und Dienstleistungen. [24]

Lenders war von 1966 bis 1972 Mitglied des Wirtschaftsausschusses und von 1969 an auch Obmann für die SPD im Ausschuss und Mitglied des SPD-Fraktionsvorstandes. Karl Ravens, Vorsitzender der Arbeitsgruppe Wirtschaft der SPD-Bundestagsfraktion, fragte Lenders, ob er nicht bereit sei, als Berichterstatter einen Entwurf für ein Textilkennzeichnungsgesetz zu erarbeiten. In seinen Erinnerungen „Für Linda" schreibt er hierzu: „Ravens hatte gehört, dass ich in Wuppertal die Textilschule besucht hatte, ein Seminar für Kaufleute. Alles klar! Lenders kümmert sich um die Textilkennzeichnung. Die Textilwirtschaft und das Wirtschaftsministerium waren die Gesprächspartner für eine Verständigung hinsichtlich der Abfassung des Gesetzes, auf die Erfassung der Textilien und die Kriterien für den Informationswert, der die Verbraucher erreichen sollte. Das war spannend und mein Einstieg in die Verbraucherpolitik (im Parlament) schlechthin."

Im Wirtschaftsministerium hatten schon Entwürfe, die als „Samt-Gesetz" oder als „Wollgesetz" bezeichnet wurden, „in den Schubladen herumgelegen." Die Marktwirtschaftler im Parlament sahen in einem solchen Gesetz eine „Bevormundung des Konsumenten." Das hatte sich aber in der „Großen Koalition" unter Bundeskanzler Kurt Georg Kiesinger und seinem Vizekanzler Willy Brandt „ geändert." [26]

Bei der 2. und 3.Lesung des „Textilkennzeichnungsgesetzes" am 15.1.1969 im Deutschen Bundestag betonte der Abgeordnete Lampersbach (CDU/ CSU), dass mit diesem Gesetzentwurf „Neuland betreten worden ist": „Die Problematik, so vielseitige Erzeugnisse aus vielfältigen Rohstoffen herzustellen und sie dann zu kennzeichnen, dass der „Letztverbraucher" auch tatsächlich die letzte Klarheit über das, was er kauft, bekommt, ist sicherlich nicht ganz unbedeutend."

Lenders, der als Berichterstatter darum warb, dem Gesetzentwurf in der Ausschussfassung zuzustimmen, begründete das wie folgt: „Das Textilkennzeichnungsgesetz soll dem Verbraucher, und zwar mit Hilfe der Rohstoffgehaltsangabe „in Zukunft den Textileinkauf erleichtern. Diese Information, die Rohstoffgehaltsangabe, und zwar nach Art und Gewichtsanteil der verwendeten Fasern... gibt dem Verbraucher mehr Übersicht über den Markt der textilen Erzeugnisse und erlaubt es ihm, eine bessere Beurteilung der Qualität und der Verwendungsfähigkeit von Textilerzeugnissen beim Einkauf vorzunehmen."

Lenders brachte zusätzlich einen Entschließungsantrag ein. Der Wirtschaftsausschuss war sich darüber im klaren gewesen, dass die Rohstoffgehaltsangabe allein noch nicht ausreichen würde, um Trageeigenschaften, Verarbeitungsqualität und Preiswürdigkeit eines Textilerzeugnisses sicher beurteilen zu können. Daher begrüßte der Ausschuss die baldige Einführung einer Qualitätskennzeichnung. Lenders sah in der Qualitätskennzeichnung vor allen Dingen „eine Aufgabe der Stiftung Warentest." Der Ausschuss würdigte u.a., dass die Textilwirtschaft schon von sich aus damit begonnen hatte, die Auszeichnung von Textilerzeugnissen mit Pflegevorschriften vorzunehmen.

Das Gesetz wurde bei nur zwei Enthaltungen und am 1.4.1969 einstimmig angenommen. [27)]

Am 9.5.1969 verabschiedete der Bundestag dann – ebenfalls einstimmig – das „Gesetz über das Maß- und Eichwesen" („Eichgesetz"). Das Eichgesetz führte in einem weiten Bereich von Artikeln des täglichen Bedarfs die Gewichts- bzw. Maßangabe in Kilogramm oder Liter bei Fertigpackungen ein. Außerdem musste jetzt für den Mengeninhalt einer Fertigpackung der Preis der Ware bezogen auf Kilogramm oder Liter angegeben werden, so dass der Käufer ohne große Rechenoperationen die Preise vergleichen konnte. Lenders begrüßte diesen Fortschritt. Die Position des Verbrauchers am Markt wurde durch derartige Gesetze wie das Eichgesetz und das Textilkennzeichnungsgesetz gestärkt.

In der Debatte wies Lenders darauf hin, dass in der 5. Legislaturperiode des Deutschen Bundestages noch weitere Gesetze verabschiedet wurden, die für den Verbraucher von großem Interesse sind, weil sie die Marktposition der Verbraucher verbessern und sie vor Nachteilen schützt. Lenders dachte dabei u. a. an das Weingesetz und das Gesetz über technische Arbeitsmittel. Das war erst der Anfang einer „systematischen Verbraucherpolitik", einer Politik, die dem Verbraucher die Hilfen gab, die er braucht, um in der Marktwirtschaft gegenüber Industrie und Handel die Stellung eines wirklichen, „souveränen Partners zu erlangen." [28)]

Helmut Lenders ist durch seine starke Unterstützung dieser Gesetzesinitiativen zur Verbraucherpolitik als Pionier in die Geschichte eingegangen. Im April 2003, ein Jahr nach seinem Tod, veröffentlichte die SPD-Bundestagsfraktion in der Reihe „Dokumente" die Broschüre „Aktive Verbraucherpolitik – Motor für eine nachhaltige Zukunft – Verbraucherpolitische Strategien der SPD-Bundestagsfraktion" mit einem Vorwort von Franz Müntefering, 1.Vorsitzender der SPD – Bundestagsfraktion. In einem Kapitel

Abb. 13: Arbeitsgemeinschaft der Verbraucherverbände (AgV) mit Irmgard von Meibom und H. Lenders beim Bundespräsidenten Dr. Richard von Weizsäcker 1985. Privatphoto: Inge Lenders

über „Verbraucherschutz im Wandel" wird die historische Leistung von Helmut Lenders hervorgehoben! Das „Textilkennzeichnungsgesetz" wird „als erstes originäres Verbraucherschutzgesetz" gewürdigt. Hierfür trug Lenders als Berichterstatter die Hauptlast. Mit seinem diplomatischen Geschick gelang es, hierfür eine sehr breite Zustimmung zu finden, obwohl sich die Parlamentarier in einem Neuland bewegten.

5. Der Verbraucherschutz 1990 in Deutschland, vor der Wiedervereinigung

Auf einer Konferenz "Soziale Marktwirtschaft und Verbraucherschutz – im Kontext des EG – Binnenmarktes ", die Helmut Lenders angeregt hatte, haben sich Verbraucherorganisationen aus der DDR und der Bundesrepublik vom 23. bis 26.6.1990 in Berlin getroffen. [29]

Helmut Lenders und Anne-Lore Köhne hoben auf der Konferenz die Notwendigkeit des Verbraucherschutzes in der sozialen Marktwirtschaft hervor. Frau Köhne, geschäftsführendes Präsidialmitglied der AgV e.V. der Bundesrepublik, empfahl dem "Verband für Verbraucherschutz der DDR e.V." "sich eine Legitimation durch eine breite Mitgliedschaft und Glaubwürdigkeit durch eine Unabhängigkeit vom Staat, von Parteien und von Anbietern zu verschaffen." Glaubwürdigkeit könne natürlich nur durch eine zuverlässige Arbeit für die Verbraucher erreicht werden. Sie bot Kooperation und konkrete Unterstützung an.

Hinsichtlich einer finanziellen Unterstützung der DDR-Organisationen hatte sich Helmut Lenders, der Präsident der AgV der Bundesrepublik, an den Bundeswirtschaftsminister gewandt. Es gelang, für die Anfinanzierung von Landesgeschäftsstellen je 40.000 DM zur Verfügung zu stellen. Außerdem sollte die Geschäftsstelle des Dachverbandes in Berlin, Informationsbörsen, Hospitationen der AgV in der DDR, die Fortbildung von Multiplikatoren und Informationsmaterialien und eine Infothek unterstützt werden.

Hohen Beratungsbedarf hatten die DDR-Vertreter in den Bereichen Finanzdienstleistungen und Energieeinsparung. Frau Köhne bot den Vertretern der DDR eine mobile Energiesparberatung an. Für unbestimmte Zeit wurde eine "kooperative Koexistenz" der Verbraucherverbände in beiden deutschen Staaten vorgeschlagen.

Karel von Miert, Mitglied der Kommission der Europäischen Gemeinschaften in Brüssel, bemühte sich, die Vertreter der DDR darüber aufzuklären, welche Möglichkeiten für sie der EG – Binnenmarkt mit sozialer Marktwirtschaft und Verbraucherschutz bringen würde. Er sprach wenige Tage vor dem 1. 7. 1 9 9 0, an dem beide deutschen Staaten die W ä h r u n g s-, W i r t s c h a f t s- und S o z i a l u n i o n vollzogen.

3 Monate später fand die Wiedervereinigung statt: Am 3.10.1990 trat die erste frei gewählte Regierung der DDR der Bundesrepublik Deutschland nach Art. 23 des Grundgesetzes bei.

Miert setzte sich vor allem im Juni 1990 dafür ein, dass der Verbraucherverband der DDR an den Arbeiten des Beratenden Verbraucherrates in Brüssel sofort beteiligt würde. Als wichtigste Aufgaben sah er zunächst die Information und Beratung der Verbraucher an. Er klärte die Vertreter der Verbraucher über Abzahlungsgeschäfte und besonders über das Reisevertragsrecht auf: „Schließlich war das Reisen ins Ausland doch einer der großen und fast nie erfüllten Träume aller Bürger ihrer Republik (DDR)." Der EG-Ministerrat hatte gerade die EG –Richtlinie für Pauschalreisen verabschiedet, die den Verbrauchern gegenüber den Reiseveranstaltern wesentlich mehr Rechte als bisher einräumte. Sie sorgte dafür, dass der Kunde, der eine Reise bucht, für sein im voraus gezahltes Geld auch tatsächlich die im Prospekt angekündigte Leistung erhalten sollte. K. von Miert unterstrich auch das Anrecht der Menschen in der DDR, für ihr oft „sauer verdientes Geld" gute Dienstleistungen und Waren zu bekommen. [30]

6. Verbraucherschutz in Europa

Helmut Lenders fühlte die große Verantwortung für die Zukunft angesichts der Bedrohung der natürlichen Lebensgrundlagen durch die technische Zivilisation. Er warnte Ende der achtziger Jahre vor der drohenden Klimakatastrophe; vor absterbenden Gewässern, sterbenden Wäldern, der toxischen Belastung des Trinkwassers, und schädlichen Rückständen in Lebensmitteln. Der Verbraucher habe ebenfalls Verantwortung für die Zukunft, sie seien Mitverursacher von Umweltschäden. Die deutschen Verbraucherverbände hatten schon in den siebziger Jahren Umweltaspekte in ihre Arbeitsfelder aufgenommen. Lenders forderte die Berücksichtigung von ökologischen Kriterien bei Kaufentscheidungen. Durch den Kauf umweltverträglicher Produkte bzw. den Verzicht auf den Kauf umweltschädlicher Produkte könne der Verbraucher zur Verringerung der Umweltbelastung beitragen. Sie könnten auch im eigenen Haushalt umweltbewusster wirtschaften z. B. durch eine Drosselung des Energieverbrauchs. Mit Mitteln der Bundesregierung förderten die Verbraucherverbände ein „flächendeckendes" Projekt zur Energieberatung in Privathaushalten.

Lenders wusste, dass die Verbraucher zur Bewältigung der Aufgabe, das „Gleichgewicht ökologischer Systeme" als Lebensgrundlage zukünftiger Generationen wiederherzustellen bzw. zu erhalten, nur einen „bescheidenen" Beitrag leisten könnten. Er wird aber um so größer, je mehr Bürger und Bürgerinnen aus allen Staaten sich daran beteiligen. So lag es nahe, sich vor allem für den Verbraucherschutz in Europa einzusetzen, wozu das Gespräch mit der EG 1990 ein Anfang war. [31]

Der EWG- Vertrag vom 25.3.1957 (Römische Verträge) erwähnte im Artikel 39 erstmals den Verbraucherschutz. Im Rahmen der Agrarpolitik sollte dafür gesorgt werden, dass der Verbraucher zu angemessenen Preisen einkaufen kann. Agrarpolitik war damals vor allem eine „Produzentenpolitik mit permanenten volkswirtschaftlich kostenträchtigen Überschüssen." [32]

Der Verbraucher musste mit dem Wachstum der Märkte gestärkt werden, um ihn in die Lage zu versetzen, die ihm nach dem Marktmodell zustehende Marktlenkungsrolle besser zu verwirklichen.

1968 wurde in der Generaldirektion Wettbewerb in Brüssel ein Fachdienst für verbraucherrelevante Fragen geschaffen. 1972 entwickelte sich daraus eine „Dienststelle für Umwelt- und Verbraucherschutz", die zu einer Generaldirektion „Umwelt und Verbraucherschutz und nukleare Sicherheit" aufgewertet wurde. [33 a]

1975 wurde ein erstes Programm zum Schutz der Verbraucher aufgestellt mit 5 Grundrechten:

Das Recht auf Schutz von Gesundheit und Sicherheit des Verbrauchers, das Recht auf Schutz der wirtschaftlichen Interessen, das Recht auf Wiedergutmachung erlittenen Schadens, das

Recht auf Unterrichtung und Bildung, und das Recht auf Vertretung bzw. das Recht, gehört zu werden.

Schließlich hat die „Luxemburger Akte" von 1986 den Verbraucherschutz in der EG unter der Überschrift „Abbau von Handelshemmnissen" aufgenommen. Durch den gemeinsamen Lebensmittelmarkt – so Lenders – spielte die "richtige Kennzeichnung von Lebensmitteln und ihre Zusammensetzung" eine wesentliche Rolle. Die nationalen Standards für den Schutz und die Sicherheit des Verbrauchers wurden gegenseitig anerkannt.

Helmut Lenders organisierte als Präsident der AgV mit dem „Bureau Europeén des Unions de Consommateurs (beuc)" in Bruxelles im November 1991 in Berlin einen Ost-West-Dialog der Verbraucherverbände über das Thema „Verbraucher und Werbung – Herausforderungen in den neuen Marktwirtschaften." Ziel des Forums war es, Experten aus West- und Osteuropa zusammenzubringen, um über legale und illegale Werbung und ihren Einfluss auf das Verbraucherverhalten zu sprechen sowie um Möglichkeiten zu erörtern, wie missbräuchlicher Werbung gegengesteuert werden kann. Es wurden Themen wie „Tabakwerbung", „Werbung und Kinder" und „Werbung und Geld" besprochen. [33 b)]

Der V e r t r a g von M a a s t r i c h t (1.11. 1 9 9 3), der die Europäische Gemeinschaft (EG) in die Europäische Union (EU) umwandelte, hat dann den Verbraucherschutz und damit die Verbraucherinteressen stärker in die Gemeinschaftspolitik eingebunden. Einer langjährigen Forderung der Verbraucherverbände und von Helmut Lenders wurde damit entsprochen. Diese Rechte waren Absichtserklärungen, also nicht einklagbar. Sie fanden auch Niederschlag im Vertrag von Amsterdam (1997).

Zahlreiche EG bzw. EU- Richtlinien wurden inzwischen verabschiedet, von denen nur einige beispielhaft genannt werden, die noch zu Lebzeiten von Helmut Lenders ergangen sind, der seit den sechziger Jahren und von 1984 bis 1994 als Präsident der Arbeitsgemeinschaft der Verbraucherverbände (AgV) in der Bundesrepublik in diesem Bereich sehr engagiert war: Die Kosmetik – Richtlinie (1976), Richtlinien zur Etikettierung von Lebensmitteln (1979), Richtlinien über irreführende Werbung

(1984), Richtlinien über Haustürgeschäfte (1985), Verbraucherkredit-Richtlinien (1986), Spielzeug-Richtlinie (1988), Pauschalreise-Richtlinie (1990), Richtlinie über grenzüberschreitende Überweisungen (1997). 500 Millionen europäische Verbraucher profitieren von einer EG – Richtlinie, wie Prof. Dr..Beate Kohler-Koch von der Universität Mannheim 2003 feststellte. [34]

Diese Erfolge für die Verbraucher konnten auch durch eine starke Lobby in Brüssel errungen werden. Die älteste Verbraucherorganisation auf europäischer Ebene entstand 1961 in Brüssel. Nationale Verbraucherverbände gründeten ein „Europäisches Büro der Verbrauchervereinigungen" (Bureau Europeén des Unions de Consommateurs – beuc), das 2001 36 Mitglieder aus allen EU-Mitgliedstaaten, dem europäischen Wirtschaftsraum (Schweiz, Island, Norwegen) und aus den Reihen der Kandidatenländer hatte. Mit nur wenigen Mitarbeitern im Büro aber starken Rückhalt bei den nationalen Mitgliedsverbänden konnten beachtliche Erfolge erzielt werden.

Frau Anne-Lore Köhne, die während der Präsidentschaft von Helmut Lenders zusammen mit Johannes Jaschick als Hauptgeschäftsführerin der AgV arbeitete und anschließend Präsidentin des Europäischen Verbraucherverbandes (beuc) war, hat wesentlichen Einfluß auf die europäische Entwicklung der Verbraucherpolitik gehabt.

Frau Köhne und Herr Jaschick hatten 1984 Helmut Lenders geworben für das Präsidentenamt der AgV. Lenders reizte die Aufgabe mit ihren „praktischen, organisatorischen und strategischen Aspekten." Er kannte sich aber noch nicht in der umfangreichen Organisation mit 30 Mitgliedsorganisationen gut aus. Daher war es für ihn um so erfreulicher, dass vor allem Frau Köhne, die schon Prof. Otto Blume geholfen hatte, nun mit ihm zusammenarbeiten wollte. Sie hatte die ganze Organisation miterlebt und kannte sich „in den Interessenlagen und Konkurrenzverhältnissen aus. Und die Chemie stimmte auch." [35]

1999 wurde in der EU – vor allem wegen Skandalen im Lebensmittelbereich (BSE) – ein Kommissar für Verbraucherschutz eingesetzt, dessen Generaldirektion mit zusätzlichen Kompetenzen, Finanzen und Personal für den Gesundheits- und Lebensmittelbereich ausgestattet wurde.

Anmerkungen
Zehntes Kapitel:

[1] Franz Müntefering in dokumente Nr. 04 / 03 der SPD – Bundestagsfraktion, Berlin 2003, S.2
[2] dokumente Nr. 04 / 03 der SPD – Bundestagsfraktion, Berlin 2003, S.15
[3] H. Lenders in: 40 Jahre Arbeitsgemeinschaft der Verbraucherverbände e.V. (AgV) Bonn 1993, Vorwort S. 5
[4] Edda Müller, Vorsitzende der „vzbv" -Verbraucherzentrale Bundesverband e.V. – Manuskript vom 8.2.2002 beim vzbv
[5] Verbraucher politische Korrespondenz der AgV vom 7.3.1995, S.4
[6] H. Lenders: Soziale Marktwirtschaft und Verbraucherschutz in der Bundesrepublik Deutschland vor dem Hintergrund des EG Binnenmarktes – eine Bestandsaufnahme, Vortrag im Juni 1990 im FDGB – Haus in Ost–Berlin, Manuskript S. 2 im Besitz der vzbv, Berlin
[7a] H. Lenders in: 40 Jahre AgV, S.8
[7b] ebd., S.8
[8] Gespräch mit seinem Assistenten Anfang der siebziger Jahre
[9] H. Lenders: Verbraucherpolitik im Strukturwandel, 1983, S. 5
[10] ebd. S. 3
[11] ebd. S. 6
[12] ebd. S. 6
[13] Jürgen Schmude: Glaube mischt sich ein – Zum Verhältnis von Protestantismus und Demokratie, Neukirchen – Vluyn, 2001; 23.7.1996 Brief von Schmude an Lenders, Privatbesitz Inge Lenders
[14a] Dr. Hans-Joachim Vogel in einem Brief an H. Lenders vom 24.11.1994, Privatbesitz Inge Lenders
[14b] Anne – Lore Köhne: Verbraucherorganisationen in der DDR und in der BRD, Berlin 1990, S. 1, Manuskript im Besitz der vzbv, Berlin
[15] AgV (HG): 40 Jahre AgV, Bonn 1993, S. 11
[16] Lucie Kurlbaum Beyer: 50 Jahre Verbraucherarbeit in Deutschland, Berlin 2003, S. 20
[17] A.-L. Köhne: Verbraucherorganisation, Rede-Manuskript im Besitz der vzbv, Berlin, S. 1 f und:40 Jahre AgV, S.14
[18] H. Lenders in: rationelle Hauswirtschaft XXX, Heft 12, 1993, S. 25
[19a] vzbv:(HG): 50 Jahre Verbraucherarbeit in Deutschland, Berlin 2003, S. 24
[19b] Entwurf eines Briefes von H. Lenders an Anke Martiny, Jan. 2002, im Privatbesitz von Inge Lenders
[20] Zeitschrift rationelle Hauswirtschaft XXX, Heft 12/ 93, S. 25
[21] Siehe auch Pressedienst der SPD – Bundestagsfraktion vom 23.1. 1971 – Uwe Jens: Die Kartellnovelle ist überfällig. Das Instrumentarium muss verschärft werden
[22] Uwe Jens HG: Georg Kurlbaum, S. 157 f

[23] H. Lenders: Laudatio zum 70. Geburtstag von I.v. Meibohm, Manuskript im Privatbesitz von Inge Lenders; und H. Lenders 1991 zum 75. Geburtstag in: Irmgard von Meibohm (1916 – 1996), HG AgV.
[24] Bundeskanzler W. Brandt: Bericht zur Verbraucherpolitik, Drucksache VI/2724 vom 18.10. 1971 in: Verhandlungen des Deutschen Bundestages, 6. Wahlperiode 1969, Bd.154, Anlagen
[25] Textilkennzeichnungsgesetz vom 1.4. 1969, Bundesgesetzblatt Nr.29, Bonn 3.4.1969
[26] H. Lenders: Für Linda, S. 73 f.
[27] Verhandlungen des Deutschen Bundestages V. Leg. Per., 207. Sitzung am 15.1. 1969, S. 11244 f
[28] Verhandlungen des Deutschen Bundestages V. Leg. Per., 232 u. 233 Sitzung, S. 12852 ff – 2. und 3. Lesung der Verbraucherschutzgesetze am 9.5. 1969 und Gesetz über Einheiten im Messwesen (Eichgesetz) vom 2.7.1969, Bundesgesetzblatt Teil I, Nr.55 vom 5.7.1969
[29] H. Lenders: Soziale Marktwirtschaft und Verbraucherschutz in der Bundesrepublik vor dem Hintergrund des EG Binnenmarktes – eine Bestandsaufnahme, Berlin 1990,im Privatbesitz Inge Lenders
[30] Manuskripte der Reden von Karel von Miert und Anne – Lore Köhne sind im Besitz der vzbv e. V. Berlin
[31] H. Lenders: Die Verantwortung des Verbrauchers, Manuskript im Besitz der vzbv e.V. Berlin
[32] H. Lenders: 40 Jahre AgV
[33 a] Anne – Lore Köhne/Eva Günther: Europäische Verbraucherpolitik – Von angemessenen Preisen zum Binnenmarkt der Verbraucher, S.2 in: Eurokolleg 46, 2003
[33 b] Einladung der AgV, der „beuc" und der IOCU (International Organisation of Consumers Unions) zum 7./8.11.1991
[34] Beate Kohler – Koch: 50 Jahre Verbraucherarbeit in Deutschland, S.34, Mannheim 2003
[35] H. Lenders: Für Linda, S.74

Teil IV
Lenders' Kraftquellen

Elftes Kapitel
Kreative Freizeitbeschäftigung und die Familie

„Die Arbeit der Abgeordneten setzt Verantwortungsbewusstsein und große Sachkenntnis voraus. Sie erfordert auch außergewöhnlich viel Zeit. Im Durchschnitt arbeiten die Abgeordneten 70 Stunden in der Woche." [1]

„Du warst länger als ich im Deutschen Bundestag. Da hat sich Erfahrung ansammeln lassen, für mich insbesondere die, dass ich Dich auch jetzt noch fragen kann und verlässliche Hilfe erhalte."
Björn Engholm, Bundesminister für Bildung und Wissenschaft, 1982 [2a]

„Lenders prägte durch seine Arbeit in gewerkschaftlichen und politischen Positionen das soziale und politische Leben der Stadt entscheidend mit."
Josef Kürten, OB Düsseldorf, 1983 [2b]

1. Die Belastungen eines engagierten demokratischen Politikers

Lenders wohnte in seiner aktiven Zeit als Bundestagsabgeordneter (1965 – 1980) in D ü s s e l d o r f. Hier wurde er 1965, 1969, 1972 und 1976 jeweils direkt in den Deutschen Bundestag gewählt.

Von 1971 bis 1983 war er auch Vorsitzender des Unterbezirks Düsseldorf der SPD. Das erforderte auch eine Präsenz in allen Stadtvierteln, in der ganzen Region Düsseldorf. Ohne politischen Rückhalt, der hart erarbeitet werden musste, gab es kaum Chancen, sich auch bundesweit mit Erfolg durchzusetzen, um Einfluss auf die nationale und internationale Politik zu bekommen.

In einem „Bericht aus Bonn für den Wahlkreis Düsseldorf – Ost" hat er die Aufgaben eines Bundestagsabgeordneten kurz beschrieben: Er muss sich um seinen Wahlkreis kümmern, sich einen „guten politischen Überblick" verschaffen aber auch „spezialisieren", "wenn er politisch effektiv werden will."

1970 berichtete er darüber, dass die Regierung Brandt „wesentliche Punkte des Regierungsprogramms „schon verwirklicht" habe. Wer sich genauer informieren wollte, den bot er einen „übersichtlichen Jahresbericht" an, der bei ihm oder im SPD-Büro in Düsseldorf in der Flingerstraße angefordert werden konnte.

An Erfolgen teilte er u. a. Ende 1970 mit:

1. Aufwertung der DM und dadurch einen geringeren Anstieg der Lebenshaltungskosten im internationalen Vergleich: " Stabiles Geld – sichere Arbeitsplätze ."

2. Mehr soziale Gerechtigkeit durch eine Verbesserung des Kindergeldes und der Ausbildungsförderung: „Bildungsurlaub", „Familienlastenausgleich" und „Bekämpfung des Mietwuchers" waren geplant.

3. Als seine Schwerpunkte in der politischen Arbeit in Bonn bezeichnete er die Wirtschaftspolitik und die Außenpolitik: In einem abgedruckten Pressespiegel belegte Lenders, „dass er in den wirtschaftspolitischen Debatten des Bundestages um Preisstabilität und Vollbeschäftigung" seine Fraktion vertreten habe."

Vor allem bemühte er sich um die „Weiterentwicklung der Verbraucherpolitik." – Die Außen- und Deutschlandpolitik der Bundesregierung wurde von ihm voll unterstützt.

Schließlich wies Lenders noch darauf hin, dass er viele Briefe von Bürgern bekam, die er „alle beantworten werde." Er bot den Bürgern aber auch persönliche Gespräche in seiner Sprechstunde an, die er in der Presse ankündigte. Außerdem verwies er auf öffentliche Versammlungen, die er in seinem Wahlkreis zur „politischen Aussprache veranstalte." [3]

Helmut Lenders starke regionale Einflussnahme war nicht unbedeutend zur Sicherung der von Willy Brandt geführten Bundesregierung der Kleinen Koalition von SPD/FDP vom 22.10.1969 bis 6.5.1974.

Willy Brandt war Anfang der siebziger Jahre nicht nur der

Vorsitzende der stärksten Partei der Bundesrepublik, sondern auch ein beliebter Politiker, der am 10.12.1971 den Friedensnobelpreis bekam. Er galt auch als Autoritätsperson im Weltmaßstab. In der DDR wurde er als deutscher Friedenskanzler verehrt, der die Folgen des Mauerbaus zu mildern versuchte. Das geht aus geheimen Stimmungsberichten des Ministeriums für Staatssicherheit (MfS) der DDR hervor. Das MfS beobachtete diese Begeisterung mit Sorge, da sie fürchtete, Brandt strebe die Annexion der DDR und die Vernichtung des Sozialismus an. [4]

Am 6.5. 1974 trat Bundeskanzler Willy Brandt zurück. Einer der Gründe war die Verhaftung des Kanzler – Mitarbeiters Günter Guillaume Am 25.4. hatte die Bundesanwaltschaft die Verhaftung des DDR Spions Günter Guillaume bekannt gegeben, der seit 1970 im Kanzlerbüro mit der Organisation von Parteiterminen sowie mit dem Schriftverkehr mit der SPD betraut war. Zum Rücktritt trug auch bei ein 10-seitiges Dossier über das Privatleben von Willy Brandt vom Präsidenten des Bundesamtes für Verfassungsschutz, Günther Nollau, das er Herbert Wehner gegeben hatte. Bundeskanzler Brandt sagte zu seinem Berater Klaus Harpprecht in diesem Zusammenhang, er möge sich diesen „Vorgang (Nollau / Wehner) sehr genau merken, für den Fall", dass er „eines Tages darüber schreiben werde." Klaus Harpprecht beklagte: „Unter der Decke des Rechtsstaates und unter der Decke der Demokratie herrschen Dienste, beeinflussen Politik, bestimmen das Schicksal von Menschen mit, die jeder öffentlichen Kontrolle entzogen sind." [5]

Lenders unterstützte ebenfalls Brandts sozialdemokratischen Nachfolger, den „Weltökonomen" Bundeskanzler Helmut Schmidt (16.5. 1974 – 17.9.1982).

Helmut Schmidt hatte Willy Brandt „dringend" und „auch mit Ehrlichkeit" im Mai 1974 bei einem Treffen in Münstereifel „vom Rücktritt" „abgeraten." [6]

Helmut Lenders stimmte zwar wirtschaftspolitisch weitgehend mit Schmidt überein, aber außenpolitisch und sozialpolitisch stand er Schmidt nicht so nahe wie dem „Visionär und Realisten" Willy Brandt. [7]

Der Pragmatiker Schmidt, der in der Wirtschaftspolitik mit

Lenders zusammen arbeitete, wurde schließlich durch ein konstruktives Misstrauensvotum im Deutschen Bundestag durch den CDU/CSU-Fraktionsvorsitzenden Dr. Helmut Kohl 1982 gestürzt. Helmut Kohl nutzte die schwierige Lage von Schmidt innerhalb seiner eigenen Partei – z. B. durch die Meinungsunterschiede zum Nato-Doppelbeschluss und mit dem Koalitionspartner FDP, vor allem in der Sozialpolitik, aus. Dr. Kohl gewann in Gesprächen mit Hans-Dietrich Genscher (FDP) im Sommer 1982 – zunächst ohne Kenntnis von Helmut Schmidt – die FDP zur Zusammenarbeit mit der CDU/CSU, die mit Kohl eine neue Mehrheit bilden konnte.

Otto Graf Lambsdorff (FDP) verabschiedete sich von der sozialliberalen Koalition mit einer scharfen Kritik an der Sozialpolitik der SPD. Mit einem „Memorandum" vom 9.9.1982 gab er das „Startsignal" für die „Kohl-Ära." Hier wurde der „Sozialstaat zur Disposition gestellt." „Alle Politikbereiche", auch die Bekämpfung der Arbeitslosigkeit, wurden an die „Regeln und Gesetze marktwirtschaftlichen Handels" gebunden. Die Lebensrisiken wurden immer stärker individualisiert. [8]

Helmut Schmidt nahm Lambsdorff diese offene und ehrliche Kritik in der entscheidenden Sitzung der SPD – Bundestagsfraktion, die zum endgültigen Bruch führte, menschlich nicht übel. In der Sache konnte aber ein Sozialdemokrat nicht zustimmen. Er war zornig auf die anderen FDP –Bundesminister, die seinen Sturz hinter seinem Rücken vorbereitet hatten. Er trennte sich sofort von den FDP – Ministern und schlug die Nachfolger von der SPD für die Übergangszeit (Minderheitenkabinett) vor, darunter überraschend den Bildungsminister Björn Engholm – als Nachfolger von Josef Ertl (FDP) zusätzlich zum Bundeslandwirtschaftsminister. Das löste später im Bundestag ein Schmunzeln aus, worauf Helmut Schmidt mit der Bemerkung reagierte, der versteht etwas von Fischen. Das war keine angemessene Beurteilung des Politikers Engholm, der später 1. Vorsitzender der SPD und Kanzlerkandidat wurde, sondern war einfach eine flapsige Bemerkung.

Nach der für die SPD und Willy Brandt gewonnenen Bundestagswahl hatte 1972 die SPD-Bundestagsfraktion Helmut

Lenders als Reformer und „Brückenbauer" zum Parlamentarischen Geschäftsführer gewählt. Er war Nachfolger der „Kanalarbeiterin" Annemarie Renger (SPD), die als Vertreterin der stärksten Fraktion im Bundestag zur Bundestagspräsidentin gewählt wurde. Er erhielt große Unterstützung vor allem von der linken Mitte der SPD-Bundestagsfraktion, welche die Notstandsgesetze und Aufrüstung (Nato- Doppelbeschluss zur Aufstellung von nuklearen US-Gefechtsköpfen) kritisch sah bzw. ablehnte. Um diese Aufgabe in Bonn für ganz Deutschland (Bundesrepublik und DDR) und auch für die Versöhnung mit Osteuropa (Ostpolitik) erledigen zu können, musste er – vor allem in den Wochen, in denen das Parlament in Bonn tagte – immer dort anwesend sein und mit die Regierungspolitik organisieren.

Wegen dieser starken Verpflichtungen als Bundespolitiker in Bonn benötigte er eine Zweitwohnung in Bonn – Bad Godesberg und war gezwungen, seine Düsseldorfer Verpflichtungen oft an den Wochenenden zu erledigen.

Hierfür hat er Wochenendpläne aufgestellt, die für die Zeit vom 30.1.1976 bis zum 10.12.1976 vorliegen: In 10 Monaten hat er über 80 Termine an Wochenenden in Düsseldorf und Umgebung wahrgenommen. [9]

Dazu gehörten Vorstandssitzungen, Veranstaltungen der Arbeitsgemeinschaft für Arbeitnehmerfragen, Sitzungen zur Organisation von Wahlen, Juso-Versammlungen, Gespräche mit der Stadtverwaltung, Betriebsgruppenversammlungen, Podiumsgespräche (z.B. auch des „Kuratoriums Unteilbares Deutschland in Berlin), Teilnahme an Werbeständen der SPD, Begleitung von bekannten Bundespolitikern im Wahlkampf im Unterbezirk Düsseldorf (z.B. von Willy Brandt), Teilnahme an Vereinssitzungen (z.B. des Mietervereins) und an Tagungen des Handwerks, Besuche in Seniorenheimen, Kirchengemeinden und Schulen.

Natürlich gehörten zu diesen Terminen auch gesellige Veranstaltungen, wie Frühschoppen in den Ortsteilen, Besuch eines internationalen Jugendfußballturniers, von Reiterfesten und die Teilnahme an Strassen und Volksfesten.

Wochenendbeschäftigungen waren auch die Weiterbildung neuer Parteimitglieder und besondere Veranstaltung für ältere

Bürger. Mit diesen Beschäftigungen eines Bundestagsabgeordneten an Wochenenden waren oft Ortswechsel verbunden.

Zum Beispiel am Freitag den 2.7.1976 fuhr Lenders zunächst von Bonn ins Parteihaus nach Düsseldorf, wo eine Vorstandssitzung des Unterbezirks der SPD stattfand. Am nächsten Tag – am Sonnabend – saß er in seiner Privatwohnung einige Stunden am Telefon, um anschließend Werbestände seiner Partei in Düsseldorf zu besuchen. Am späten Nachmittag arbeitete er in seinem Büro im Bundeshaus in Bonn und verbrachte den restlichen Teil des Tages in seiner Godesberger Wohnung, wo er telephonisch erreichbar war. Am Sonntag nahm er nachmittags an einem Sommerfest in Gerresheim bei Düsseldorf teil, abends konnte man ihn noch in seiner Düsseldorfer Wohnung anrufen.

Auch auf diese Weise konnte Helmut Lenders die Verbundenheit mit Bürgerinnen und Bürgern erreichen, nicht nur durch seine bürgernahe und p r o g r a m m a t i s c h e Verbraucher-, Wirtschafts- und Friedenspolitik.

Die Wählerinnen und Wähler schickten ihren „Abgeordneten zum Anfassen" für Düsseldorf daher jedes Mal direkt in den Bundestag.

Helmut Lenders bekam für „besondere Verdienste um die Stadt Düsseldorf" im Oktober 1983 eine „Verdienstplakette." In der Begründung hierzu hieß es: „Lenders prägt durch seine Arbeit in gewerkschaftlichen und politischen Positionen das soziale und politische Leben der Stadt entscheidend mit." [10]

Einen Verdienstorden der Bundesrepublik, für den Herbert Wehner ihn vorschlug, lehnte er mit der Begründung ab, er wolle nicht für eine Arbeit als Parlamentarischer Geschäftsführer der SPD-Bundesfraktion geehrt werden, also für eine „Berufstätigkeit", die ja wohl selbstverständlich sei. [11]

2. Kreative Freizeitbeschäftigungen:
Künstlerische Tätigkeiten von Inge und Helmut Lenders

Aber wie konnte Lenders diese immense Arbeit im Parlament, für die Düsseldorfer SPD und für seine Wähler in der Woche und an Wochenenden überhaupt schaffen? Hatte er trotz seiner schweren Vergangenheit noch genug Reserven? Es ist zu berücksichtigen, dass er bereits einen leidvollen Krieg und eine verkürzte Ausbildung hinter sich hatte, die nach 1945 geradezu einen Bildungshunger verbunden mit hohem Fleiß bei ihm auslöste.

Wie beschaffte sich Lenders die Kraft und Zuversicht, um dieses mörderische Arbeitsprogramm zu erledigen?

Nach dem 2. Weltkrieg besuchte Helmut Lenders mit seiner Frau Inge Kunstausstellungen mit Werken von Franz Marc, Käthe Kollwitz, Ernst Barlach und Lionel Feininger. Sie gingen zur Entspannung gemeinsam in Museen und Ateliers von Künstlern im Bergischen Land und in der Heimatstadt Wuppertal. Er machte Malkurse und lernte farbige Bilder zu malen.

Später regte der amerikanische Bildhauer und Maler Alexander C a l d e r (1898 - 1976) [12] mit „seinen" Drahtfiguren, mit körperlos abstrakten Konstruktionen aus Metall" (Stabiles) und Mobiles Helmut Lenders und seinen Freund Hans Kolb an. Sie wollten ähnliche Gebilde konstruieren und in ihrem Garten aufstellen. Ihre Mobiles bestanden aus federnden Drähten und blattartig ausgeschnittenen Eisenblechflächen, die wohlausgewogen in ihrem Gleichgewicht und durch lockere Gelenke miteinander verbunden waren. Durch leichte Berührung konnten sie in schwingende Bewegung versetzt werden.

Sie stellten ihre Mobiles in Hückeswagen/ Bergisches Land auf. Sie lebten dort zusammen mit ihren Frauen einige Jahre in einer Wohngemeinschaft.

Helmut Lenders beteiligte sich auch schon in jüngeren Jahren erfolgreich an einer Hobby-Ausstellungen des DGB und der Stadt Wuppertal. Bei der Ausstellung „Freie Zeit – Deine Zeit" bekam er als Preis ein „Silbernes Steckenpferd."

Abb. 14: Inge und Helmut Lenders 1987
Privatphoto: Inge Lenders

Damals wurde für die Freizeit bundesweit Stimmung gemacht mit dem Slogan: „Sonntag gehört Vati mir"!

Selbst als Bundestagsabgeordneter mit einem oft 16 Stunden langen Tag versuchte er weiterhin, sich in seiner Freizeit mit Kunst zu befassen und Abstand zu seinem Tagesgeschäft zu bekommen. 1969 wurde in einem Flugblatt zur Bundestagswahl darauf hingewiesen, dass er trotz aller Arbeit noch manchmal Zeit findet für „technische Basteleien."

Lenders liebte Gebilde und Figuren, die sich bewegen. Um sie realisieren zu können, musste er mit technischen Problemen kämpfen: Wie können vertikale in horizontale Bewegungen übersetzt werden? Wie geht man mit einem Lötkolben um ? Als Kaufmann und Politiker hatte er das nicht gelernt. Als Material dienten ihm vor allem Messingzahnräder aus alten Weckern und sonstigen Uhren, die er auf Trödelmärkten fand oder von guten Freunden geschenkt bekam. Material fand er auch in seinem Stabilbaukasten aus der Kinderzeit.

Abb. 15   Metallbaum von Helmut Lenders
Photo: Jutta Eisfeld, 2008

Er konstruierte auch Nonsens – Maschinen und kinetische Montagen aus Schrottteilen nach dem Vorbild des Schweizer Malers und Bildhauer Jean Tinguely (1925 - 1991).

1971 berichtete die NRZ, „gegenwärtig" beschäftige er sich mit Metall. Er habe ein „Metallbäumchen" (Lenders nannte es „Federbaum") [13] und eine „elektrische Eisenbahn" gebaut.

Sein „Kunstwerk" „Das alternde Funkenmariechen erinnert sich an seinen Tanzmajor" steht heute im „Haus des Karnevals" in Düsseldorf. Die NRZ bezeichnete Lenders „fast als Freizeitkünstler": Manche Werke des einstigen DGB – Bildungssekretärs wurden ausgestellt.

Lenders betätigte sich auch als Kunstsammler. Er sammelte aus Glas kunstvoll gestaltete Briefbeschwerer (Paperweights). Diese kleinen Kunstwerke stiftete Inge Lenders 2005 dem Glasmuseum Hentrich in Düsseldorf, wo im Sommer 2007 47 von Helmut Lenders gesammelte Paperweights ausgestellt wurden.

Anregungen fand er bei seiner Frau, die sich gerne kreativ betätigte. Zunächst arbeitete Inge Lenders als Jugendleiterin 13 Jahre hauptamtlich beim Deutschen Gewerkschaftsbund und kümmerte sich vor allem um die musische Erziehung von Jugendgruppen. Anschließend pflegte sie 7 Jahre ihre gelähmte Mutter und half ihrem Mann. Später beschäftigte sie sich stärker mit künstlerischen Tätigkeiten. Sie schuf z. B. Collagen aus Naturmaterialien und Objekte aus Müll. Dafür sammelte sie Weggeworfenes und Nutzloses und gab diesen „Dingen" einen neuen Sinn. Immer wenn sie unterwegs war, auf Reisen oder beim Spaziergang, z.B. am Rhein, hatte sie Tüten, Taschen oder sonstige Behälter dabei, um Zerbrochenes, Wertloses oder sonstigen „Müll" mitnehmen zu können. Auch auf Trödelmärkten guckte sie nach kleinen Objekten und z.B. verrosteten Teilen.

Einige Betrachter ihrer Werke konnten damit nichts anfangen, weil sie sich abgestoßen fühlten von dem Material (z.B. auch Knochen, tote Fische oder Rost). Sie ließ sich aber nicht durch Kritik von dieser Art künstlerischen Schaffens abbringen.

Gemeinsam mit ihrem Mann bekam sie die Chance, ihre Werke öffentlich auszustellen. Vom 14.11. bis 19.11.1986 fand eine Ausstellung in der Galerie Güldner in Düsseldorf mit Collagen und Objekten statt. An der Vernissage nahmen Freunde, Bürger und Bürgerinnen, Experten und der Oberbürgermeister Klaus Bungert teil.

Ministerpräsident Johannes Rau, ein alter Bekannter aus Wuppertal, schrieb am 8.9.1986 an das Ehepaar Lenders, dass er dienstlich verhindert sei, zu kommen: „Ich meine aber, dass mein Fernbleiben doch gewiss nicht ein Hindernis für viel Zuspruch und Interesse für die Vorstellung euerer künstlerischen Aktivitäten sein muss. Lasst uns hoffen, dass auch in „weiterer Zukunft noch eine Möglichkeit geben wird, meine Zuneigung zu euch und euren künstlerischen Intentionen zu dokumentieren." [14]

Die „NRZ" schrieb im November 1986 unter der Überschrift „Kunstwerke eines Politikers" ausgestellt: „Vom Bundestagsabgeordneten zum Künstler: Helmut Lenders, hauptberuflicher Präsident der Arbeitsgemeinschaft der Verbraucherverbände (AgV), nutzt jede freie Minute, gemeinsam mit seiner Frau, um sich als Künstler zu probieren." [15]

Inge Lenders hatte z.B. noch eine Ausstellung mit dem Titel „Auf den zweiten Blick" mit dem Untertitel „Objekte aus Fundsachen" vom 19.6. bis 14.8.1994 im Städtischen Heimatmuseum in Remscheid.

Das Ehepaar Lenders erzielte erstaunliche Wirkung und Beachtung in der Öffentlichkeit. Einige ihrer Objekte und Collagen wurden z.B. von Architekten, Städteplanern und Bekannten sofort gekauft. Zum Leidwesen der Lenders mussten sie sich von einem Teil ihrer Werke trennen, da 1986 ein Galerist darauf bestanden hatte, dass auch ein Verkauf möglich sein müsse. [16]

Später verschenkten sie großzügig Kunstobjekte an Freunde und Bekannte, vor allem als sie in eine kleinere Wohnung in Düsseldorf umzogen.

Um sein Leben als kranker Pensionär mit Ehrenämtern besser bewältigen zu können, zog er mit Inge und einem befreundeten Ehepaar für 10 Jahre nach Hückeswagen (Bergisches Land). Sie gründeten in einem Einfamilienhaus mit Garten eine „Seniorenkommune", die sich die Hausarbeit teilte. Dort konnten Freunde und Bekannte die künstlerischen Produkte der Bewohner bewundern.

In ihrem Haus in Hückeswagen gab es Räume, die sie gemeinsam nutzten, außerdem hatte jeder sein eigenes Zimmer. Im Haus und im Garten war genügend Platz vorhanden, um kreativ tätig sein zu können. Von Hückeswagen fuhr das Ehepaar Lenders immer wieder nach Düsseldorf, um am kulturellen Leben – z.B. an den Sinfoniekonzerten in der Tonhalle – teilzunehmen.

Auch in seiner Eigenschaft als Politiker interessierte sich Helmut Lenders für Künstler und Kultur. Im Januar 1967 eröffnete er die „Vietnam-Protest-Ausstellung" von 20 deutschen Malern und Bildhauern. [20]

Am 19.11.1976 protestierte Lenders gegen die Ausbürgerung des Liedermachers Wolf Biermann aus der DDR, die großes Aufsehen in der Bundesrepublik Deutschland hervorgerufen hatte. Eine ganze Nacht übertrug das westdeutsche Fernsehen ein Konzert von Biermann. Helmut Lenders sprach auf einer Demonstration der SPD und der FDP-Nachwuchsorganisationen auf dem Schadowplatz in Düsseldorf, an der 1600 Menschen teilgenommen haben. Helmut Lenders erklärte seine Solidarität zu Biermann, wenn er auch seine politischen Vorstellungen weitgehend nicht teilte: „Biermann steht nicht auf unserer Seite und lässt sich in unserem Land nicht einordnen. Wir üben Solidarität mit ihm, nicht weil wir ihn zu den Unseren zählen, sondern weil wir glauben, dass wir solche Idealisten wie ihn zur demokratischen Entwicklung der Staaten brauchen."

Biermanns Hoffnung sei ein menschlicher Kommunismus. Lenders warnte davor, den „Ostberliner Liedermacher zu einem Fall für antikommunistische Emotionen zu machen, um auf die Linie des Kalten Krieges zurückzukehren." [17]

Biermann erhielt 1993 den Heinrich-Heine-Preis der Stadt Düsseldorf. [18]

Helmut Lenders hatte sich seit 1981 dafür eingesetzt, die Düsseldorfer Universität „Heinrich-Heine-Universität" zu nennen: „Wir meinen, dass Heinrich Heine in seiner Geburtstadt immer noch nicht der Platz eingeräumt wird, der diesem kritischen Geist gebührt." [19]

In den letzten Wochen seines Lebens (2001/2002), als er schwer krank war und eine Operation planen musste, entwarf er noch einen Brief an Anke Martiny, die er aus dem Deutschen Bundestag kannte. Anke Martiny hatte 1991 Inge und Helmut

Lenders ihr Buch „Kühle Gefühle – Zur Lage der Nation" geschenkt, in dem sie u. a. hierarchische, veraltete Strukturen, die Kandidatenaufstellung und die Finanzierung der Parteien kritisiert hatte.

In diesem Brief an Anke Martiny ging Helmut Lenders auf seine kulturellen Aktivitäten am Ende seines Lebens ein. [21]

So nahm er ein „Sylvester-Angebot" von „Kulturreisen Duisburg" nach Mailand an. Inge und Helmut Lenders besuchten Verdis Oper Othello in der Mailänder Scala und hörten im Auditorium di Milano die 9.Symphonie von Beethoven. Während des viertägigen Aufenthalts in Mailand lebte er diszipliniert und nahm Rücksicht auf seinen Gesundheitszustand, wie er es auch bei seinen Erkrankungen während seiner Zeit als Politiker nach Möglichkeit getan hatte. Auf die Besichtigung des Abendmahles von Leonardo da Vinci verzichtete er z.B., weil ihm die Kraft fehlte, sich in die lange Warteschlange einzureihen.

Ein Jahr vorher hatte er mit demselben Reiseveranstalter bei einer Reise nach Antwerpen zum Neujahrskonzert und in die Vlaamse Opera in Brüssel die Erfahrung gemacht, dass er derartige „Kulturreisen" – „trotz einiger Einschränkungen" – gut überstehen konnte.

Im Januar 2002 besuchten Lenders noch das monatliche Symphoniekonzert in der Tonhalle Düsseldorf, Richards Wagners „Walküre" in Köln und aus dem „Ring" sah das Ehepaar Lenders Rheingold als Umweltoper." Das Rheinbett (Bühnenbild) lag voller „Zivilisationsmüll." Einer ihrer Freunde, Stefan von Butler, „eine Chinareise-Bekanntschaft", fuhr das Ehepaar Lenders zu allen Operninszenierungen.

Dann reisten sie noch im Januar zum 60. Geburtstag einer Bekannten und besuchten auch Ingeborg Zaunitzer in Hamburg, Mitglied eines „Arbeitskreises von Journalistinnen der Funkmedien", die mit Lenders schon längere Zeit befreundet war. Ihr verstorbener Mann, Hans Eberhard Zaunitzer, hatte für die „Jüdische Allgemeine" gearbeitet. Paul Spiegel, Vorsitzender des Zentralrats der Juden in Deutschland, hatte Journalismus bei der „Jüdischen Allgemeine" gelernt.

3. Die Familie Gao–Lenders

Inge und Helmut Lenders hatten keine Kinder. Sie adoptierten einen chinesischen Sohn, Herrn Letian Gao aus Fengxian bei Shanghai (China), der 1957 geboren wurde.

Wie kam es zu dieser gelungenen Adoption? 1982 reisten Inge und Helmut Lenders zum ersten Mal nach China. Ihr Reiseleiter auf der dreiwöchigen Reise war der Chinese Letian Gao.

Herr Gao war für die Reisesaison von der Nationalbibliothek in Peking an die Touristik-Organisation „ausgeliehen." Als 1984 eine „Dankesschrift" für Helmut Lenders in der Pekinger Nationalbibliothek auftauchte, las Letian Gao die wirtschaftspolitischen Artikel der Experten, die ihn interessierten, da er sich mit den Wirtschaftswissenschaften befasst hatte. Herr Gao lernte durch diese Veröffentlichung Lenders noch besser kennen und nahm Briefkontakt zum Ehepaar Lenders auf.

In der Zeit von 1987 bis 1989 machte dann Herr Gao ein Praktikum bei der IHK in Köln. In dieser Zeit besuchte er auch das Ehepaar Lenders in Hückeswagen. Die Beziehungen wurden enger und sie kamen sich menschlich näher.

Nach dem Praktikum kehrte Herr Gao zunächst nach China zurück und arbeitete am Institut für wirtschaftspolitische Kooperation.

Das brutale Ende der Demokratiebewegung 1989 auf dem „Platz des himmlischen Friedens" in Peking, als Panzer unbewaffnete Demonstranten überrollt haben sollen und die öffentliche Propaganda behauptete, dass das Militär schießen musste, um China vor Chaos und Zerfall zu retten,[22)] entschloss sich Letian Gao, nach Deutschland zurückzukehren.

Er lernte noch kochen und massieren, um sich Arbeitsmöglichkeiten in Deutschland zu eröffnen. Für das Einreisevisum in die Bundesrepublik Deutschland gab Helmut Lenders eine Bürgschaft ab. In der Bundesrepublik wurde Herr Gao in vielfältiger Weise vom Ehepaar Lenders unterstützt.

Im Zeitraum von ungefähr fünf Jahren freundeten sich Lenders immer mehr mit Letian Gao an. 1995 beantragten sie die

Adoption von Letian, die mit Urkunde des Amtsgerichts Wipperfürth vom 18.1. 1996 besiegelt wurde. [23]

Mit dieser Adoption bekam das Ehepaar Lenders nicht nur einen Sohn, sondern auch eine Schwiegertochter Ai Ling Pu und eine Enkelin Linda Jiayun Gao – Lenders.

Seiner Enkelin L i n d a widmete Helmut Lenders am Ende seines Lebens einen Entwurf seiner Lebensgeschichte, die vor allem Auskunft über sein Privatleben gibt. [24]

Vom 18.5. bis 1.6.1997 reisten Inge und Helmut Lenders zum zweiten Mal nach China. Der eigentliche Grund dieser Reise war, sie wollten die Familie von Letian kennen lernen. [25]

In Feyxian bei Shanghai trafen nun die b e i d e n Elternpaare von Letian zusammen, seine leiblichen Eltern und das Ehepaar Lenders, das Letian adoptiert hatte. Schon bei der ersten Begegnung gab es „keine peinlichen oder verkrampften Situationen." Die Lenders bedankten sich dafür, „dass die richtigen Eltern" ihnen „den Sohn überlassen" und sie nun „seine Zuwendung und Hilfe" erfuhren, die eigentlich den leiblichen Eltern „zusteht."

Lenders wurden von der Gross-Familie empfangen. Letian hat 2 Brüder und eine Schwester. Seine Mutter, eine „Qi – Gong – Lehrerin", schenkte Lenders später ein „kostbares Gerät zur Behandlung seines Rheumas." Auch Linda, Letians Tochter, war dabei, die sich im Gegensatz zu den meisten anderen Kindern, die anwesend waren, „ungehemmt bewegte." Die anderen Kinder waren „ total verschreckt" von den „Langnasen" und „zu schüchtern, um Englisch zu sprechen." Nur die Siebenjährige, die „Kleinste" sang: „Are you sleeping, brother John…" Eine sprechende Verständigung – auch in Englisch – war nicht möglich, da Letians Familie nicht Englisch und das Ehepaar Lenders nicht Chinesisch sprechen konnte. Inge Lenders, die zwar einige Sätze Chinesisch gelernt hatte, wurde nicht verstanden, weil sie nicht die richtige Tonlage der chinesischen Sprache „nachsingen" konnte, was äußerst schwierig ist. Sie wurde damit vorher nicht vertraut gemacht. Sie löste aber mit ihren sprachlichen Beiträgen große Heiterkeit und Freude aus.

Hinsichtlich der sprachlichen Schwierigkeiten konnte Letian, der fließend Deutsch spricht, helfen.

Abb. 16: Familie Gao – Lenders mit Enkelin Linda, 2000
Privatphoto: Inge Lenders

Wohl weil die Eltern von Letian Parteimitglieder waren, hatten sie eine für chinesische Verhältnisse große Wohnung: Es war eine 70 qm große Dreizimmer – Wohnung mit Bad, WC, Balkon, Kühlschrank, Farbfernseher und Telefon. Letians Bruder dagegen bewohnte nur ein Zimmer für drei Personen in Shanghai.

Letians Familie hatte unter der Kulturrevolution Mao Tsetungs leiden müssen. Letian musste einige Zeit auf dem Lande leben, wo er weder eine Unterkunft noch Essen von den Bauern bekam. Er war Selbstversorger.

Lenders wohnten 1997 während ihres Aufenthalts in China in einem komfortablen Hotel. Wenn sie es betraten, wurden sie von jungen Empfangsdamen begrüßt. In chinesischer Schrift stand auf einer Seidenschärpe „Herzlich willkommen." Der Gast war dort König.

Inge und Helmut Lenders wurden von der ganzen Familie vorbildlich betreut. Sie liehen sich Autos und Rikschas, um das Ehepaar Lenders durch den starken Verkehr von Shanghai zu transportieren. Lenders bewunderten „Hochstrassen mit vier Ebenen", „supermoderne Wolkenkratzer", Investitionen von Auslandschinesen, die noch nicht bewohnt waren. Mao-Sprüche waren teilweise ersetzt durch „Reklame für einen gehobenen Lebensstandard."

Mit dem Zug fuhren sie 18 Stunden durch die Mitte von China. Sie sahen die Städte Haugzhou und Luoyang und staunten über die angeblich „heile Welt des Landlebens", während die meisten Städte Grau in Grau aussahen.

Für Helmut und Inge Lenders war die Reise „ vor allem ein menschliches Erlebnis", „das sie in „seiner Einmaligkeit und Besonderheit" stark geprägt hat.

Frank Bertsch, ein Freund und wirtschaftspolitischer Berater von Helmut Lenders, nannte die „Gründung der Familie Gao – Lenders ein kulturell ungemein optimistisches Modell möglichen Zusammenlebens in einer Welt mobiler Menschen mit weltweiten Wanderungsbewegungen und Wanderungsbegegnungen."

Frank Bertsch, der viele Jahre die Familienpolitik der Bundesregierung mit gestaltet hat, vertrat die Meinung, „dieses Modell einer frei gewählten Basislösung erteile pessimistischen Globalaussichten auf ein unabwendbares Aufeinanderprallen von Weltkulturen oder auch von Fundamentalisten mit dem ‚capitalisme sauvage' eine entschiedene Absage."

Die Familie Gao – Lenders sei „mehr auf der Ebene des praktischen Lebens als auf der Ebene der großen Entwürfe entstanden und ist ein überall in der Welt nachahmenswertes Beispiel für Lebensgemeinschaft, Lebensbewältigung und Lebensstil, das kulturelle Überfremdungsängste in sich zusammenfallen lässt…" [26)] Gao, Ai Ping und Linda haben die deutsche Staatsangehörigkeit bekommen.

Im Mai 1998 wurde Helmut Lenders für seine 50-jährige Mitgliedschaft in der Gewerkschaft „Handel, Banken und Versicherungen" geehrt. Noch 1995 hatte er in Düsseldorf vor der HBV einen Vortrag über „Neugründungen der Gewerkschaften ab 1945 – ihre Aufgaben und Ziele in der Vergangenheit und Zukunft" gehalten. [27]

Anmerkungen
Elftes Kapitel:

[1] Presse und Informationsdienst des Deutschen Bundestages, Bonn o. J. (wohl zu Beginn der siebziger Jahre): 70 Stunden in der Woche, S.1
[2 a] Brief von B. Engholm an Helmut Lenders, 11.8.1982, Privatbesitz Inge Lenders
[2 b] Brief von OB Josef Kürten vom 5.7.1983, NL Box 14
[3] NL Box 1–24: H. Lenders, Bericht aus Bonn für den Wahlkreis, Düsseldorf / Ost, Ende 1970
[4] Der Spiegel vom 17.3. 2008, Nr. 12, S.22. Siegfried Suckut von der Birthler – Behörde hat diese Unterlagen jetzt aufgearbeitet.
[5] Klaus Harpprecht: Im Kanzleramt, S.546 Reinbek 2001
[6] ebd. S.541
[7] Siehe auch Peter Merseburger: Willy Brandt, Visionär und Realist, 1913 – 1992
[8] Oskar Negt: Warum SPD …; S. 24/25
[9] NL Box 1 – 24
[10] NL Box 14, Brief von OB Josef Kürten vom 5.7.1983
[11] Auskunft: Inge Lenders, Sommer 2007
[12] Siehe auch Brockhaus Enzyklopädie, Wiesbaden 1967, Bd.3, S.566
[13] NL Box 2: Düsseldorfer Magazin, Ein Pensionär mit vollem Kalender, März 1987, S.43
[14] Brief von Johannes Rau an H. Lenders am 8.9. 1986 im NL Box 1 – 24
[15] NRZ 21.11.1986
[16] Düsseldorfer Magazin, März 1987, S.44 in: NL Box 2
[17] NL Box 14, NRZ 2o.11.1976
[18] Rheinische Post 14. 12.1993 im NL Box 14
[19] WZ – Düsseldorfer Nachrichten, 17.2. 1981
[20] NRZ vom 24.1.1967
[21] Anke Martiny: Kühle Gefühle zur Lage der Nation, S.138 ff
Alle Zitate über die letzten kulturellen Aktivitäten von H. Lenders sind aus einem Briefentwurf von H.L. an Anke Martiny vom Januar 2002, der

im Privatbesitz von Inge Lenders ist.
[22] Siehe auch General-Anzeiger Bonn vom 5.6. 2008, S. 4
[23] NL Box 1: Lebenslauf und Reden
[24] Fragment im Besitz von Inge Lenders, das sie unter dem Titel: Helmut erinnert sich … für Linda als Broschüre für Freunde herausgegeben hat. Zitiert wird aus dem unbearbeiteten Fragment (Kopie).
[25] Rundbrief von Inge und Helmut Lenders: Was Helmut und Inge Lenders in China erlebten, Mai 1997, NL Box 1
[26] NL Box 1 – 24: Würdigung von Helmut Lenders zum 75. Geburtstag durch Frank Bertsch, Düsseldorf 1997
[27] Brief vom 25.4.1995 an die Mitglieder der HBV in Düsseldorf, Privatbesitz Inge Lenders

Zusammenfassung

Politik für die Zukunft

„*Deine Arbeitsmethode, das hartnäckige Bohren dicker Bretter
ohne Spekulation auf Prestige sinnen und öffentlichen
Applaus bleibt für mich und meine Freunde beispielhaft.*"
Björn Engholm, 1. Vorsitzender der SPD, 1992 [1]

„*Keine Jugend darf ohne Utopien aufwachsen.
Die Reifungsprozesse von jungen Menschen,
denen die Perspektive fehlt, können weder in
ihrem gesellschaftlichen Leben noch im
individuellen Bereich wirklich glücken.*"
Oskar Negt, 1998 [2]

„*Visionen sind nichts anderes als Strategien des Handelns*"
Bundespräsident Roman Herzog 1997 [3]

„*Man muss sich um eine längerfristig gesehene
programmatische Orientierung als Maßstab für die
zeitnahe und praktische Arbeit bemühen und
Glaubwürdigkeit gewinnen dadurch, dass das
persönliche Verhalten in der Sache und den
Menschen gegenüber die theoretischen und
programmatischen Ansprüche widerspiegelt*"
Helmut Lenders, 2001 [4]

Helmut Lenders musste zunächst die nationalsozialistische Jugendzeit und „die Hölle des Zweiten Weltkrieges" bewältigen, um einen Beitrag zum Aufbau unseres demokratischen und sozialen Rechtsstaates leisten zu können, den er zukunftsfähig machen wollte. Bei politischen Entscheidungen prüfte er, ob sie zukunftstauglich sind.

Er bekam früh zu spüren, dass K r a n k h e i t und Verletzungen die Handlungsfähigkeit einschränken können.

Als 24-jähriger erfuhr er 1946, wie schwer es ist, einen geeigneten Beruf zu finden, wenn man vor dem Krieg nicht die beste B i l d u n g vermittelt bekommen hatte.

Er wurde durch den „ Bund, Gemeinschaft für sozialistisches Leben" von A. Jacobs, die Volkshochschule und Bildungsmaßnahmen des DGB als begabter junger Mann nach 1945 stark gefördert. Helmut Lenders setzte sich später für eine bessere Ausbildung und Chancengleichheit aller Jugendlichen, Erwachsenen und vor allem der Behinderten ein. Einer seiner Bundestagsassistenten hat später die Bundesbildungsminister Dr. Jürgen Schmude und Björn Engholm beraten.

Der 2. Weltkrieg hatte ihn eindringlich gelehrt, dass nur F r i e d e n den Menschen eine angenehme Zukunft bringen kann. So fand er zunächst den Weg zur Gesamtdeutschen Volkspartei (GVP) von Gustav Heinemann, der Bundesinnenminister in der Regierung von Konrad Adenauer war und dann das Bundeskabinett und die CDU verließ, weil er die Wiederbewaffnung Deutschlands gleich nach dem 2. Weltkrieg ablehnte. Die GVP strebte die friedliche Wiedervereinigung eines neutralen Deutschlands an, hatte aber nicht Erfolg mit dieser Politik bei den Wählern.

Später schloss sich Lenders in Düsseldorf der SPD an. In der SPD fand er – unter der Führung des Bundesvorsitzenden Willy Brandt – starke Friedenskräfte in einer großen Oppositionspartei. Willy Brandt traute er zu, eine Friedensordnung in Europa zu errichten. Schon in den fünfziger Jahren entwickelte die SPD Vorstellungen zur Verwirklichung der Wiedervereinigung in kleinen Schritten. Am 18.3. 1959 legte die SPD einen „Deutschlandplan der SPD" vor. Der erste Schritt sollte eine

Abb. 17: H. Lenders (rechts), Maikundgebung 1976 in Düsseldorf
Privatphoto: Inge Lenders

militärischeEntspannung in Europa sein: „Festlegung einer Entspannungszone, die vorerst beide Teile Deutschlands, Polen, die Tschechoslowakei und Ungarn umfasst." [5]

Dann sollten die westalliierten Truppen aus der Bundesrepublik und die sowjetischen Truppen aus den drei Ostblockländern abziehen. [6]

Die militärische Sicherung West-Berlins durch die Westmächte sollte bis zur Regelung der deutschen Frage beibehalten bleiben. [7]

Für die politische und wirtschaftliche Zusammenführung Deutschlands wurden „drei Stufen" vorgeschlagen [8]: „Bildung einer gesamtdeutschen Konferenz"; „Errichtung" eines „Gesamtdeutschen Parlamentarischen Rats"; „Vorbereitung von gesamtdeutschen Gesetzen" wie z.B. ein Gesetz für die „Wahl einer Verfassungsgebenden Nationalversammlung" (mit Zweidrittelmehrheit). [9]

Vor allem die Vorstellungen der SPD zur militärischen Entspannung wurden in der Öffentlichkeit und von der Bundesregierung unter Führung der CDU/CSU stark kritisiert. Aus Sicherheitsgründen wollte die Bundesregierung auf keinen Fall auf das militärische NATO – Bündnis verzichten.

Die SPD entwickelte zu Beginn der sechziger Jahre daraufhin ein realistischeres Konzept einer friedlichen W i e d e r v e r e i n i g u n g. Zunächst akzeptierte sie 1960 die Westpolitik Konrad Adenauers, die vor allem auch Westberlin – ganz im Sinne von Willy Brandt – mit Hilfe der Amerikaner, Engländer und Franzosen sicherte. Herbert Wehner als Sprecher der Opposition betonte, die SPD stehe loyal zu den West – Verträgen und Bündnispflichten. [10]

Anschließend fügte die SPD Willy Brandts und Egon Bahrs eine friedliche und gewaltfreie Deutschland- und Ostpolitik hinzu, die schon im Deutschland – Plan der SPD 1959 erkennbar war.

Lenders setzte sich besonders für ein gutes Verhältnis zu unseren polnischen Nachbarn ein, als Politiker in Düsseldorf, Bonn und als Privatperson.

Die SPD sah zunächst ein Nebeneinander beider deutschen Staaten vor mit dem Ziel einer friedlichen Wiedervereinigung in einem Vereinigten Europa. 1990 konnte – vor allem durch die neue Politik des Generalsekretärs der KPdSU, Michail Gorbatschow, und die in dieser Frage zupackende Politik von Bundeskanzler Kohl (CDU) und des amerikanischen Präsidenten G. Bush, die Wiedervereinigung verwirklicht werden.

Brandt und Kohl verstanden sich in den neunziger Jahren weitgehend sowohl hinsichtlich der Deutschland- als auch der Europapolitik. Sie hatten gute menschliche Kontakte. [11]

Helmut Lenders halfen bei der Förderung der Ostpolitik auch Erfahrungen, die er in der russischen Kriegsgefangenschaft gemacht hatte. Dort lernte er Russen und Kommunisten auch als freundliche Menschen kennen. Er konnte sich nicht mit dem Bild der Russen identifizieren, das die Nationalsozialisten gezeichnet hatten. Auch die Verteufelung der Kommunisten im Nachkriegsdeutschland lehnte er ab. Bei allen ideologischen Gegensätzen, die er nie verschwieg, hatte er auch M e n s c h l i c h k e i t erfahren. Daher war er der Meinung, man müsse mit Kommunisten reden und verhandeln, um Frieden durchzusetzen. So stritt er in Düsseldorf mit Kommunisten, diskutierte mit SED-Funktionären, osteuropäischen und russischen Kommunisten. Er bereitete sich besonders sorgfältig darauf vor.

Selbstverständlich hatte er auch zu seinen demokratischen konservativen politischen Gegnern ein freundliches Verhältnis, wie sein Umgang mit dem Düsseldorfer Handwerkspräsidenten Georg Schulhoff, seinem Gegenkandidaten von der CDU, beispielhaft deutlich machte.

Sehr früh erkannte er, dass die soziale M a r k t w i r t s c h a f t die bessere Wirtschaftsform als die staatliche Planwirtschaft ist. Zusätzlich engagierte er sich dafür, die von Ludwig Erhard nicht zu Ende geführte Reformen durch eine Kartellgesetznovelle und durch ergänzende staatliche Eingriffe zu Gunsten der V e r b r a u c h e r, der Schwächeren und zur Erhaltung der U m w e l t zu verbessern. Er forderte eine freie, soziale und ö k o l o g i s c h e M a r k t w i r t s c h a f t! Er machte schon früh konkrete Vorschläge, wie die Verbraucher mit ihren Möglichkeiten mithelfen können, eine drohende K l i m a k a t a s t r o p h e zu vermeiden.

In Zukunft wollte er auch mehr für diejenigen sorgen, die keine Arbeit nach dem heutigen Arbeitsbegriff finden. Er befürchtete, dass in Zukunft eine Vollbeschäftigung nicht mehr möglich sein würde, für die er immer gekämpft hatte.

Lenders forderte daher neue Möglichkeiten der Beschäftigung, auch die Förderung von F r e i z e i t b e s c h ä f t i g u n g e n. Er war auch persönlich sehr an kulturellen Aktivitäten interessiert und betätigte sich selbst in seiner knapp bemessenen Freizeit kreativ.

Vor allem engagierte er sich für eine effektive V e r b r a u c h e r s c h u t z – P o l i t i k im Rahmen einer sozialen und ökologischen Marktwirtschaft. Er war einer der Begründer und entscheidenden Förderer der Verbraucherpolitik: Zunächst in Düsseldorf und der „Bonner Bundesrepublik", dann im wiedervereinigten Deutschland, der „Berliner Republik", und schließlich in der Europäischen Union (EU). Lenders schuf mit die G r u n d l a g e n dafür, dass das Bundeslandwirtschaftsministerium unter Frau Künast (Die Grünen/ Bündnis 90) an der Spitze auch ein V e r b r a u c h e r s c h u t z m i n i s t e r i u m wurde. Vor allem als Verbraucherschützer wurde Helmut Lenders zum Anwalt nicht nur des sog. „Kleinen Mannes."

Schon Mitte der siebziger Jahre betonte er die Bedeutung der U m w e l t p o l i t i k:

Er erkannte die Gefahr einer möglichen Klimakatastrophe, die Energieprobleme durch die Abhängigkeit von den Rohstoffen Öl und Gas anderer Länder, die Bedeutung der Kohle und die Sicherheitsprobleme von Atomkraftwerken

Er arbeitete mit an einem Buch mit dem Titel „D a s E n d e d e s b l a u e n P l a n e t e n ? Der Klimakollaps: Gefahr und Auswege " (München 1989). Es wurde herausgegeben von dem Wissenschaftler Paul Josef Crutzen (Direktor der Abteilung für Chemie Energiesparmaßnahmen der Atmosphäre am Max-Planck – Institut für Chemie in Mainz) und dem Düsseldorfer SPD – Bundestagsabgeordneten Michael Müller, der damals Mitglied der Enquete – Kommission „Vorsorge zum Schutz der Erdatmosphäre" des Deutschen Bundestages war und heute Staatssekretär im Bundesumweltministerium ist.

Dieses Buch straft jeden Lügen, der damals oder heute behauptet: Wir haben es nicht wissen können. In diesem Buch schildert Lenders, was der einzelne Verbraucher tun kann, um diese Entwicklung abzustoppen und die Zukunft positiv mitgestalten zu können. Bereits 1975 griff die Arbeitsgemeinschaft der Verbraucherverbände (AgV) z. B. das Thema F C K W im S p r a y – Bereich auf und forderte, zumindest solange diese Sprays zu meiden, bis eine endgültige Klärung der potentiellen Gefahren erreicht sei.

1970 stellte Helmut Lenders zusammen mit dem Düsseldorfer MdB Karl-Heinz Hansen einen Bundestagsassistenten ein, der in einem Artikel mit dem Titel „E r w ü r g t u n s d i e

U m w e l t?" in der „Zeitschrift für Zukunftsforschung" ebenfalls vor einer Umweltkatastrophe warnte und auch Wege aufzeigte, wie bestehende Probleme in Zukunft vielleicht gelöst werden könnten.

Später arbeitete ein Referent für Lenders, der eine Diplomarbeit über das Atomkraftwerk in Mülheim / Kärlich bei Koblenz schrieb. Lenders hat – besonders zur Sicherheit dieses Atomreaktors – Bundestagsanfragen gestellt. Das Atomkraftwerk wurde 2004 abgeschaltet.

Mit der Ergänzung der Familie Lenders durch einen adoptierten chinesischen Sohn gab Lenders ein Beispiel dafür, wie die I n t e g r a t i o n von A u s l ä n d e r n auch geregelt werden kann – und zwar einvernehmlich!

Besonders effektiv war seine Auseinandersetzung mit der J u g e n d in Düsseldorf und Bonn Ende der sechziger und in den siebziger Jahren gewesen. Er organisierte in der Bundeshauptstadt u. a. den offenen D i a l o g m i t S c h ü l e r r e d a k t e u r e n aus der ganzen Bundesrepublik. So versuchte er vor allem der Außerparlamentarischen Opposition (APO) gegen die Große Koalition (1966 – 1969) deutlich zu machen, dass es für die Jugend in der Demokratie Einflussmöglichkeiten über die demokratischen Parteien, über Parlamentsabgeordnete und die Medien auf die Bundesregierungen gibt. Willy Brandt nahm selbst an Diskussionen mit Jugendlichen teil. Auch Helmut Schmidt, Brandts Nachfolger im Bundeskanzleramt, der bereits einen Teil der 68er-Generation aufgegeben hatte, versuchte mit Schülerredakteuren zu diskutieren. Diese Gespräche mit SPD-Spitzenpolitikern und besonders sachkundigen Parlamentsabgeordneten wurden von den jungen Menschen positiv bewertet.

Helmut Lenders trug dazu bei, die Jugend zur verstärkten Mitarbeit am demokratischen Staat zu gewinnen und damit den Weg zum inneren Frieden wieder offen zu gestalten, der damals von Terroristen der Roten Armee Fraktion (RAF) bedroht wurde.

Helmut Lenders erkannte einen erheblichen Nachholbedarf in der Beteiligung der Frauen in der Politik, auch in Düsseldorf. Er unterstütze sie: In Düsseldorf besonders Marlies Smeets, eine

Abb. 18: H. Lenders in der Reichstagskuppel in Berlin
Privatphoto: Inge Lenders 1999

emanzipierte und couragierte Frau, die Oberbürgermeisterin wurde. In der bundesweiten Verbraucherpolitik arbeitete er erfolgreich mit Irmgard von Meibom (CDU), Anne-Lore Köhne und Anke Martiny (SPD) zusammen.

Er entwickelte eine demokratische G e s p r ä c h s k u l t u r, die den politischen Gegner anhörte, gute Argumente übernahm, gegensätzliche Meinungen sachlich zurückwies und demokratische Mehrheiten respektierte.

Seine politischen Entscheidungen zeigten in der Regel auch L ö s u n g e n auf für Z u k u n f t s p r o b l e m e.

Er hatte versucht, mit in Politik umzusetzen, was die Zukunftskommission der Friedrich-Ebert-Stiftung 1998 zusammenfasste unter der Überschrift: „Wirtschaftliche Leistungsfähigkeit, sozialer Zusammenhalt, ökologische Nachhaltigkeit."
Er hatte diesen Bericht gründlich durchgearbeitet und unterstrich die Feststellung: „Wenn eine lebenswerte Umwelt auch in Zukunft erhalten bleiben soll, dann müssen die reichen Weltregionen bis 2050 ihren Energieverbrauch um 80% bis 90%, den Materialverbrauch nicht erneuerbarer Rohstoffe und die Schadstoffabgabe auf ein Niveau von 10% bis 2% des gegenwärtigen absenken. [12)]

Diese Vorgehensweise, die freundliche und zurückhaltende Art seines Auftretens und seine Vorschläge für die Vorbereitung auf die Zukunft verschafften ihm Ansehen und Einfluss. Er war einer der weitsichtigsten sozialdemokratischen B u n d e s t a g s a b g e o r d n e t e n der Nachkriegszeit, ein Pionier des Verbraucherschutzes, ein führender sozialdemokratischer Regionalpolitiker in Düsseldorf und ein solidarischer und treuer Helfer vor allem an der Seite von Willy Brandt, mit dem er weitgehend politisch übereinstimmte.

Anmerkungen
Zusammenfassung: Politik für die Zukunft

[1] Björn Engholm am 12.8.1992 in einem Brief an Helmut Lenders, Privatbesitz von Inge Lenders
[2] Oskar Negt: Warum SPD? Für einen nachhaltigen Macht und Politikerwechsel, S. 15
[3] Bodo Hombach: Aufbruch – Die Politik der neuen Mitte, Düsseldorf 1998, S. 31
[4] Helmut Lenders: Für Linda, 2001, S. 57
[5] Vorstand der SPD (HG): Deutschlandplan der SPD, Bonn April 1959, S.6
[6] ebd. S.6
[7] ebd. S.11
[8] ebd. S. 7 ff
[9] ebd. S.9
[10] Siehe Herbert Wehners Rede vom 30.6.1960 in der außenpolitischen Debatte des Deutschen Bundestages – und Christoph Meyer: Herbert Wehner, S.232
[11] Brigitte Seebacher: Willy Brandt, S. 369 / 370
[12] Zukunftskommission der Friedrich-Ebert-Stiftung, 1998, S. 5

Anhang

Abbildungsnachweis
Abkürzungen
Quellenverzeichnis
Literaturverzeichnis
Personenregister (bei Drucklegung)
Angaben zum Autor

Abbildungsnachweis

Abb. 1   Titelblatt Wahlkampf H. Lenders mit Willy Brandt 1972
Robert Graf von Norman, Bildjournalist Düsseldorf

Abb. 2   Wahlkampf W. Brandt mit H. Lenders in Düsseldorf 1965
Robert Graf von Norman, Bildjournalist Düsseldorf

Abb. 3   Ehepaar Lenders mit Johannes Rau 1982
Privatphoto: Inge Lenders

Abb. 4   H. Lenders im 6. Kriegsjahr 1944
Privatphoto: Inge Lenders

Abb. 5   Willy Brandt und Helmut Lenders o. J.
Privatphoto: Inge Lenders

Abb. 6   H. Lenders, SPD, mit seinem Wahlkampfgegner
Handwerkspräsident Dipl. Ing. Georg Schulhoff, CDU
Amadeus Gummersbach, Düsseldorf

Abb. 7   H. Lenders mit Hans – Jürgen Wischnewski (SPD – MdB), Dr. Manfred Gessner (MdB, SPD Düsseldorf) und Studiendirektor Karl–Heinz Hansen (MdB, SPD Düsseldorf)
NRZ – Foto Göllner 1980

Abb. 8 Bundestagswahl Brandt / Lenders, Düsseldorf 1965
Bildjournalist Düsseldorf

Abb. 9   Inge Lenders, Frank Bertsch (früherer Fraktionsassistent bei der SPD – Bundestagsfraktion) und Anke Martiny – Glotz 1987 beim 65. Geburtstag von H. Lenders 1987 in Düsseldorf
Privatphoto: Inge Lenders

Abb. 10 H. Lenders mit seinen ehemaligen Assistenten Christof Henn und Dr. G. Eisfeld in Düsseldorf 2000
Photo: Jutta Eisfeld

Abb. 11 Schülerredakteure mit Bundeskanzler H. Schmidt u. H. Lenders Privatphoto: Inge Lenders 1976

Abb. 12 DGB Vorsitzender Heinz – Otto Vetter und H. Lenders,

Düsseldorf 1969 Archiv der sozialen Demokratie der Friedrich-Ebert-Stiftung, Bonn 1969 – G 95 0085

Abb. 13 Arbeitsgemeinschaft der Verbraucherverbände (AgV) mit Irmgard von Meibom und H. Lenders beim Bundespräsidenten Dr. Richard von Weizsäcker 1985
Privatphoto: Inge Lenders

Abb. 14 Inge und Helmut Lenders 1987
Privatphoto: Inge Lenders

Abb. 15 Metallbaum von Helmut Lenders
Photo: Jutta Eisfeld, 2008

Abb. 16 Familie Gao – Lenders mit Enkelin Linda, 2000
Privatphoto: Inge Lenders

Abb. 17 H. Lenders, Maikundgebung 1976 in Düsseldorf: „Chancengleichheit in Schule, Ausbildung und Beruf"
Privatphoto: Inge Lenders

Abb. 18 H. Lenders in der Reichstagskuppel in Berlin
Privatphoto: Inge Lenders 1999

Trotz intensiver Bemühungen war es dem Autor leider nicht bei allen Fotographien möglich, den Rechtsinhaber ausfindig zu machen. Für Hinweise bin ich dankbar, Rechtsansprüche bleiben gewahrt.

Abkürzungen

ABZ	Amerikanische Besatzungszone
AdsD-FESt	Archiv der sozialen Demokratie, Friedrich-Ebert-Stiftung Bonn
AfA	Arbeitsgemeinschaft für Arbeitnehmerfragen
AgV	Arbeitsgemeinschaft für Verbraucherfragen
APO	Außerparlamentarische Opposition
Anm.	Anmerkung
ARD	Arbeitsgemeinschaft der öffentlich-rechtlichen Rundfunkanstalten der Bundesrepublik Deutschland
BaföG	Bundesausbildungsförderungsgesetz
Beuc	Bureau Europeén des Unions de Consommateurs
BDA	Bundesvereinigung der deutschen Arbeitgeberverbände
BDI	Bundesverband der Deutschen Industrie
BfV	Bundesamt für Verfassungsschutz
BKA	Bundeskriminalamt
BLK	Bund -Länder – Kommission für Bildungsplanung und Forschungsförderung
BND	Bundesnachrichtendienst
BStU	Die Bundesbeauftragte für die Unterlagen des Staatssicherheitsdienstes der ehemaligen Deutschen Demokratischen Republik
BRD	Bundesrepublik Deutschland
CDU	Christlich – Demokratische Union
CSU	Christlich – Soziale Union
DAG	Deutsche Angestellten Gewerkschaft
DDR	Deutsche Demokratische Republik
DGB	Deutscher Gewerkschaftsbund
DIHT	Deutscher Industrie und Handelstag
DKP	Deutsche Kommunistische Partei

ebd.	ebenda
EG	Europäische Gemeinschaft
EKG	Evangelische Kirche in Deutschland
EU	Europäische Union
EWG	Europäische Wirtschaftsgemeinschaft
FAZ	Frankfurter Allgemeine Zeitung
FDGB	Freier Deutscher Gewerkschaftsbund
FDJ	Freie Deutsche Jugend
FDP	Freie Demokratische Partei
GG	Grundgesetz der Bundesrepublik Deutschland
GA	General – Anzeiger Bonn
GVP	Gesamtdeutsche Volkspartei
HVA	Hauptverwaltung Aufklärung der StaSi
Hrsg.	Herausgeber
IG	Industriegewerkschaft Metall
IOCU	International Organisation of Consumers Unions
Jg	Jahrgang
Juso-AG	Arbeitsgemeinschaft der Jungsozialisten
KGB	Komitet Gosudarstvennoy Bezopasnosti, Moskau (mit dem Zerfall der Sowjetunion aufgelöst)
KPD	Kommunistische Partei Deutschlands
KpdSU	Kommunistische Partei der Sowjetunion
KSZE	Konferenz für Sicherheit und Zusammenarbeit in Europa
LESt	Ludwig Erhard Stiftung
MAD	Militärischer Abschirmdienst
MdB	Mitglied des Bundestags
MdL	Mitglied des Landtags
MfS	Ministerium für Staatssichheit, Ost – Berlin

NATO	North – Atlantic Treaty Organization
Nazi	Nationalsozialist
NL	Nachlass Lenders
NPD	Nationaldemokratische Partei Deutschlands
NRZ	Neue Rhein-Zeitung
NSDAP/NS	Nationalsozialistische Arbeiterpartei/ nationalsozialistisch
NVA	Nationale Volksarmee der DDR
OB	Oberbürgermeister
OECD	Organization for Economics Cooperation and Development
o. J.	Ohne Jahresangabe
o. O.	Ohne Ortsangabe
ÖTV	(Gewerkschaft) Öffentliche Dienste Transport und Verkehr
PG	Parteigenosse
PV	Parteivorstand
RP	Rheinische Post
RAF	Rote Armee Fraktion
SBZ	Sowjetische Besatzungszone
SDS	Sozialistischer Deutscher Studentenbund
SED	Sozialistische Einheitspartei Deutschlands
SHB	Sozialdemokratischer Hochschulbund (ab Mai 1971 Sozialistischer Hochschulbund)
SIRA	System zur Informationsrecherche der Hauptverwaltung Aufklärung des MfS
s.o.	siehe oben
SPD	Sozialdemokratische Partei Deutschlands
SU	Sowjetunion
SRP	Sozialistische Reichspartei
StaSi	Staatssicherheitsdienst
StUG	Stasi – Unterlagengesetz der ehemaligen DDR
u.a.	unter anderem
UB	Unterbezirk

UdSSR	Union der Sozialistischen Sowjetrepubliken
UNO	United Nations Organization
USA	United States of America
v z b v	Verbraucherzentrale Bundesverband e.V.
WDR	Westdeutscher Rundfunk
ZDF	Zweites Deutsches Fernsehen
Z s	Zeitschrift

Quellenverzeichnis

1. Archiv der Sozialen Demokratie Bonn (AdsD)
- Nachlass Lenders (NL)
- Protokolle der SPD Bundesfraktion VII
- Willy – Brandt – Archiv
- Stenographische Berichte des Deutschen Bundestages

V.	Wahlperiode 1965 – 1969
VI.	Wahlperiode 1969 – 1972
VII.	Wahlperiode 1972 – 1976
VIII.	Wahlperiode 1976 – 1980

2. Die Bundesbeauftragte für die Unterlagen des Staatssicherheitsdienstes der ehemaligen Deutschen Demokratischen Republik (BStU): BStU, MfS,F 16 / HVA
BStU, MfS, F 22 / HVA
BStU, MfS ,Statistikbogen HVA
BStU, MfS , SIRA TDB 21
BStU, MfS,HVA / MD / 3, SIRA TDB 12
BStU, MfS, HA XX / AKG – VSH
BStU, MfS – SdM 1470
BStU, MfS – SdM 305
BStU, MfS A – Sivo Nr. 16425 / 91
Briefe der BstU AV II. 7. 05 – 032553 / 06 Z vom 25.9. und 12. 12. 2007

3. Privatbesitz Inge Lenders
Helmut Lenders: Für Linda – Manuskript Düsseldorf o. D., ca. 2001
Inge Lenders: Helmut erinnert sich für Linda, mit Schreibmaschine geschriebenes leicht überarbeitetes Manuskript (Für Linda) von H. Lenders, Düsseldorf 2004
G. Eisfeld: Bericht von einer Privatreise in die DDR vom 15.5. – 25.5. 1970 für H. Lenders, Manuskript 1.6.1970, Privatbesitz G. Eisfeld

4. Zeitungen und Zeitschriften
Das Düsseldorfer Magazin, Jg. 1987
Die Zeit Jahrgänge 1974 u. www.zeit.de / archiv / 2002/ 26

Düsseldorfer Stadtpost, Jg. 1983
Der Spiegel, Jahrgänge 1993, 1999, 2007 u. 2008
Die Welt Jg. 2004
Frankfurter Rundschau Jahrgänge 1972 u. 1974
General – Anzeiger Bonn, Unabhängige Tageszeitung,
Rhein – Sieg – Zeitung, die Jahrgänge 1990 – 2008
Handelsblatt Jge. 1952, 1993
Kölner Stadtanzeiger Jg. 1965
Konkret, 13.1.1969
Neue Rhein – Zeitung (NRZ), Jahrgänge 1963, 1965 und 1969
NPD Kurier III/1969
Rationelle Hauswirtschaft (Fachzeitschrift), Heft 12 1993
Rheinische Post, Jahrgänge 1963, 1969, 1970, 1977
Süddeutsche Zeitung, Jg. 2008
Vorwärts, Jg.2008
Westdeutsche Allgemeine Jg. 1968
Wirtschaftswoche Jg. 1973

5. Gesetze
Bundesgesetzblatt Teil I, Nr. 29 vom 3.4.1969: Textilkennzeichnungsgesetz
Bundesgesetzblatt Teil I, Nr. 55 vom 5.7.1969: Gesetz über Einheiten im Messwesen
Tetzner, Heinrich: Kartellrecht – Ein Leitfaden, 2.Aufl. München / Berlin 1967

6. Parteitagsprotokolle
Dowe, Dieter / Klotzbach, Kurt (Hrsg.): Programmatische Dokumente der deutschen Sozialdemokratie –Internationale Bibliothek Band 68, Berlin / Bonn – Bad Godesberg 1973
Vorstand der SPD (HG):   Deutschlandplan der SPD, Bonn April 1959
H. Lenders: Gedanken zur Zeit – Beiträge zu Parteitagen des SPD – Unterbezirks Düsseldorf 1971 – 1983, NL
Protokolle der UB – Parteitage Düsseldorf, NL Box 13
Protokoll des SPD-Bundesparteitages 1964 in Karlsruhe
Protokolle des Außerordentlichen Bundesparteitages der SPD 1971 in Bonn
Protokolle des Mannheimer Bundesparteitages der SPD 1975

7. Verträge
Presse- und Informationsamt der Bundesregierung (HG):
Vertrag zwischen der Bundesrepublik Deutschland und der Union
der Sozialistischen Sowjetrepubliken vom 12.8. 1970, Bonn 1970;
Die Verträge der Bundesrepublik Deutschland mit der Union der
Sozialistischen Sowjetrepubliken und mit der Volksrepublik Polen
vom 7.12. 1970, Bonn 1971

8. Dokumentationen
Der Bundesvorstand der SPD/Arbeitsgemeinschaft für Sozialdemokraten im Bildungsbereich (HG): Materialien zur Bildungspolitik „Bildungspolitische Argumentationshilfe" (Uwe Bake, Gerhard Eisfeld Wedig v. Heyden, Tom Kirbach, Wilfried Matanovic, Peter Sacks:) Bonn o. J. (1980)
Die Fraktion der SPD im Deutschen Bundestag (HG): Die Fraktion der SPD im Deutschen Bundestag 1949 – 1981 Eine Chronik
– Herbert Wehner zum 75. Geburtstag Bonn 11.7.1981
Die Fraktion der SPD im Deutschen Bundestag (HG): Aktive Verbraucherpolitik – Motor für eine nachhaltige Zukunft Verbraucherpolitische Strategie der SPD – Bundestagsfraktion.
Dokumente 04 / 03, Berlin 2003
Köhne, Anne – Lore: Verbraucherorganisationen in der
DDR und in der Bundesrepublik, Manuskript einer Rede 1990,
im Privatbesitz, Berlin 1990
Lenders, Helmut: Eingangsstatement zum Colloquium „Umweltschutz und Konsumverhalten unter besonderer Berücksichtigung des vergleichenden Warentests" im Privatbesitz von Inge Lenders
Berlin 11.1.1985
Verbraucherzentrale Berlin e.V. (HG): Irmgard von Meibom
1916 – 1996. Reden zum 80. Geburtstag, Berlin 1996

Literaturverzeichnis

Adenauer, Konrad: Erinnerungen 1945 – 1953 und 1953 – 1955, Fischer Taschenbücher Nr. 798 u. 892, Frankfurt a. M./ Hamburg 1967/68

Albrechts, Willy : Der Sozialistische Deutsche Studentenbund (SDS) – Vom parteikonformen Studentenverband zum Repräsentanten der Neuen Linken, Bonn 1994

Appel, Reinhard: Es wird nicht mehr zurückgeschossen – Erinnerungen an das Kriegsende 1945, Bergisch – Gladbach 1995

Archiv der sozialen Demokratie (HG): Gustav W. Heinemann, Bibliographie der Friedrich – Ebert – Stiftung,Bonn – Bad Godesberg 1976

Arbeitsgemeinschaft der Verbraucherverbände e. V., AgV (HG): 40 Jahre AgV (1953 – 1993), mit einem Vorwort des Präsidenten der AgV, Helmut Lenders

Arnim, Hans Herbert von: Staat ohne Diener – Was schert die Politiker das Wohl des Volkes, Knaur Taschenbuch 80062, München 1995

Baentsch, Wolfram: Der Doppelmord an Uwe Barschel – Die Fakten und Hintergründe, München 3. Auflage 2007

Bärnwald, Helmut: Das Ostbüro der SPD, Krefeld 1991

Bahl, Holger: Karl Wienand. Hochbezahlter Landesverräter oder ein mögliches Fehlurteil ? In: Deutschland – Archiv 38 (2oo5), S. 1071–1077

Bahr, Egon: Zum europäischen Frieden: Eine Antwort an Gorbatschow, Berlin 1988

Bahr, Egon: Der deutsche Weg – Selbstverständlich und normal, 1. Aufl. München 2003

Bandholz, Emil: Zwischen Godesberg und Großindustrie oder Wo steht die SPD, Hamburg 1971

Baring, Arnulf: Machtwechsel, Berlin 1998

Baumöller, Willy: ….es war nicht alles für dieKatz – Geschichten aus heißen und kalten Kriegstagen, Düsseldorf 1998

Becker, Jillian: Hitlers Kinder? Der Bader-Meinhof-Terrorismus, Frankfurt a.M. 1978

Benz, Wolfgang (HG): Die Geschichte der Bundesrepublik Deutschland, 4 Bde, Frankfurt a. M. 1989

Berndt, Günter/Reinhard Strecker (HG): Polen ein Schauermärchen oder Gehirnwäsche für Generationen – Geschichtsschreibung und Schulbücher –Beiträge zum Polenbild der Deutschen
Reinbeck bei Hamburg 1971

Biedenkopf, Kurt: Die Ausbeutung der Enkel – Plädoyer für die Rückkehr zur Vernunft, Berlin 2007

Bissinger, M. / Jürges, H. U. (HG): Der unbequeme Präsident – Roman Herzog im Gespräch, München 1995

Bothien, Horst – Pierre: Protest und Provokation, Bonner Studenten 1967/68, Schriftenreihe des Stadtmuseums zur Geschichte Bonns, Forum Geschichte 6, Bonn 2007

Borges, Jorge Luis: Das Handwerk des Dichters, Frankfurt a. M. 2008

Borowsky, Peter: Deutschland 1969 – 1982, Edition Zeitgeschehen, 2. Aufl., Hannover 1989

Bracher, K.D./ Jäger, W. /Link, W.: Geschichte der Bundesrepublik Deutschland – Republik im Wandel 1969 – 1974 – Die ÄraBrandt, Bd.5 /I,Stuttgart und Mannheim 1986

Bracher, Karl Dietrich: Geschichte als Erfahrung – Betrachtungen zum 20. Jahrhundert, Stuttgart, München 2001

Brandt, Hugo (HG): Hoffen, zweifeln, abstimmen – Seit 1969 im Bundestag, 14 SPD – Abgeordnete berichten, Hamburg, 1989

Brandt, Lars: Andenken, München / Wien 2006

Brandt, Willy: Über den Tag hinaus: Eine Zwischenbilanz, Hamburg 1974

Brandt, Willy: Erinnerungen, Frankfurt a. M., 3. Aufl. 1989

Brandt, Willy: Verbrecher und andere Deutsche – Ein Bericht aus Deutschland 1946, Bonn 2. Aufl. 2008 (deutschsprachige Ausgabe), Oslo 1946

Braselmann, Werner: Gustav Heinemann – Ein Lebensbericht, Neukirchen – Vluyn o. J.

Bregenzer, A. / Brinkel, W. / Erler, G. (HG): Erhard Eppler – Einsprüche, Zeugnisse einer politischen Biographie, Freiburg 1986

Burchardt, R. / Knobbe, W.: Björn Engholm – Die Geschichte einer gescheiterten Hoffnung, Stuttgart 1993

Buschfort, H./ Ruhnau, H./ Vogel H.J.:Godesberg und die Gegenwart – Ein Beitrag zur innerparteilichen Diskussion über Inhalte und Methoden sozialdemokratischer Politik, Bonn – Bad Godesberg 1975

Bußmann, Ludwig: Vom Rheinischen Kapitalismus zur Berliner Neuen Mitte – Zum wirtschaftspolitischen Leitbildwechsel der SPD, Sonderdruck aus Sozialpolitik und Sozialökonomik – Soziale Ökonomie im Zeichen der Globalisierung,Jens, U. / Romahn, Hajo (HG), Marburg 2000

Cohn – Bendit, Daniel: Wir haben sie so geliebt, die Revolution, 2.Aufl. Berlin/ Wien 2001

Coop Verbraucherrat (HG): H. Lenders, Verbraucherpolitik im Strukturwandel von Wirtschaft und Gesellschaft – Luxus oder Notwendigkeit ?, Hamburg 1983

Crutzen, R.J./ Müller, M. : Das Ende des blauen Planeten ? – Der Klimakollaps-Gefahren und Auswege mit einem Beitrag von Helmut Lenders: Was können die Verbraucher tun ? S. 251, München 1989

Dirlmeier, Ulf / Gestri, Andreas,Herrmanns,Ulrich/Philipp Hinrichs, Ernst / Jarausch, Konrad H.: Kleine deutsche Geschichte, Stuttgart 2006

Dowe, Dieter / Klotzbach, Kurt:Programmatische Dokumente der deutschen Sozialdemokratie, Berlin/Bonn – Bad Godesberg 1973

Dowe, Dieter (HG): Brand (t) meister – Willy Brandt als Regierender Bürgermeister von Berlin – Im Spiegel der Karikatur in West und Ost, München/ Landsberg am Lech 1996

3SAT: Die Geheimdienstlegende Reinhard Gehlen und der BND, Doku, 24.8.2007, 20.15 Uhr: BND bespitzelte SPD (Bahrs Ostpolitik 1967)

Dreykaupt, F.J./ Peine, F.J/ Wittkämper, G.W. (HG).: Umwelt Handwörterbuch – Umweltmanagement in der Praxis für Führungskräfte in Wirtschaft, Politik u.Verwaltung (mit einem Beitrag v. H. Lenders), Walhalla Fachverlag, o. J.

Dutschke, Gretchen: Rudi Dutschke. Wir hatten ein barbarisch, schönes Leben – Eine Biographie, Köln 1996

Ehmke, Horst /Koppe,Karlheinz/Wehner, Herbert (HG): Zwanzig Jahre Ostpolitik – Bilanz und Perspektiven, Bonn 1986

Eisfeld, Gerhard: Die Entstehung der liberalen Parteien in Deutschland 1858 – 1870 – Studie zu den Organisationen und Programmen der Liberalen und Demokraten, Schriftenreihe des Forschungsinstituts der Friedrich – Ebert – Stiftung, Hannover 1969

Eisfeld, Gerhard: Erwürgt uns die Umwelt ? in: Zeitschrift für Zukunfts- und Friedensforschung – Information 70 Hannover Febr. 1971, S. 89 -97

Eisfeld, G./ Koszyk,Kurt: Die Presse der deutschen Soziademokratie – Eine Bibliographie, Schriftenreihe des Forschungsinstituts der Friedrich – Ebert – Stiftung, Fritz Heine (HG), Alfred Nau zum 60. Geburtstag, Hannover 1966 u. 2. überarbeitete und erweiterte Auflage Bonn 1980

Eisfeld, Gerhard: Hundert Jahre Kampf um die Chancengleichheit – Sozialdemokratische Bildungspolitik – in: Im Kampf für Freiheit suche stets Dein Recht – 100 Jahre „Gesetz gegen die gemeingefährlichen Bestrebungen der Sozialdemokratie" Fragen an die Gegenwart, Fritjof Mietsch (HG) – mit Beiträgen von Willy Brandt,Wilhelm Hoegner, Wilhelm Kaisen, Detlef Lehnert, Fritjof Mietsch, Brigitte Seebacher, Peter Steinbach, Hans-Josef Steinberg, Hans-Jochen Vogel – München 1978

Elchlepp, Dietrich: Zur Auseinandersetzung mit der NPD – Heiner, Hans-Joachim: Aktionen u. Argumente gegen den Rechtsradikalismus, München 1969

Engholm,Björn (HG): Abschied – Dank an Willy Brandt, Marburg 1992

Erhard, Ludwig) Müller–Amack (HG): Soziale Marktwirtschaft – Ordnung der Zukunft, Manifest 1972, Frankfurt a. M. – Berlin – Wien 1972

Fest, Joachim: Bürgerlichkeit als Lebens – Späte Essays, Hamburg 2007

Friedmann, Milton: Kapitalismus und Freiheit, 4. Auflage, München 2007, Chicago 1962

Friedrich – Ebert –Stiftung (HG): Fritz Erler und die Sozialdemokratie als Reformpartei, Bonn/ Bad Godesberg, 1992

Fischer, Ernst Peter / Wiegand, Klaus (HG): Die Zukunft der Erde – Was verträgt unser Planet noch ?, Frankfurt a. M. 2. Aufl. 2006

Fischer, Joschka: Die rot – grünen Jahre, Köln 2007

Fichter, Tilman P./ Lönnendonker, Siegward: Kleine Geschichte des SDS. Der Sozialistische Deutsche Studentenbund von Helmut Schmidt bis Rudi Dutschke, Essen 4. Aufl. 2007

Galbraith, John Kenneth: Die moderne Industriegesellschaft, München/Zürich 1969

Gates, Bill: Digitales Business – Wettbewerb im Informationszeitalter, München 2000

Gatzmaga, Ditmar /Piecyk, Willi (HG): Karl – Heinz Hansen – Dokumentation eines Konflikts, Bornheim – Merten 1. Aufl. 1981

Gauck, Joachim: Die Stasi – Akten – Das unheimliche Erbe der DDR, Reinbek bei Hamburg 1995

Gill, David / Schröter, Ulrich: Das Ministerium für Staatssicherheit, Anatomie des Mielke – Imperiums, Reinbek 1993

Glaser, Hermann: Kleine deutsche Kulturgeschichte von 1945 bis heute – Eine west – östliche Erzählung vom Kriegsende bis heute, Frankfurt a. M. 2004

Glotz, Peter: Der Weg der Sozialdemokratie – Der historische Auftrag des Reformismus, 1. Aufl. Wien / München / Zürich 1975

Glotz, Peter: Die beschleunigte Gesellschaft – Kulturkämpfe im digitalen Kapitalismus, München 1999

Glotz, Peter: Die Vertreibung, Böhmen als Lehrstück,München 4.Aufl.2003

Görtemaker, Manfred: Geschichte der Bundesrepublik –Von der Gründung bis zur Gegenwart,Frankfurt a. M. 2004

Goyke, Ernst: Die 100 von Bonn – Zwischen Barzel und Wehner, Bergisch – Gladbach 1970

Grass, Günter/Jäckel, Eberhard/ Lattmann, Dieter (HG): W. Brandt, Bruno Kreisky, Olaf Palme Briefe u. Gespräche, Frankfurt/Köln 1975

Grass, Günter: Aus dem Tagebuch einer Schnecke, Neuwied/Darmstadt 1972

Grass, Günter: Denkzettel – Politiker Reden und Aufsätze 1965 – 1976, Darmstadt / Neuwied 1978

Grass, Günter: Beim Häuten der Zwiebel, Göttingen 2006

Gysi, Gregor: Ein Blick zurück, ein Schritt nach vorn, rororo Sachbuch 61363, Reinbek bei Hamburg 2002

Hamm – Brücher, Hildegard : Wider die Selbstgerechtigkeit – Nachdenken über Sein und Schein der Westdeutschen, München 1991

Hamm – Brücher, Hildegard: Freiheit ist mehr als ein Wort –Eine Lebensbilanz 1921 – 1996, 2.Auflage München 1999

Harpprecht, Klaus: Im Kanzleramt, Tagebuch der Jahre mit Willy Brandt, Reinbek bei Hamburg 2001

Hecker, Gerhard u. Käthe: Erinnerungen aus meinem Leben und dem Zeitgeschehen im 20. Jahrhundert, Jena 2001

Henke, Klaus – Dietmar (HG): Wann bricht schon mal ein Staat zusammen ! Die Debatte über die Stasi – Akten auf dem 39. Historikertag 1992, München 1993

Herbstritt, Georg: Bundesbürger im Dienst der DDR-Spionage, Göttingen 2007

Heye, Max – Karsten: Gewonnene Jahre oder die revolutionäre Kraft der alternden Gesellschaft, München 2008

Hoff, Klaus: Kurt Georg Kiesinger – Die Geschichte seines Leben. Frankfurt a. M. / Berlin 1969

Hofmann, Gunter: Abschiede, Anfänge – Die Bundesrepublik – Eine Anatomie, München 2004

Hofmann – Göttig, Joachim: Politik und Schüler – Presse, München 1981

Hombach, Bodo: Aufbruch – Die Politik der Neuen Mitte, München/ Düsseldorf 1998

Hübner, Werner: Westkontakte verboten – Eine DDR Geschichte, Münster 2001

Huntington, Samuel P.: Kampf der Kulturen – Die Neugestaltung der Weltpolitik im 21. Jahrhundert, München, 6. Auflage 2002

Jacobs, Dr. Artur: Unsere politische Verantwortung in einer zerrissenen und zwiespältigen Welt – Schriften zur Zeitenwende, Essen, 1951

Jahn, Gerhard (HG): Herbert Wehner Zeugnis, Köln 1982

Jens, Uwe / Romahn, Hajo (HG): Sonderdruck aus Sozialpolitik und Sozialökonomik – Soziale Ökonomie im Zeichen der Globalisierung: Ludwig Bußmann, Vom Rheinischen Kapitalismus zur Berliner Neuen Mitte – Zum wirtschaftspolitischen Leitbildwechsel der SPD, Marburg 2000

Jens, Uwe (HG): Georg Kurlbaum – Eine sozialethisch verpflichtete Unternehmerpersönlichkeit, Bonn 2002

Jentsch, Gerhart: ERP – Der Marshallplan und Deutschlands Platz darin, Frankfurt a. M. 1850

Joffe, Joel: Der Staat gegen Mandela, Berlin 2007

Judt, Tony: Postwar – A History of Europe since 1945, London 2007

Jürgs, Michael: Der Tag danach – Wenn das Leben über Nacht nicht mehr ist, wie es gestern noch war, 1.Aufl. München 2006

Keller, Thomas/ Raupack, Herbert: Informationslücke des Parlaments? Wissenschaftliche Hilfseinrichtungen für die Abgeordneten des Deutschen Bundestages und der Länderparlamente – Schriftenreihe des Forschungsinstituts der Friedrich-Ebert-Stiftung, Hannover 1970

Kleine, Rolf / Spruck, Matthias: Johannes Rau – Eine Biographie, München/Düsseldorf 1999

Kloeppel, Peter/Schöllgen, Gregor: Luftbrücken – Amerika und die Deutschen, Bergisch – Gladbach 2007

Knabe, Hubertus: Die Täter sind unter uns. Über das Schönreden der SED – Diktatur, 1. Aufl. Berlin, Mai 2008

Koch, Claus: Die Gier des Marktes – Die Ohnmacht des Staates im Kampf der Weltwirtschaft, München /Wien 1995

Koch, Peter: Willy Brandt – Eine politische Biographie, Berlin / Frankfurt a. M. 1989

Kohl, Helmut: Erinnerungen 1930 – 1982, München 2004

Kohler / Koch, Beate: 50 Jahre Verbraucherarbeit in Deutschland, Mannheim 2003

Koszyk, Kurt / Eisfeld, Gerhard: Die Presse der deutschen Sozialdemokratie – Eine Bibliographie, 1. Aufl. Hannover 1966

Koszyk, Kurt / Pruys, Karl Hugo (HG): dtv Wörterbuch zur Publizistik, München: Deutscher Taschenbuch Verlag 1969, 4. Aufl. 1976

Koszyk, Kurt: Deutsche Presse 1914 – 1945, Berlin 1972

Koszyk, Kurt: Gustav Stresemann – Der kaisertreue Demokrat, Köln 1989

Krause – Burger, Sibylle: Helmut Schmidt – Aus der Nähe gesehen, 1. Aufl. Düsseldorf / Wien 1980

Krause – Burger, Sibylle: Joschka Fischer – Der Marsch durch die Illusionen, Stuttgart 1997

Krugmann, Paul: Auf eine Reformation folgt eine Gegenreformation. Über Milton Friedman, Zs. Merkur 61, Heft 698, 2007

Krautkrämer, Elmar: Die Bundesrepublik Deutschland, Frankfurt a.M./Berlin/München 1970

Kurlbaum, Georg / Jens, Uwe (HG): Beiträge zur sozialdemokratischen Wirtschaftspolitik, Bonn 1983

Lafontaine, Oskar: Das Herz schlägt links, München 1999

Lange, Gunter: Der Professor kleiner Leute – Sozialpolitik mit Kompetenz und Leidenschaft – Ernst Schellenberg 1907 – 1984, HG Dieter Dowe, Bonn/ Bad Godesberg 2007

Langhans, Kai: Willy Brandt und die bildende Kunst, Bonn 2006

Langkau, Jochen/Matthöfer, Hans/Schneider, Michael (H): SPD und Gewerkschaften, Bd. 1 u. 2, Bonn 1994

Lenders, Helmut: Für Linda , Manuskript im Besitz v. Inge Lenders Düsseldorf 2001

Lenders, Inge (HG): Helmut erinnert sich für Linda, Düsseldorf 2004, überarbeitetes Manuskript von Helmut Lenders, Privatbesitz: Inge Lenders

Lenders, Helmut: Wettbewerb und Unternehmerinitiative – Eine Stellungnahme des Sprechers der SPD – Fraktion in: Heft 5 der „Marktwirtschaft", München 1970

Lenders, Helmut: Verstetigung der Wirtschaftsentwicklung – Chancen und Risiken der Wirtschaftspolitik 1979/80, in: Die neue Gesellschaft 7 Juli 1979

Lenders, Helmut: Verbraucherpolitik im Strukturwandel von Wirtschaft und Gesellschaft – Luxus oder Notwendigkeit – Eine Information des coop Verbraucherrates, Hamburg 1983

Lenders, Helmut: Gedanken zur Zeit, Beiträge zu Parteitagen des SPD Unterbezirks Düsseldorf 1971 – 1983, Bericht des Vorstands, Düsseldorf 1983

Lenders, Helmut: Probleme der Umsetzung von wirtschaftspolitischen Programmideen in praktische Politik am Beispiel Z I P, Manuskript Nr.6, Sozialakademie Dortmund 1984 NL Box 1 – 24

Lenders, Helmut: Rahmenbedingungen und Perspektiven der Verbraucherarbeit – Eine Aufforderung zur Diskussion, Referat auf der Klausurtagung für Vorstandsvorsitzende und Geschäftsführer der Verbraucherzentralen v. 18. bis 20.6. 1984 in Walberberg, Mitteilungsblatt der VZ/ NRW 1 – September 1984

Lenders, Helmut : Eingangsstatement zum Colloquium ‚Umweltschutz und Konsumverhalten unter besonderer Berücksichtigung des vergleichenden Warentests Berlin,11.1. 1985, Manuskript im Privatbesitz v. Inge Lenders

Lenders, Helmut: Herausforderungen und Rahmenbedingungen für die Verbraucherarbeit – Perspektiven der Verbraucherarbeit aus der Sicht der AgV, H.L. Präsident der AgV, Manuskript im Privatbesitz von Inge Lenders, Bonn 1985

Lenders, Helmut: Laudatio Irmgard von Meibom (1916 – 1996) zum 70. Geburtstag, Bonn 1986, Manuskript im Privatbesitz von Inge Lenders

Lenders, Helmut: Mehr Recht durch weniger Gesetze ? – Forum 1986 des BMJ zur Problematik der Verrechtlichung in:Bundesanzeiger (HG BMJ), NL Box 2, Köln 1987

Lenders, Helmut: Im Strom der Zeit – Zwei Jahrzehnte erlebte Geschichte der Düsseldorfer SPD in: Die Kraft einer großen Idee -125 Jahre SPD Düsseldorf .:Frank Morgner / Andreas Kussmann (HG), S. 181 – 189, Düsseldorf 1988

Lenders, Helmut: Wettbewerb und Verbrauchernutzen unter dem Gesichtspunkt der Deregulierungsdebatte, in: Verbraucherpolitische Hefte NRW 9.12. 1989, S.37f

Lenders, Helmut: Was können die Verbraucher tun, in: Das Ende des blauen Planeten ? – Klimakollaps Gefahr und Auswege, H.J. Crutzen / M. Müller. München 1989

Lenders, Helmut: Soziale Marktwirtschaft und Verbraucherschutz in der Bundesrepublik Deutschland vor dem Hintergrund des EG – Binnenmarktes – eine Bestandsaufnahme, Berlin/Ost 1990
Manuskript im Privatbesitz von Inge Lenders

Lenders, Helmut: 4o Jahre AgV, Vorwort: Marktwirtschaft braucht Verbraucherpolitik, Bonn 1993

Lenders, Helmut: Die Verantwortung des Verbrauchers, Manuskript o.D.Düsseldorf, im Privatbesitz von Inge Lenders
Lindemann, Helmut (HG): Gustav Heinemann: Es gibt schwierige Vaterländer, Reden und Aufsätze 1919 – 1969, Bd. III, Frankfurt a.M. 1977

Lowjewski, Wolf von: Der schöne Schein der Wahrheit – Politiker, Journalisten und der Umgang mit den Medien, Bergisch – Gladbach 2007

Lütjen, Torben: Karl Schiller (1911 – 1994) Superminister Willy Brandts, Bonn 2007

Maier, Hans / Bott, Herrmann: Die NPD – Struktur und Ideologie einer nationalen Rechtspartei, 3. Aufl. München 1968

Martin, Hans – Peter/ Schumann, Harald: Die Globalisierungsfalle – Der Angriff auf Demokratie und Wohlstand, Hamburg, 7. Auflage 2002

Martiny, Anke: Kühle Gefühle zur Lage der Nation, 1. Aufl. Reinbek bei Hamburg 1991

Matull, Wilhelm: Der Freiheit eine Gasse – Geschichte der Düsseldorfer Arbeiterbewegung, Bonn 1980

Meadows, Dennis/Meadows, Donella/ Zahn, Erich/Milling, Peter (HG): Die Grenzen des Wachstums – Bericht des Club of Rome zur Lage der Menschheit, Hamburg 1973

Merseburger, Peter: Willy Brandt – Visionär und Realist 1913 – 1992, Stuttgart/ München 2002

Merseburger, Peter: Rudolf Augstein, Biographie, München 2007

Meyer – Abich: Alexander von Humboldt,18. Aufl. Hamburg 2006

Meyer, Christoph: Herbert Wehner – Biographie,München, Juni 2006

Meyer, Enno: Grundzüge der Geschichte Polens, 3. Auflage, Darmstadt 1990

Mietsch , Fritjof (HG): Im Kampf um Freiheit suche stets Dein Recht. 100 Jahre „Gesetz gegen die gemeingefährlichen Bestrebungen der Sozialdemokratie " – Fragen an die Gegenwart, München 1978

Mierzejewski, Alfred L. : Ludwig Erhard – Der Wegbereiter der Sozialen Marktwirschaft – Biographie, dtv –Ausgabe Pößneck 1.Aufl. (dt.) Juli 2006

Miller, Susanne: Die SPD vor und nach Godesberg. Kleine Geschichte der SPD, Bd.2, Bonn – Bad Godesberg 1974

Miller, Susanne/ Potthoff, Heinrich: Kleine Geschichte der SPD. Darstellung und Dokumentation 1848 – 1983, Bonn, 6. Aufl. 1988

Morgner, Frank / Kussmann, Andreas: Die Kraft einer großen Idee 125 Jahre SPD in Düsseldorf, Düsseldorf 1988

Müller, Albrecht: Wie eine mittelmäßige Führungsschicht uns zugrunde richtet, München 2006

Müller, Josef: Die Gesamtdeutsche Volkspartei – Entstehung und Politik unter dem Primat nationaler Wiedervereinigung 1950 – 1957 HG: Kommission für Geschichte des Parlamentarismus und der politischen Parteien Bd.92 Düsseldorf 1990

Negt, Okar: Warum SPD? 7 Argumente für einen nachhaltigen Macht- und Politikwechsel, Göttingen 1998

Platthaus, Andreas: Alfred Herrhausen – Eine deutsche Karriere, Reinbek 2007, rororo Nr.62277

Ploetz, Dr. Carl: Der Grosse Ploetz – Die Daten – Enzyklopädie der Weltgeschichte, Daten, Fakten, Zusammenhänge, 32. Aufl., Frechen 1998

Posser, Diether: Anwalt im Kalten Krieg. Ein Stück deutscher Geschichte in politischen Prozessen 1951 – 1968,München 1991

Potthoff, Heinrich: Die Sozialdemokratie von den Anfängen bis 1945. Kleine Geschichte der SPD Bd.1. Bonn 1975

Presse- und Informationsamt (HG): Bonner Almanach 1973 – Informationen der Bundesregierung

Pursch, Günter (HG): Das Parlamentarische Schimpf & Schmunzel Lexikon, München 1992

Renger, Annemarie: Ein politisches Leben, Bonn 1993

Robinson, Joan: Das Problem der Vollbeschäftigung, engl. 1943, dt. Köln 1949

Roß, Jan: Die neuen Staatsfeinde –Was für eine Republik wollen Schröder, Henkel, Westerwelle und Co.? Berlin 1998

Roth, Wolfgang (HG): Wirtschaft morgen – Ängste von heute ? Dankschrift für Helmut Lenders, Köln 1981

Rovan, Joseph: Geschichte der Deutschen Sozialdemokratie, Franfurt a. M. 1980

Rupps, Martin: Troika wider Willen – Wie Brandt, Wehner und Schmidt die Republik regierten, Berlin 2004

Schmidt, Hannelore: „Loki" – Hannelore Schmidt erzählt aus ihrem Leben. Im Gespräch mit Dieter Buhl, Frankfurt a. M. 2005

Schmidt, Helmut: Fritz Erler – ein Vorarbeiter auf dem Wege der Sozialdemokratie zur Reformpartei, Bad Godesberg 1992

Schmude, Jürgen: Glaube mischt sich ein – Zum Verhältnis von Protestantismus u. Demokratie, Neukirchen – Vluyn, 2001

Schneider, Michael: Demokratie in Gefahr ? Der Konflikt um die Notstandsgesetze: Sozialdemokratie, Gewerkschaften und intellektueller Protest (1958 – 1968), Bonn 1986

Schneider, Michael: Kleine Geschichte der Gewerkschaften – Ihre Entwicklung in Deutschland von den Anfängen bis heute, 2. überarbeitet und aktualisierte Aufl. Bonn 2000

Scheer, Hermann: Energieautonomie, München 2005

Schnöring, Kurt: Geschichte der Stadt Wuppertal, 1. Aufl. Kassel 2004

Schöllgen, Gregor/ Kloeppel, Peter: Luftbrücken: Amerika und die Deutschen. Bergisch –Gladbach 2007

Scholz, Günther: Kurt Schuhmacher – Biographie, Rastatt 1993

Seebacher, Brigitte: Willy Brandt, Piper Taschenbuch 4608, München 2006

Skupy, Hans – Horst: Das große Handbuch der Zitate, Gütersloh/ München 1993

Stackelberg, Karl-Georg (HG): Wirtschaft im Wandel, Düsseldorf/ Wien 1967

Staud, Toralf: Moderne Nazis – Die neuen Rechten und der Aufstieg der NPD, Aufl. Köln 2006

Sternburg ; Wilhelm v. (HG): Die Deutschen Kanzler – Von Bismarck bis Merkel, 2. Aufl. Berlin 2007

Taylor, Gorton Rattrey: Das Selbstmordprogramm. Zukunft oder Untergang der Menschheit. Dt. Ausgabe, Frankfurt a. M. 1971

Tetzner, Heinrich: Kartellrecht – Ein Leitfaden. 2. Aufl. München / Berlin 1967

Uexküll, Jakob von/ Girardet, Herbert: Die Zukunft gestalten – Die Aufgaben des Weltzukunftsrats. 1. Aufl. Lindau 2005

Ulfkotte, Udo: Verschlusssache BND, München / Berlin 1997

Venske, Henning: Gerhard Schröders geheimes Tagebuch, München 1997

Vogel, Bernhard und Hans – Jochen: Deutschland aus der Vogelperspektive – Eine kleine Geschichte der Bundesrepublik. Freiburg i. Br. 2007

Vogtmeier, Andreas: Egon Bahr und die deutsche Frage – Zur Entwicklung der sozialdemokratischen Ost – und Deutschlandpolitik vom Kriegsende bis zur Vereinigung, Bonn 1996

Walterskirchen, Helene: An der Seite der Macht – Deutschlands First Ladys, Wien, 2002

Weber, Hermann: Ulbrich fälscht die Geschichte, Köln 1964

Zukunftskommission der Friedrich-Ebert-Stiftung (HG): „Wirtschaftliche Leistungsfähigkeit, sozialer Zusammenhalt, ökologische Nachhaltigkeit – Die Ziele – ein Weg", Bonn 1998

Angaben zum Autor:
Gerhard Eisfeld, geb. am 12.3.1838 in Emden / Ostfriesland, Dr. phil..
Volksschule und Gymnasium in Einbeck / Niedersachsen, dort Abitur 1958. Mitglied des Schülerparlamentes.
Studium der Geschichte, Politischen Wissenschaften, Germanistik, Philosophie und Pädagogik in Göttingen, Tübingen und Bonn,
1964 Staatsexamen für das Lehramt am Gymnasium in Göttingen. In Tübingen u. Bonn Mitglied des Allgemeinen Studentenausschusses (ASTA), in Göttingen Mitglied des Studentenparlaments u. im Sozialdemokratischen Hochschulbund (SHB).
Wiss. Referent am Forschungsinstitut der „Kommission für Geschichte des Parlamentarismus und der politischen Parteien" in Bonn, Stipendiat der Friedrich-Ebert-Stiftung.
1967 Promotion bei Prof. Bracher (Bonn) mit einer Arbeit über „Die Entstehung der liberalen Parteien in Deutschland."
2. Staatsexamen für das Lehramt am Gymnasium in Bonn, dort 1969 Sprecher des Studienseminars.

1969 – 1971 Assistent von Bundestagsabgeordneten, im Nebenamt Lehrer am Abendgymnasium Bonn (1970 – 1974).

Viele Jahre Lehrbeauftragter für Geschichte u. Pädagogik an den Universitäten Bonn und Köln; 1971/ 1972: Referent im Bundesministerium für Bildung und Wissenschaft (BMBW) in Bonn für Bildungsplanung (Personal im Bildungswesen).

1973 Außendienst beim Regierungspräsidenten in Düsseldorf und Köln

1973 – 1989 Referent im BMBW, u. a. Persönlicher Referent der Bundesbildungsminister Dr. Jürgen Schmude und Björn Engholm
1989 Referent im Bundesministerium für Jugend, Familie, Frauen und Gesundheit (BMJFFG).
1989 – 2003: Referent im BMFT, Schwerpunkt Berufliche Bildung

1979 – 2004: Mitglied des Rats der Stadt Rheinbach, zunächst nur als Sachkundiger Bürger (1979 – 1984). Seit 2005 Rheinbacher Ehrenringträger.
Ehrenamtlich tätig für das Kuratorium des Seniorenheims am Römerkanal und des Museumsbeirat des Glasmuseums in Rheinbach, der Deutsch-polnischen Stiftung Hoffnung" (Nadzieja)in Szamotuly,

der „Deutsch-russischen Stiftung Blago" in Tjumen und dem Arbeitskreis Schule in Rhauderfehn (Ostfriesland).

Veröffentlichungen u.a. zur Geschichte und Bildungsplanung, siehe auch Literaturverzeichnis.

PERSONENREGISTER

A
Adenauer, Konrad 36,65f.,74,85f.,150f.,170,182,252
Agartz,Viktor 138f.,141
Albertz, Heinrich 84
Apel, Hans 193
Arendt, Hanna 160
Arndt, Klaus – Dieter 143,161
Augstein, Rudolf 38

B
Baader, Andreas 192
Bachmann, Josef 192
Bahr, Egon 21,51,72,74,82ff.,85,87,183,254
Bäumer. Hans – Otto 132
Barlach, Ernst 238
Bartoszewski, Wladyslaw 108
Barzel, Rainer 95,185
Bastian, Gert 131
Beauvoir, Simone de 105
Baum, Gerhard 125
Baumann, Beate 21f.,
Baumöller, Peter 103,115,119
Bebel, August 107
Beethoven. Ludwig von 244
Behrend (DDR –Minister) 180
Benda, Ernst 114
Berg, Fritz 149f.
Bertsch, Frank 104,163ff.,248
Beyer, Lucie 144,217
Biedenkopf, Kurt 169,180,199
Biermann, Wolf 243
Birthler, Marianne 17,200
Blume, Otto 213,215,228
Böll, Heinrich 114
Bosch, Robert 150
Botha, Louis 93
Bothmer, Lenelotte von 174
Bracher, Karl – Dietrich 20,97
Brandt, Willy 19ff.,27,51,74,82ff.,85ff.,88f.,92ff.,116,121,137,140,144,147,149,151,157,170ff.179ff.,182,185f.,188f.,190,192f.,195,204,22of.,233ff.,254,257
Bruns, Wibke 192
Bush, Georg 254
Butler, Stefan von 244

C
Calder, Alexander 238
Chruschtschow, Nikita 83
Churchill, Winston 183
Coppik, Manfred 132, 134
Crutzen, Paul Josef 155ff,256

D
Dahrendorf, Gustav 212
Deist, Heinrich 143f.,146,152
Diewald,Marlene 17
Dimas, Stavos 124
Drautzburg, Friedhelm 193
Dutschke, Rudi 188,192

E
Ehmke, Horst 102
Eichler, Willi 152
Eisfeld, Gerhard 104,196
Eisfeld, Jutta 17
Engholm, Björn 35,134,172f.,190,199,232,235,251f.
Ensslin, Gudrun 192
Eppler, Erhard 64,68,130
Erhard, Ludwig 138ff.,142f.,147,149ff.,164,213,217,255
Erler, Fritz 68,145,178
Ertl, Josef 146, 235
Erwin, Joachim 108
Eschenburg, Theodor 20
Eucken, Walter 139

F
Farthmann, Friedhelm 163
Feininger, Lionel 238
Fest, Joachim 20
Fischer, Joschka 191

Franke, Egon 172,174,180
Frelek, Ryszard 90
Friedmann, Milton 147
Friedrich, Bruno 87
Frings, Joseph 53

G
Galbraith, John Kenneth 137
Gao-Lenders, Letian 245 ff.,
Gao-Lenders,Linda 15,22,246,248
Gatzmaga, Dietmar 132
Gauck, Joachim 179
Gehlen, Reinhard 73
Genscher, Hans – Dietrich 235
Gerstenmaier, Eugen 173,181
Gescheidl, Kurt 94
Giertz, Petra 18
Glotz, Peter 38
Godde, Wilhelm 64
Goebbels, Joseph 38
Gomulka, Wladyslaw 87
Gorbatschow, Michael 72,254
Gotthelf, Hertha 105
Grass, Günter 42,140,192
Gromyko, Andrej 85,183
Guilleaume, Günter 179,234
Gysi, Gregor 200

H
Hamm – Brücher, Hildegard 169
Hansen, Karl – Heinz 79,121,129ff.,132,173,256
Happich, Otto 79f.,52,57
Harpprecht, Klaus 19,186,234
Hauff, Volker 163,173
Hayek, Friedrich August von 102
Heer, Hannes 188
Heine, Heinrich 108,243
Heinemann, Gustav 64ff.,68,83,170,181,252
Hendriks, Armin 90
Henn, Christof 104,113,196,199
Hensel, Walter 115
Herrhausen, Alfred 58,69

Herzog, Roman 187, 251
Hirsch, Burkhard 188
Hitler, Adolf 38,43,54,77,115,139,191
Hoegner,Wilhelm 139
Hoff, Klaus 191
Hofmann – Göttig, Joachim 198f.
Hofmann, Gunter 82
Holtz, Uwe 163, 199

J
Jacobs, Arthur 53ff.
Jacobs, Dore 54
Jacobs, Gottfried 54
Jäckel, Eberhard 20
Jäger, Wolfgang 20
Jahn, Gerhard 188
Jaschick, Johannes 228
Jaspers, Karl 114
Jens, Uwe 176
Juchacz, Charlotte 101
Junghans, Hans-Jürgen 89

K
Kaffka, Rudolf 94
Kelly, Petra 131
Kempski, Hans – Ulrich 21
Kennedy, John F.84,86
Klerk, E.W 93
Keynes, John Maynard 145 ff.,154
Kiesinger, Hans – Georg 94, 114,140,144,181,191,221
Klarsfeld, Beate 191
Klasen, Karl 146f.
Knabe, Hubertus 194
Köhne, Anne – Lore 17,224,228,259
Kogon, Eugen 60f.
Kohler – Koch, Beate 228
Kohl, Helmut 180ff.,235,254
Kok, Wim 93
Kolb, Hans 238
Kollwitz, Käthe 238
Krampitz, Sigrid 22

Krause – Burger, Sibylle 169,188
Krötke, Wolf 177
Krugmann, Paul 147
Kühn, Heinz 170
Künast, Renate 208,256
Kürten, Josef 232
Kurlbaum- Beyer, Lucie 213
Kurlbaum, Georg 144

L
Lafontaine, Oskar 130
Lambsdorf, Otto Graf 235
Lampersbach, Egon 221
Leber, Georg 162
Lenders, Gertrud 27,33
Lenders, Gisela 27, 53 f., 175
Lenders, Inge 15,17,22,33f.,56,58f.,64f., 107, 117f.,165,238ff.,241ff.,244 ff.,248
Lenders, Peter 33f.
Leonhardt, Wolfgang 78
Leussink, Hans 190
Link, Hans 90
Link, Werner 20
Lohmar, Otto 213
Lücke, Paul 94
Lütjen, Torben 162

M
Mandela, Nelson 92
Mandela, Winnie 93
Mann, Thomas 22
Mao Tsetung 247
Marc, Franz 238
Martiny, Anke 165,214,243f.,249f.,259
Marx, Karl 67
Matthöfer, Hans 94,173
Meadow, Dennis 99
Meibom, Irmgard von 214,217ff.,223,259
Meinecke, Rolf 199
Meinhoff, Ulrike 192
Meins, Holger 192

Merkel, Angela 21
Merseburger, Peter 95
Meyer, Christoph 188
Miert, Karel von 224f.
Miksch, Leonhard 140f.
Miller, Susanne 134
Mitscherlich, Alexander 193
Möller, Alex 162
Molina, Maria 155,157
Müller, Edda 204,208
Müller – Armack, Alfred 139
Müller, Michael 155f.,256
Müntefering, Franz 11f.,204,222
Muhr, Gerd 115

N
Nadig, Friederike 105
Naujok, Rudolf 121
Negt, Oskar 251
Neuberger, Josef 99ff.
Niemöller, Martin 131
Nölting, Erik 141
Nollau, Günther 73,234
Norman, Robert Graf von 97

O
Ohnesorg, Benno 188,191

P
Palme, Olaf 92f.
Paul, Hans Holger 18
Pawelczyk, Alfons 199
Picht, Georg 181
Pöhl, Karl – Otto 163
Porzner, Konrad 188
Posser, Diether 64,68,73
Potthoff, Heinrich 134
Pu, Ailing 246,248

R
Rambow, Gerhard 214
Raspe, Jan – Carl 192
Rau, Johannes 17f.,22.26f.,64ff.,68, 91,188,242

Ravens, Carl 176,220
Renger, Anemarie 172,174,236
Ridder, H. 131
Robinsohn, Joan Violet 154
Rohwedder, Carsten 158
Roosevelt, Franklin D. 183
Rosenthal, Philipp 162
Roth, Wolfgang 163,173
Rowland, Sherwood 155,157
Rupps, Martin 178

S
Salewski, Helmut 64
Schäfer, Fritz 89
Scheel, Walter 85,183
Scheu, Adolf 64,68
Schiller, Karl 27,116,137ff.,142ff.,145ff.,152f.,161ff.,191
Schlaga, Georg 89f.,
Schmid, Carlo 145
Schmidt, Hannelore (Loki) 21
Schmidt, Helmut 20f.,27,95,121129,131f.,144ff.,163,172,177f.,180f.,186f.,190,193,198,234f.,257
Schmidt, Jenny 35,57
Schmidt, Kurt 57
Schmidt/Gellersen, Martin 175
Schmiedt, Inge 53,57
Schmude, Jürgen 64,68,125,173,180,190,211,229,252
Schneider, Michael 18
Schoettle, Erwin 144
Schörner, Ferdinand 42
Schütz, Klaus 84
Schulhoff, Georg 99,255
Schulte, Manfred 178,187f.
Schumacher, Kurt 138f..141f.,172
Schröder, Gerhard (CDU) 151,181
Schröder, Gerhard (SPD) 134,191,208
Schwarzer, Alice 105
Schwennicke,Christoph 22

Selbert, Elisabeth 105
Selbmann, Eugen 87
Smeets, Marie – Luise 17,26,99,106ff.,133,257
Smektala, Jupp 59
Soell, Hartmut 186
Sohn, Karl – Heinz 163
Spangenberg, Dietrich 84
Sperling, Dietrich 172,199
Spiegel, Paul 54,57,244
Stärke, Wolfgang 18
Stalin, Joseph 183
Steffen, Jochen 173

Steffens, Heiko 207
Steiner,Julius 185
Steinmeier, Frank-Walter 22
Stoltenberg, Gerhard 153
Strasser, Johano 160
Srrauß, Franz – Josef 116
Streithofen, Basilius 211
Strobel, Käthe 144,214,216

T
Taylor, Gordon Rattray 158
Thadden, Adolf 115
Thant, U Thant, Sithu 99
Thomas, Stefan 78
Timm, Helga 178,187
Tinguely, Jean 240

U
Uyl, Joop den 93

V
Verdi, Guiseppe 244
Verheugen, Günter 93
Vinci, Leonardo da 244
Vogel, Hans – Joachim 138,180,188,212
Voigt, Carsten 189

W
Wagner, Richard 244
Wehner, Herbert 21,90,94 f.,121,143,163,173ff.,177 f, 180f.,185ff.,234,237,254
Weise, Gerhard 213
Weise, Ilona 17
Weisser, Gerhard 17
Weizsäcker,Richard von 223
Wessel, Helene 64,68
Wickert, Ulrich 169
Wienand, Karl 79,178ff.
Wischnewski, Hans – Jürgen 87,89
With, Hans de 175
Witt, Gabi 174
Wolf, Markus 180
Wolfram, Erich 163

Z
Zander, Fred 173
Zarapkin, Semjon 181
Zaunitzer, Hans – Eberhard 244
Zaunitzer, Ingeborg 244

Heide Simonis, Dodo Steinhardt,
Barbara Steinhardt-Böttcher
Drei Rheintöchter
Eine Kindheit am Rhein nach 1945
150 S., kart. € 15,90
ISBN 978-3-416-03234-6

Hans Ulrich Klose
Zeit schreiben. Gedichte
Das Hörbuch
ca. 50 Min., 15,90 €, ISBN 978-3-416-03233-9

Dieser dritte Gedichtband setzt fort, was mit „Charade" und „Charade zwei" begonnen wurde. Zum Teil werden in den ersten Bänden abgedruckte Gedichte fortgeschrieben. Der Titel des vorliegenden Bandes ist gleichwohl geändert, weil sich mit dem Älterwerden die Wahrnehmung von Zeit und die persönliche Zeiteinteilung verändern. Das geschieht zuerst eher zufällig, später bewußt. Daher: Zeit schreiben. Die aufgeschriebende Zeit umfaßt viele Jahre. Nimmt man „Charade" und „Charade zwei" hinzu, entsteht ein Tagebuch.

Frank Überall
Der Klüngel in der politischen Kultur Kölns
272 S., kart. € 19,90; ISBN 978-3-416-03125-7